U0649799

轻型高速公路几何设计

陈礼彪 徐 进 著

人民交通出版社

北京

内 容 提 要

本书以拟议中的沈海高速公路泉厦段改扩建工程项目为研究对象,系统阐述了轻型高速公路的设计指标和研究方法,可指导轻型高速公路的选线和路线指标设计,主要内容包括:绪论、轻型车辆的技术特点与设计车辆参数、高速公路环境下轻型车辆的轨迹行为和制动特性、轻型高速公路横断面关键技术指标、轻型高速公路平面线形关键技术指标、轻型高速公路纵断面关键技术指标、轻型高速公路设计案例以及仿真验证等。

本书可供从事高速公路建设的规划、设计和施工人员借鉴,也可供相关专业的院校师生学习参考。

图书在版编目(CIP)数据

轻型高速公路几何设计/陈礼彪,徐进著. —北京:
人民交通出版社股份有限公司,2025.4. —ISBN 978-7-
114-20395-4

Ⅰ. U412.36

中国国家版本馆 CIP 数据核字第 20256K36K7 号

Qingxing Gaosu Gonglu Jihe Sheji

书 名:	轻型高速公路几何设计
著 作 者:	陈礼彪 徐 进
责 任 编 辑:	石 遥 李 农
责 任 校 对:	赵媛媛 魏佳宁
责 任 印 制:	张 凯
出 版 发 行:	人民交通出版社
地 址:	(100011)北京市朝阳区安定门外外馆斜街 3 号
网 址:	http://www.ccpcl.com.cn
销 售 电 话:	(010)85285857
总 经 销:	人民交通出版社发行部
经 销:	各地新华书店
印 刷:	北京市密东印刷有限公司
开 本:	787×1092 1/16
印 张:	12.75
字 数:	284 千
版 次:	2025 年 4 月 第 1 版
印 次:	2025 年 4 月 第 1 次印刷
书 号:	ISBN 978-7-114-20395-4
定 价:	98.00 元

(有印刷、装订质量问题的图书,由本社负责调换)

FOREWORD | 序言

　　高速公路是经济发展的命脉和人民群众出行的便捷通道。随着经济社会的快速发展,我国汽车保有量持续高速增长,其中乘用车(以小客车为主)已经超过2.6亿辆,小客车在高速公路交通中的占比一般在70%以上,一些支线高速公路交通中的小客车占比甚至超过90%。目前,我国高速公路是客货车混行、大小型车混行,混合交通导致服务水平下降,部分路段拥堵严重。因此,对于交通量大、小客车占比高的走廊带,建设小客车专用的轻型高速公路成为必然趋势。此外,对于高度城市化地区的高速公路改扩建项目而言,沿线的土地征用和拆迁难度极大,高速公路立体扩容也是一种理想的扩容方式;而立体扩容之后形成立体复合式高速公路系统,可以实现通道级的客货分离和轻重分离,也为轻型高速公路建设提供了条件。轻型高速公路不仅能够提升通行效率和行驶舒适性,还能节约用地、保护环境,是我国道路交通高质量发展的必然选择。

　　本专著作者结合国家重大工程建设实践,聚焦轻型高速公路的几何设计开展研究,在大量调查研究的基础上获得了小型车的外廓尺寸和功率数据,确定了轻型高速公路的通行车型和设计车辆,提出了轻型高速公路建筑限界值;研究了横断面指标的控制要素和计算方法,确定了行车道宽度等关键技术指标的推荐值和横断面布设方案;提出了轻型车辆的停车视距值及受停车视距影响的指标值,并确定了最大纵坡、坡长和平曲线半径等关键指标值。

　　该书的研究成果具有很高的学术价值和工程应用价值,对于完善我国高速公路路线设计理论与方法,指导轻型高速公路的选线和路线指标设计,推动轻型高速公路的高质量建设和高品质运行,将起到重要的指导作用。

全国工程勘察设计大师
教授级高级工程师

2025 年 1 月

高速公路极大方便了人民群众出行,推动了社会经济快速发展。目前,我国高速公路是客货混行、轻重混行,小型车(轻型车)和大型车在车身尺寸、载质量和比功率上存在显著的差别,运行速度的差异性较大,二者在高速公路同一幅路面上混行时存在比较严重的冲突,降低了高速公路通行效率和行驶质量。基于此,针对小客车交通量较大且占比较高的通道,建设小客车专用高速公路将有助于提高通道的运行效率和服务水平。随着我国汽车工业的迅速发展和人民生活水平的提高,乘用车(小客车)保有量逐年攀升,小客车已成为高速公路上占比最大的一类车型,建设小客车专用高速公路的意义和重要性日益显著,建设条件也比以往更加成熟。

轻型高速公路就是为轻型车辆(小客车为轻型车辆的代表性车型)提供安全、高效通行服务的高速公路,其车辆特性、交通组成和运行环境与传统的客货混行高速公路相比具有显著差异性。现行《公路工程技术标准》《公路路线设计规范》等标准规范在建筑限界、横断面指标、平纵线形指标和组合设置等相关规定方面以大型车尤其是重载货车的性能参数和运行特性为控制条件,主要服务于客货混行的常规高速公路。因此,研究适用于轻型高速公路的断面、线形指标参数等,成为迫切的现实需求。

随着通行车辆和交通流构成的改变,轻型高速公路的总体运行特征、单车运行状态和驾驶操纵行为必然发生显著改变,相应地对平纵线形、视距和横断面设计提出了新的要求。但在基础理论层面,轻型高速公路的道路平纵线形、横断面和路面设计等尚缺乏车辆运行特性和驾驶特征的实测数据作为支撑,因此,研究确定不同道路环境、不同行驶速度条件下的轻型车辆(小客车)的技术参数和行为特征是轻型高速公路平纵线形和断面设计的关键所在。

沈海高速公路泉厦段因交通繁忙、交通流特征明显,建设轻型高速公路被列上议事日程,并被列为"十四五"规划交通运输重大工程项目。为支撑项目勘察设计等前期工作,扎实推动项目建设进程,项目管理部门围绕轻型高速公路断面选择、线形设计等,开展了系列专题研究。基于国内外海量的高速公路车辆轨迹数据和实车驾驶试验,揭示了轻型车辆在高速公路上的运行特征及其与大型车辆之间的差异性,获得了轨迹横向摆动的分布特征、变化规律和影响因素,提出了高速公路行车道、路缘带和路肩宽度等指标的控制要素和计算方法。基于车型参数调查数据,修正了小客车设计车辆外廓尺寸参数,提出了建筑限界指标建议。运用人车路联合仿真手段,开展了典型车型的行驶动力学仿真实验,研究了轻型车辆在不同行驶工况、不同线形组合上的运行规律,提出了轻型车辆的停车视距以及轻型高速公路的平纵线形的关键设计指标。研究成果有效支撑了泉厦轻型高速公路横断面、平纵面线形等指标前期分析论证,为轻型高速公路的路线设计提供了科学依据、理论支撑和指标推荐值。

截至目前,国内外尚无轻型高速公路工程实践。本书作为专题研究成果的结晶,提出的轻型高速公路设计指标和研究方法,也可以为国内外其他轻型高速公路的设计和建设提供参考。

全书共分 7 章,由福建省高速公路集团有限公司教授级高级工程师陈礼彪和重庆交通大学教授徐进合著。重庆交通大学研究生戴振华、丁瑞、潘存书和张高峰参与了高速公路车辆轨迹行为分析的研究工作;研究生陈正委和杨雪敏参与了轻型车辆外廓尺寸和比功率的调查与分析工作,同时参与了轻型车辆动力学仿真以及平纵断面指标确定的工作。本书由全国工程勘察设计大师、教授级高级工程师廖朝华审稿。

作　者
2024 年 10 月

CONTENTS 目录

CHAPTER ONE

1

绪论

1.1 轻型高速公路的建设背景以及优势

近年来,随着经济的快速发展、人民生活水平的提高和持续的城镇化进程,人民群众的出行需求持续增长,小客车保有量逐年攀升,中国已经是全球最大的汽车生产和消费市场,小客车已成为高速公路和各类等级公路、城市道路等基础设施服务的主要对象。整体来看,高速公路交通流中小客车占比一直在逐渐增大。一般而言,干线高速公路小客车的占比在60%以上,支线高速公路,小客车占比更高,普遍在80%以上,甚至90%。现阶段,中国高速公路都是客货混行模式,各类动力性能不一、尺寸差异较大的车辆行驶在同一幅路面上。由于车辆动力性能的差异,高速公路小客车和货车混行会增大车速离散性,降低交通流速度和通行能力、增加交通事故概率。因此,施行客货分离是解决上述问题的有效方法。

"轻型高速公路",一种轻型车辆(包括小客车和小货车,其中小客车为代表性车型)专用的高速公路,通过排除大中型车辆和重型货车对轻型车辆交通流的影响,实现通行效率和行驶安全的同时提升。近年来,轻型高速公路服务对象逐渐确定为小客车,当轻型车辆仅为小客车时,能够实现交通流的客货分离,通行效率、安全性和行驶舒适性进一步提高。相比于传统的轻重混行、客货混行的高速公路,轻型高速公路不仅具有交通事故少、运行效率高的特点,还具备土地资源占用少、建设成本低、生态环境友好的优点,可显著提高土地利用率。在土地资源非常宝贵的长三角、珠三角等地,在对高速路网或某一条高速公路进行扩容时,轻型高速公路建设方案是一个重要选择;在进行机场高速公路等特定用途公路方案设计时,也可采用轻型高速公路的建设理念。基于此,针对小客车交通量较大且占比较高的通道,建设小客车专用高速公路是提高交通安全、运行效率和土地利用率的有效途径。轻型高速公路效果图如图1-1所示。

图 1-1　轻型高速公路效果图

与传统的客货混行的高速公路相比,为轻型车辆提供通行服务的轻型高速公路具有如下鲜明的特性:

(1)以小客车为主要服务对象。传统高速公路为客货混行的运行方式,而轻型高速公路主要通行小客车,从而实现彻底的或是相当程度的客货分离,达到"车以类聚",提升了通行能力,减少了潜在的路面养护成本。

(2)同质交通流稳定运行,提升了交通安全水平。单一小客车流能够消除客货车之间、不同轴型货车之间速度差,通过速度和谐显著降低超车需求,使交通运行更加顺畅、安全、高效。同时,轻型高速公路会显著降低平行通道的小客车占比,降低小客车与大货车之间的交通冲突,有助于提升路网的交通安全水平。

1.2 构建轻型高速公路技术标准体系的需求

轻型高速公路为轻型车辆(小客车为代表性车型)提供通行服务,而小客车具有车身紧凑、外廓尺寸变化小、动力性能好、荷载轻的特点,对道路平纵线形、横断面和路面设计提出了新的要求。当通道内仅通行小客车时,驾驶人往往会形成更高的速度预期,期望速度甚至达到 140km/h 左右,因此运行速度提升的需求也较高。

目前,《公路工程技术标准》(JTG B01—2014)(以下简称《标准》)和《公路路线设计规范》(JTG D20—2017)(以下简称《路线规范》)等行业标准规范对于高速公路几何线形设计指标主要是以大型重载货车的性能和行驶特性为依据制订的。比如最大纵坡和坡长以重载货车的爬坡能力为控制依据,路面设计荷载以轴载 100kN 货车为标准,桥梁设计荷载以 550kN 单车货车为标准,行车道宽度 3.75m 以载重货车外廓和安全性为控制条件。《小客车专用高速公路工程技术指南》(T/CHTS 10042—2021)(以下简称《指南》)对专供小客车行驶的高速公路主要技术指标做出了要求,但行车道宽度、左侧路缘带宽度、硬路肩宽度等关键指标值缺乏论证,没有基础数据作为支撑。

本书基于海量的高速公路实车自然驾驶数据和轨迹开放数据,结合人-车-路联合仿真手段,分析不同道路条件、不同行驶速度下的轻型车(小客车)轨迹行为和关键运行参数,通过对轻型车辆运行特性、轨迹摆动特性和驾驶操纵特性进行研究,确定了轻型高速公路的道路平纵线形和横断面设计等关键技术指标。

1.3 国内外相关研究进展

1.3.1 轻型高速公路设计研究方面

为设计轻型高速公路,国内外学者和研究机构做了许多探索和尝试。目前国外还没有成熟的轻型高速公路设计标准,仅日本在《道路构造令》中对小客车专用道路的车道宽度和纵坡等做了要求,其要求将车道宽度由 3.50m 缩减至 2.75m,最大纵坡由 7%增大到 12%。美国得克萨斯州自 20 世纪 70 年代起,在 10 号公路、35 号公路、45 号公路等四车道高速公路上修建了立体层来实施扩容,缓解不堪重负的交通压力。其在原有道路的左右两侧各增加了三车道的高架层,形成了双层复合式高架系统,在 20 世纪80 年代末期修建完毕并开放交通,为全世界提供了一种全新的方式来解决老旧高速公路扩容问题。自 2001 年起,美国政府开始启动对双层复合式高速公路系统的研究工作,评价其回报率、服务水平、运行安全以及景观,并试图采取一些措施激发这些公路的活力。事实上,美国得克萨斯州也是受制于原公路两侧没有充足的工程用地可以征用,才使用这种双侧单层高架来代替传统的地面层双侧拼宽或者单侧拼宽。借鉴美国得克萨斯州的立体扩容方式,中国台湾在对中山高速公路进行扩容时,对五股至杨梅路段采用了建设高架桥的方式进行拓宽(简称五杨高架),来缓解桃园路段长久以来严重的交通拥堵问题,五杨高架全长 40km,于 2013 年 4 月建成通车,其中一部分路段采用的是双侧单层高架。与此类似,深圳机荷高速公路改扩建设计也是采用立体扩容模式,地面层从现有的双向六车道拓宽至双向八车道,并在原走廊带内紧邻原路采用高架桥或隧道方式新建立体通道,形成立体式高速公路复合通道。但不管是双层复合式高速公路、五杨高架还是机荷高速公路,扩建之后的立体层在交通组成上仍与地面层相同,都是客货混行,不能称之为轻型高速公路。

在国际上,目前关于无人驾驶专用车道、公交专用道的研究比较多,而涉及小客车专用道的研究较少。其中,Xu 等通过分析高速公路车辆轨迹数据,发现了车辆在车道内正常行驶时轨迹横摆行为,研究了不同车型的横向位置特征和车道侧向余宽,揭示了车道位置、行驶速度、车型等因素对车辆轨迹行为的影响规律,提出了小客车行车道的宽度值。Liu 等借鉴 Xu 的研究思路,分析了不同车道宽度条件下行驶速度对车辆轨迹横摆和侧向余宽的影响。

周海涛在国内率先开展了轻型高速公路的相关研究。其著作《轻型高速公路理论与探索》是我国也是世界上第一部关于轻型高速公路的论著,书中阐释了轻型高速公路的定义和内涵,系统研究了轻型高速公路的主要技术指标,涉及通行能力、线形、路面、桥隧、互通和服务区等多个方面。在专著中周海涛通过汽车行驶力学计算、问卷调查和仿真分析等手段研究了小客车的运行特征,拟定了轻型高速公路横断面和平纵线形关键指标。吴玉涛等采用理论分析、数据观测和计算机仿真相结合的方法,对轻型高速公路的基本通行能力进行了初步研究,提出了轻型高速公路基本路段在不同车道宽度、不同设计速度、不同车道数条件下的基本通行能力。张寿然通过可视化仿真建模以及车辆动力学理论分析确定了轻型高速公路纵断面设计关键指标。高键强针对小客车车身尺寸和通行需求对现有规范设计标准进行了修正,得到了轻型高速公路互通立交匝道的平面、纵断面、横断面设计指标。吴林等从车辆行驶动力学角度出发,对轻型高速公路的纵断面设计要素进行理论分析并提出相应的理论设计参数。周骊巍等总结了轻型高速公路的设计要点,并对各设计要点给出了基于工作经验的推荐值。林国涛、潘兵宏等分别对轻型高速公路互通立交匝道的横断面布置和超高设置展开了研究,得到了匝道横断面设计指标的推荐值。

对于轻型高速公路的服务车型,不同学者具有不同观点。有的学者从车辆荷载与运行特性出发,认为轻型高速公路服务车型应包含小客车和小货车两类车型;有的学者从客货分离出发,认为轻型高速公路应专供小客车行驶。庄稼丰和徐进等结合车辆轨迹横向摆动特征,以典型小客车宽度为基础提出了高速公路小客车专用车道宽度值。张国斌以小客车车身高度上限 2m 为基础,提出了 7 座及以下小客车的限高值为 2.2m。

1.3.2　轻型车辆外廓尺寸以及性能参数方面

近年来,国内外学者对小客车的外廓尺寸展开了多方面的研究。在车辆设计方面,SUN 等使用概率统计方法,从中国国产小客车的整车尺寸参数和人体黄金比例入手,建立了车辆外部尺寸与平台设计尺寸之间的联系。Holder 以欧洲和日本品牌小客车为样本,采用线性回归的方法分析了车辆外廓尺寸及比例的变化趋势,并提出了自动驾驶车辆外廓尺寸设计建议。在车型分类方面,Niroomand 等提出了基于小客车外廓尺寸的模糊聚类法(FCM)和均值聚类法(KM),使用这些方法对小客车进行分类。程淑红等以车辆长宽尺寸作为特征参数,提出了一种基于支持向量机(SVM)的车型分类方法,该方法能够更加准确地对不同车型进行划分,提高了分类的效果和精度。柴华等分析了中国车型轴距以及"速度-轴距"的分布特征,提出了基于轴距和速度的车型划分标准。

张诗、陈正委和徐进等利用相关网站采集了中国在售乘用车的外廓、发动机/电动汽车扭矩、功率、载客数等参数,计算了比功率、轴长比等指标,获得了不同轿车、运动型多用途汽车(SUV)、多用途汽车(MPV)等细分车型外廓尺寸参数、比功率的分布特征,分析了不同参数之间的相关性。魏道新统计分析了我国小型车和大型车外廓尺寸参数,提出以满足 85% 以上车辆外廓尺寸作为公路设计车辆标准。

经过对现有研究的分析发现,国内外对于小客车外廓尺寸的研究主要集中在车辆设计、车型分类和公路工程应用等方面,其中国内的相关研究主要是针对车辆外廓尺寸的自动测量方法上面,比如激光点云、视频图像等,虽然有少量研究涉及小客车尺寸特征,但存在一定的局限性,比如车辆品牌样本量不够、车型覆盖率低,难以反映我国当前小客车尺寸分布规律,以至于在工程应用中,车辆尺寸参数通常是基于经验判断,缺乏基础数据支撑和理论依据。

1.3.3　高速公路轨迹行为和车道宽度方面

车辆行驶轨迹与道路线形的一致性是公路设计的基础,现有车道线形是基于车身中轴线与车道中心线重合的假设前提下设计的,两者之间的距离即为车辆横向偏移的大小。徐进等论证了车辆运行轨迹与速度之间的一致性,发现弯道路段的轨迹偏移量与车速呈正相关关系。由此,可以推断速度的变化会导致车辆轨迹产生偏移。Chen 等将直线路段的车辆轨迹偏离划分为车道保持、向左车道偏离和向右车道偏离,分析了组合线形对车道偏移的影响,认为平曲线曲率以及坡度是主要影响因素。Ghasemzadeh 等研究了不同天气条件对驾驶员驾驶行为和车道保持能力的影响,结果表明驾驶员在恶劣天气条件下(比如大雨)的车辆偏移次数和幅度比晴朗天气条件下更高;此外,该研究还表明驾驶员在限速较高的路段上具有更好的车道保持能力,驾驶员的车道保持能力与行驶速度并不是简单的线性关系。Hu 等认为非主动换道时的车辆轨迹横向偏移是由于驾驶员注意力不集中和分心两个主要因素引起的,通过比较转向角、横向速度等数据详细讨论了不同偏离模式的行驶特性。

国内外一些学者对轻型车辆的行车道宽度和侧向安全净距开展了研究,但囿于当时的测试技术水平与手段,多是以理论推导、问卷调查、交通仿真和事故统计为手段开展分析,并且多是对城市快速路和低等级公路的特征断面进行观测,未进行高速公路自然驾驶数据的大规模采集和驾驶行为分析;一些研究虽然运用驾驶模拟器开展模拟驾驶试验,但仿真环境很难精确地还原出实际道路环境对驾驶行为的影响,影响了研究结论可靠性和可移植性,难以用于工程设计实践和标准规范的修订。

近几年来,不少学者认为既有规范中的车道宽度值具有一定的富余,可以进行一定的窄化。Kondyli 等研究了车道宽度对交通流运行的影响,并开发了一种适用于狭窄车道的交通流运行效率预测模型。Dixon 等研究了车道宽度缩减对高速公路运行安全性的影响,结果表明当车道宽度超过 12ft(1ft≈0.305m) 后其安全水平将很难再有提升;并且,相较于车道宽度的减少,左侧路肩的宽度对碰撞率的影响更大。在我国,许多城市开始对窄式车道进行改造和试点。青岛市将小型客车专用车道从 3m 缩减至 2.7m,公交车专用道从 3.75m 缩减至 3.3m。上海市将一条城市快速路的车道宽度从 3.25m 压缩至 2.7m,由此增设一条车道。根据实际结果来看,车道缩减不仅节约了道路空间成本,还带来了通行能力效益的增长。

车道宽度可以通过控制车辆与车辆之间以及车辆与路缘带之间的横向安全间距来进行计算。苏联时期的波良可夫模型(Bolyankov model)就是个很好的例子,该模型基于车辆的运行速度构建了与道路横断面各组成部分的关系,确定了各部分的安全距离。Wang 等通过对实测数据进行拟合,利用 85 分位行驶速度作为设计速度,以此修正波良可夫模型。Chang 等通过问卷调查法和德尔菲法,统计分析了城市道路信号交叉口的车道宽度与横向安全距离、饱和流量等因素之间的关系,并建立了一种通用的车道宽度设计方法。

车道宽度也与驾驶员的驾驶行为习惯和交通特性有关。Wu 等基于车辆碰撞和交通流量等数据,量化了城市快速路不同车道宽度对于各类型事故车辆碰撞频率的影响,结果表明标准尺寸车道(3.45m)的碰撞风险最小。Shirke 等的研究结果表明车速和车辆类别对驾驶员的车道选择行为具有显著影响。Yousif 等则认为窄车道与正常宽度车道对驾驶员的车道选择行为没有显著差异。Liu 等利用驾驶模拟器分析了车道宽度、位置以及路肩宽度对于驾驶行为的影响,发现车道宽度对驾驶行为的影响大于路肩宽度对其的影响。

1.3.4 高速公路平纵线形方面

郭腾峰等结合六轴半挂车实车行驶实验数据和车辆行驶动力学方程,建立了半挂车不同挡位下的"车速-坡度"关系曲线,获得了车辆加速曲线和减速曲线,确定了高速公路上坡方向纵坡坡度、坡长等主要控制指标;使用运行速度预测速度模型计算了不同驶入速度下的平曲线路段运行车速,分析了曲线半径与运行速度的关系,提出了各级公路平曲线半径推荐取值范围。Lan 等研究了在不同服务水平下,不同货车比功率、坡度、坡长条件下货车的速度特性,确定了不同坡度道路的临界坡长,并提出货车速度衰减 15km/h 应作为爬坡车道设置的临界条件。徐婷等运用 Cruise 软件对不同坡度和不同入坡速度的货车爬坡特性进行仿真,确定了入坡速度为80km/h和60km/h的临界坡长。张大伟针对设计速度为140km/h的高速公路的几何指标进行了研究,建议最大纵坡仍可采用现有标准3%进行控制,同时在地形复杂等困难地区可适当提高标准至4%。

道路纵坡与交通事故有紧密关系,Venkatachalam分析了在不同纵坡条件下混合交通流特性,研究结果表明纵坡的坡度及坡长对交通流影响较大,陡坡道路上的交通事故率明显高于一般路段。Charly等通过自然驾驶数据对高速公路的几何指标进行了安全性分析,发现平均坡度等参数对车辆碰撞的发生有影响,具有下坡路段更容易发生碰撞。Chen等的研究发现大纵坡路段相比于小纵坡路段会产生更显著的速度波动。Liu和Frey研究了轻型车辆在纵坡路段上的加速度包络线,结果表明纵坡和最大加速度之间存在负相关性。Liu等探讨了主干道纵坡路段的车辆加速行为,结果表明道路纵坡对轻型车辆的影响非常轻微。

1.4 世界主要国家的相关技术标准

1.4.1 高速公路横断面关键指标

行车道宽度主要由设计车辆的车身宽度、横向安全距离(侧向余宽)和车辆保持车道行驶时的轨迹横向摆动幅度三部分构成。在各国的道路设计规范或指南中,对于不同设计速度和不同等级道路的车道宽度均给出了相应的建议值。例如,美国公路和街道几何设计政策(AASHTO 2011)建议高速公路的车道宽度应为12ft(3.66m),在货车流量较小、设计速度较低的路段可采用10ft(3m)的车道宽度。此外,美国交通研究委员会(TRB)于2010年发布的Highway Capacity Manual(HCM 2010)确定了高速公路基本车道宽度值为12ft(3.66m),并认为当车道宽度超过12ft时,其对车辆的自由流速度并不会产生直接影响。德国的道路设计指南(Richtlinien für die Anlage von Autobahnen,简称RAA)中双向四车道布局下车道宽度规定值为3.75m,双向六车道同一方向的内侧两条车道可设置为3.5m。英国对高速公路(Motorway)在设计速度70mile/h(约为113km/h)下给出3.65m推荐值。加拿大的运输协会建议货车流量大的公路车道宽度值为3.7m。日本的《道路构造令》将道路划分为四类,对其中高速公路车道宽度给出基本值为3.5m,在日交通量不满10000veh/d的山地区域车道宽度可以选取3.25m;同时也规定在交通量大、大型车混入率高时,车道宽度可以采用3.75m。我国的《标准》和《路线规范》规定高速公路、一级公路设计车速80km/h及以上时,车道宽度为3.75m;同时规定八车道及以上公路内侧第1、2车道仅限小客车通行时,其车道宽度可采用3.5m。

表1-1展示了不同国家公路建设标准规范对车道宽度给出的规定值,可以看出我国《路线规范》规定的车道宽度值与俄罗斯、德国的车道宽度规定值基本相同,且高于多数国家。

不同国家公路车道宽度规定值(单位:m)　　　　　　　　　　　　表1-1

国家	中国	美国	德国	英国	日本	加拿大	俄罗斯
车道宽度	3.5~3.75	3.66	3.5~3.75	3.65	3.25~3.5	3.7	3.75

在硬路肩宽度设计方面,不同国家通常会根据不同的道路类型、车辆组成、设计标准以及其他因素有所不同,表1-2给出了不同国家对于硬路肩宽度的推荐值。例如,《路线规范》对设计速度120km/h以下的右侧硬路肩宽度推荐值为3m,采用分离式路基时,左侧硬路肩宽度值为1.25m。德国道路建设标准RAA设置3m宽的硬路肩满足沿线重型卡车的安全停放,认为2.5m的硬路肩可以满足小客车的停放。美国公路与运输工作者协会(AASHTO)认为停在路肩上的车辆应离开行车道边缘至少1ft(0.3m),最好是2ft(0.6m),因此推荐了最宽达3.6m的路肩宽度值。

不同国家对硬路肩宽度的规定   表1-2

国家	道路设计速度及适用范围	左侧硬路肩(路缘带)宽度值(m*)	右侧硬路肩(m)
中国	80~120km/h 及以上	0.75~1.25(0.5~0.75)	2.5~3
美国	双向六车道及以上	3.048~3.66	3~3.6
加拿大	双向六车道及以上	3	2.5~3
英国(左行)	设计速度112km/h	1.2	3.3
德国	130km/h	0.75	2.5~3
法国	130km/h	1	2.5~3
日本(左行)	120km/h、双向四车道	1.25~1.75	2.5

注:部分国家的路肩未区分左侧和右侧,括号内为硬路肩宽度的最小值。

　*中国高速公路采用整体式路基时,左侧的安全净宽为路缘带,即括号内的数值;采用整体式路基时称为左侧硬路肩。

1.4.2 高速公路停车视距

相较于欧美国家,中国的公路工程事业发展起步较晚,公路路线设计技术标准制定时参照国外的理论研究基础,结合国内实际交通组成、驾驶行为以及车辆动力性能制定。表1-3给出了中、美、日、法等国家停车视距取值。

不同国家的停车视距取值(单位:m)   表1-3

设计速度 (km/h)	国家			
	中国	美国	日本	法国
120	210	250	210	230
100	160	185	205.2/160	187/160
80	110	130	139.5/110	121/105
60	75	85	85.9/75	75/65
40	40	50	44.8/40	40/35

注:日本停车视距"/"后为假定的行驶速度计算值,"/"前为采用设计速度计算值;法国停车视距"/"前为半径小于$5v$(v为设计车速)采用值,"/"后为半径大于$5v$采用值。

不同国家采用了不同的模型来计算停车视距,但计算原理都是将停车视距分解为两个组成部分:一是驾驶员反应时间内的车辆行驶距离SSD1;二是制动力起作用后到车辆完全停止时的行驶距离(即狭义上的制动距离)SSD2。因此,不同国家在停车视距计算上的区别主要在于两方面:第一个方面的差异是驾驶员反应时间的取值不同;第二个方面的差异是制动距离的计算原理不同。

中国和日本的相关规范都是采用 2.5s 的驾驶员反应时间来计算 SSD1,利用设计速度、假定的行驶速度(设计速度 80 ~ 120km/h 取 85% ,设计速度 40 ~ 60km/h 取 90%)和路面摩阻系数来计算 SSD2,然后再将二者相加得到停车视距。该方法存在以下局限:计算 SSD2 时采用的行驶速度是由设计速度直接折减而来,但在实际的路况运行当中,内侧车道的车辆行驶速度一般是贴近或者超过设计速度的,车辆实际行驶速度还会受到路况及路域环境本身的影响,采用直接折减的方式并不能够代表实际运行情况;并且,在描述制动行为时是用路面纵向摩阻系数来指代纵向减速度,没有考虑汽车动力性能和车辆载重等因素的重要影响,比如重载货车制动时由于载质量大、制动力不足难以充分利用路面摩阻系数。

AASHTO 负责编制和修订国家层面的道路几何设计规范(绿皮书),绿皮书自发布以来经历过多次修订,停车视距计算方法也经历了修订,绿皮书在计算 SSD1 时制动反应时间是采用 2.5s,这一点与我国相同;但在计算 SSD2 时是将车辆减速率和设计速度作为计算参数,即用车辆能够达到的制动减速度来代替路面摩阻系数,兼顾了汽车性能、载重和纵坡的因素,能够较好地反映出大货车尤其是六轴重载货车制动特性的影响,非常贴近大型车辆和重载货车的实际运行情况。

相比之下,法国的相关规范在计算视距时,驾驶员反应时间分别为 2.0s(速度小于 100km/h)和 1.8s(速度大于 100km/h);同时规定当"道路半径小于 5v(v 为设计车速)时,制动距离增加 25% "。

基于此,美国和法国等国家是采用设计速度作为计算速度,没有进行速度折减,并且在模型中考虑了坡度带来的影响,采取平均减速值代替摩阻系数,考虑了随着汽车 ABS(Antilock Brake System)应用及制动性能的提高因素。

1.4.3 高速公路纵断面关键指标

日本《道路构造令》对小客车专用高速公路的纵坡等做了要求,其要求最大纵坡由 7% 增大到 12% 。我国《路线规范》中部分提到小客车专用车道设计标准,但都是建立在与货车共用路幅的高速公路基础上,其平纵线形与传统设计并无差异。《指南》规定最大纵坡在 140km/h 、120km/h 和 100km/h 时分别为 7% 、8% 和 8% ,大于《标准》和《路线规范》所对应的纵坡指标。不同国家的最大纵坡规定值见表 1-4。

不同国家的最大纵坡规定值(单位:%) 表 1-4

设计速度 (km/h)	国家						
	中国		美国		德国	日本	
	(一般)	(特殊地形)	(一般)	(山区)		(一般)	(山区)
120	3	4	3	5	4	2	5
100	4	5	3	6	4.5	3	6
80	5	6	4	6	6	4	7

AASHTO 以比功率为 8.33W/kg 的货车爬坡速度特性作为控制依据,来确定高速公路坡度、坡长等纵断面关键指标,并且普遍认为大多数小客车可以轻松通过 5% 的道路纵坡而不会显著降低速度。

由表 1-4 可知,在不同国家中,美国和日本的高速公路在穿越山区地形时的最大纵坡要明显高于平缓地形的纵坡值,绝对差值达到 2% 以上;相比之下中国高速公路的最大纵坡在受到地形条件限制时可以增加 1 个百分点。

1.4.4　高速公路平面关键技术指标

表 1-5 展示了不同国家公路建设标准规范对最小圆曲线半径的规定值,可以看出我国《路线规范》规定的最小圆曲线半径在设计速度大于 100km/h 的情况下,与其他国家相比相对较小。当设计速度为 100km/h 时,中国的最小圆曲线半径为 400m,德国的圆曲线最小半径值为 470m,在 5 个国家中最大;设计速度为 120km/h 时,中国的圆曲线最小半径为 650m,略低于法国和澳大利亚,美国的圆曲线最小半径为 756m。

不同国家最小圆曲线半径规定值(单位:m)　　　　　　　　　　　表 1-5

设计速度	国家				
(km/h)	中国	美国	澳大利亚	德国	法国
120	650	756	667	720	665
100	400	437	414	470	425
80	250	252	194	280	240

综上所述,针对轻型高速公路关键技术指标的研究目前仅停留于理论分析阶段,未进行充分的实车试验证明和大样本的实测数据验证,不同设计(运行)速度条件下,适用于轻型车辆的高速公路关键指标,例如行车道宽度、路缘带宽度等多年来由于缺乏数据支撑和专题研究一直悬而未决,导致超多车道高速公路的小客车专用车道也不得不采用常规指标,造成土地资源和工程费用的浪费,也阻碍了轻型高速公路的建设和落地。同时,针对轻型高速公路的线形组合等方面还需考虑车辆安全、快速、舒适通行的使用需求。基于此,当下亟须开展针对上述问题的深入研究,以服务于轻型高速公路的设计和建设。

1.5　中国现行标准对轻型高速公路设计的适用性

在轻型高速公路的几何线形设计方面,国内相关的标准规范有《公路工程技术标准》(JTG B01—2014)、《公路路线设计规范》(JTG D20—2017)、《小客车专用高速公路工程技术指南》(T/CHTS 10042—2021)、《复合式高速公路路线设计规范》(送审稿,以下简称《复合式规范》);此外,代表性成果还有周海涛的专著《轻型高速公路理论与探索》。为支撑轻型高速公路的路线专业设计,现对上述技术标准规范进行对比和梳理,分析其对轻型高速公路几何线形设计的适用性。

本节主要分析国内既有相关技术标准对轻型高速公路设计的适用性和局限性,设计速度的分析范围为 80～140km/h,其中 80～120km/h 为传统高速公路的设计速度,由于轻型车辆尤其是小客车行驶速度普遍高于其他汽车车型,在同质交通流情况下行驶速度会更高,需要考虑 140km/h 的设计速度需求,以满足驾驶员的速度预期。由于小客车的行驶速度较快,驾驶员的速度预期较高,地形条件允许时轻型高速公路应尽量采用较高的设计速度。本章重点分析设计速度取 120km/h 和 140km/h 时不同技术标准的线形指标规定情况。

1.5.1 横断面指标

1)行车道宽度

高速公路行车道宽度的控制要素是车辆尺寸、行驶轨迹摆动和车道侧向余宽,多车并行时还需考虑车辆间的横向距离。设计速度为 100km/h 和 120km/h 时,《标准》规定行车道宽 3.75m,设计速度 140km/h 时未做规定。同时,规定"八车道及以上公路在内侧车道(内侧第 1、2 车道)仅限小客车通行时,其车道宽度可采用 3.5m"。但此条款不能为轻型高速公路的车道宽度提供直接的支撑,因为有两个前置条件:第一,八车道以上的高速公路;第二,内侧第 1、2 车道。《指南》和《复合式规范》规定高速公路设计速度为 120km/h 时,小客车行车道宽度可采用 3.50m;其中,《复合式规范》规定复合层行车道取 3.5m 需要单独论证。设计速度为 140km/h 时,《指南》推荐车道宽度一般值为 3.75m,最小值可取 3.5m,但没有研究文献、相关标准规范和相关数据作为支撑。现行技术标准对行车道宽度的规定见表 1-6。

现行技术标准对行车道宽度的规定 表 1-6

行车道宽度(m)		设计速度(km/h)			
		140	120	100	80
《公路工程技术标准》	车道宽度	—	3.75	3.75	3.75
《复合式高速公路路线设计规范》	小客车专用车道宽度	—	3.50（需论证）	3.50（需论证）	3.50（需论证）
《小客车专用高速公路工程技术指南》	一般值	3.75	3.50	3.50	—
	最小值	3.50	3.50	3.25	—

《标准》规定的高速公路行车道宽为 3.75m,客货混行条件下对行车道宽度起控制作用的是大型车辆(重型货车和大客车),其车身宽度为 2.55m,而小客车宽度平均值为 1.85m,比大型车窄 0.75m。那么,在侧向余宽相同的条件下,小客车行车道宽度在理论上可以大幅降低。因此,需要开展车辆轨迹行为的深度分析,明确不同速度条件下的小客车轨迹行为特征和影响因素,以及小客车轨迹行为与大型车辆尤其是载重货车的差异性。

2)左侧路缘带宽度

高速公路左侧路缘带可以为内侧车道驾驶员提供横净距,保证曲线路段的行车视距和通视性;还可以提供左侧安全余宽和容错空间,降低车辆碰撞中央分隔带护栏的事故概率。当设计速度取100km/h和120km/h时,《复合式规范》推荐的左侧路缘带宽度一般值0.75m,最小值0.5m,《指南》推荐值为0.5m。设计速度140km/h时,《指南》的推荐值为0.75m,但未给出依据和说明,没有研究文献、相关标准规范和实测数据作为支撑。《标准》规定"设计速度为120km/h,多车道公路内侧车道仅限于小客车通行的路段,左侧路缘带宽度可论证采用0.5m",即需要论证。现行技术标准对左侧路缘带宽度的规定见表1-7。

现行技术标准对左侧路缘带宽度的规定   表1-7

左侧路缘带宽度(m)		设计速度(km/h)			
		140	120	100	80
《公路工程技术标准》	一般值	—	0.75	0.75	0.50
	论证值*	—	0.5	0.5	—
《复合式高速公路路线设计规范》	一般值	—	0.75	0.75	0.50
	最小值	—	0.50	0.50	0.50
《小客车专用高速公路工程技术指南》		0.75	0.50	0.50	

注:* 设计速度为120km/h和100km/h,多车道公路内侧车道仅限于小客车通行的路段,左侧路缘带宽度可论证采用0.5m。

根据左侧路缘带的功能,车辆行驶速度越快,需要的左侧路缘带宽度值越高,轻型高速公路若选用140km/h的设计速度时,左侧路缘带宽度需要在现有基础上进行调整。因此,亟须开展高速公路车辆轨迹行为研究,分析内侧车道小客车轨迹行为特征,明确行驶速度、路段形式等因素对车辆横向位置的影响。

3)左侧硬路肩宽度

我国关于高速公路左侧硬路肩宽度的规定主要涵盖了两类情况:一类是分离式路基横断面,采用分离式横断面时需要设置左侧硬路肩,为路面结构提供左侧的横向保护,以在结构上保证行车道功能的稳定,同时也为内侧车道车辆提供侧向余宽;另一类是针对双向八车道及以上的整体式路基,宜设置左侧硬路肩。对于前一种情况,当选取120km/h的设计速度时,现行的主要技术标准对左侧硬路肩宽度的规定值大都为1.25m;相比之下,《指南》的规定值为1m,由于左侧硬路肩宽度是停车视距的重要保证,该值明显偏低。设计速度140km/h时《指南》推荐值为1.25m,该值难以满足曲线路段内侧行车道小客车驾驶员的通视性要求。

当轻型高速公路的路幅形式为分离式断面时,左侧的侧向安全余宽由左侧硬路肩提供。轻型高速公路在实际工程中通常采用高架桥结构,当高架桥在既有高速公路两侧分开布置、交错布置或者上下重叠布置时,都是分离式断面。左右分幅或者上下分幅的桥梁结构不设置土路肩,通视性和侧向容错性都是由硬路肩保证。因此,需要研究行驶速度增加时车辆轨迹行为的变化规律,分析"内侧车道车辆-左侧护栏"横向距离随行驶速度的变化趋势,为左侧硬路肩宽度取值提供理论依据和实测数据支撑。现有标准对左侧路肩宽度的推荐值见表1-8。

现有标准对左侧路肩宽度的推荐值

表 1-8

路肩宽度（m）		设计速度（km/h）			
		140	120	100	80
《公路工程技术标准》	左侧硬路肩	—	1.25	1.00	0.75
	土路肩	—	0.75	0.75	0.75
《复合式高速公路路线设计规范》	左侧硬路肩	—	1.25	1.00	0.75
	土路肩	—	0.75	0.75	0.75
《小客车专用高速公路工程技术指南》	左侧硬路肩	1.25	1.00	0.75	0.75
	土路肩	0.75	0.75	0.75	0.75

4）右侧硬路肩宽度

高速公路右侧硬路肩在运营通车之后主要作为应急车道使用，为救援车辆提供应急通道，为故障车辆、事故车辆和驾驶员突发身体状况等紧急情况提供停靠空间。现行《标准》对高速公路右侧硬路肩的规定是 3.0m，交通组成以小客车为主时可以取 2.5m；2006 版《标准》对右侧硬路肩的规定是 2.5m。《指南》对右侧硬路肩一般值的规定为 2.5m；最小值为 1.25m，比《标准》中的最小值要低 0.25m。

从已经建成运营的高速公路事故情况来看，早期采用 2.5m 硬路肩的高速公路，涉及硬路肩（应急车道）的事故较多，并且有人员伤亡的事故也较多。更早期建设的一些山区高速公路采用 1.5m 左右的硬路肩，无法设置应急车道，代替方案是每隔一定距离设置紧急停车港，运营之后一些停车港附近事故高发，弊端非常明显，后期在安全提升或者原位扩容时几乎都取消了紧急停车港并增设了应急车道。

故障/事故车辆停靠硬路肩（应急车道）时，右侧必须留有 0.5m 的宽度，方便乘客打开车门下车；车辆左侧距离路边线也应有 0.5～0.6m 的宽度，一来可以保证驾驶员下车时车门不侵界（不侵入行车道），二来车辆驻停时，可以保证车身轮廓左侧与外侧车道之间留有一定的横向距离，不影响外侧车道车辆的正常行驶。因此，需要开展广泛调查确定小客车设计车辆的宽度，提出满足车辆安全停靠、保证驾乘人员安全下车并且不影响主线车辆正常行驶的右侧硬路肩宽度值。现有标准对路肩宽度的推荐值见表 1-9。

现有标准对路肩宽度的推荐值

表 1-9

路肩宽度（m）			设计速度（km/h）			
			140	120	100	80
《公路工程技术标准》	右侧硬路肩	一般值	—	3.00 (2.50)	3.00 (2.50)	3.00 (2.50)
		最小值	—	1.50	1.50	1.50
	土路肩	一般值	—	0.75	0.75	0.75
		最小值	—	0.75	0.75	0.75

续上表

路肩宽度（m）			设计速度（km/h）			
			140	120	100	80
《复合式高速公路路线设计规范》	右侧硬路肩	一般值	—	3.00 (2.50)	3.00 (2.50)	3.00 (2.50)
		最小值	—	1.50 (1.75)	1.50 (1.50)	1.50 (0.75)
	土路肩	一般值	—	0.75	0.75	0.75
		最小值	—	0.75	0.75	0.75
《小客车专用高速公路工程技术指南》	右侧硬路肩	一般值	2.50	2.50	2.50	—
		最小值	1.50	1.25	1.25	—
	土路肩		0.75	0.75	0.75	—

注：1. 以通行小客车为主时，右侧硬路肩宽度可采用"一般值"括号内数值。
　　2.《复合式高速公路路线设计规范》将具有紧急停车功能的硬路肩设于左侧时，其对应右侧硬路肩值可采用"最小值"括号内数值。

1.5.2　纵断面指标

1）最大纵坡

《标准》对公路纵坡的规定是基于大货车（重型车辆）上坡路段行驶特性得到，主要是用上坡路段的速度衰减特性来控制坡度和坡长，对轻型高速公路纵断面设计和指标选取参考意义有限。

设计速度选用120km/h时，《复合式规范》和《指南》的最大纵坡推荐值有较大差异，分别为4%和8%；设计速度为140km/h时，《标准》和《复合式规范》未给出最大纵坡的规定值，《指南》的推荐值为7%。根据作者课题组在山区道路直线坡道的速度观测结果，一部分小客车在7%和8%的上坡路段行驶速度衰减明显，尤其是驶入速度较高时速度衰减更明显，因此高速公路即使仅通行小客车也不宜采用如此大的纵坡。

基于此，需要对中国小客车市场的在售车型进行统计分析，得到小客车的车型组成及其占比，并根据普遍性原则和不利性原则确定出代表性车型。然后，开展代表性车型在纵坡路段上的运行仿真，以坡度值和驶入速度为变量，得到仿真车辆在纵坡路段上的速度变化曲线，以容许速度衰减为控制原则提出适应小客车行驶的轻型高速公路纵坡指标。现行技术标准对最大纵坡的推荐值见表1-10。

现行技术标准对最大纵坡的推荐值　　　　表1-10

最大纵坡（%）	设计速度（km/h）			
	140	120	100	80
《公路工程技术标准》	—	3	4	5
《复合式高速公路路线设计规范》*	—	4	5	6

最大纵坡(%)		设计速度(km/h)			
		140	120	100	80
《小客车专用高速公路工程技术指南》	一般地区	7	8	8	—
	积雪冰冻地区	6	6	6	—

注：* 基本车道为小客车专用通行时，最大纵坡可增加 1 个百分点；受特殊情况限制时，经技术经济论证，最大纵坡可增加 2 个百分点。

2）最大坡长

对公路纵断面的最大坡长进行限制是为了避免大型货车在上坡路段发生严重的速度衰减，避免降低通行能力和安全水平。《标准》确定最大坡长的思路是控制重载货车爬坡时的速度衰减量，最大坡长值对应的是容许速度折减量范围内的货车行驶距离，对轻型高速公路的纵坡设计没有参考意义。《复合式规范》对最大坡长没有提出要求；《指南》给出了 120km/h 和 140km/h 设计速度下的最大坡长推荐值。

为了得到与轻型车辆动力性能更匹配的最大坡长值，需要调查中国目前小客车和小货车各种款式的主要技术参数，包括整备质量、额定载重、发动机/电动机扭矩、功率等，进一步计算出比功率值，得到小客车和小货车的比功率分布，在仿真环境下进行车辆模型的技术参数设置，开展纵坡路段车辆爬坡行驶仿真，根据仿真输出的速度曲线得到典型车型在不同坡度的速度衰减，并最终确定出不同设计速度、不同坡度对应的最大坡长。现行技术标准对最大坡长的规定见表 1-11。

现行技术标准对最大坡长的规定　　　　表 1-11

最大坡长(m)	纵坡坡度(%)	设计速度(km/h)			
		140	120	100	80
《公路工程技术标准》	3	—	900	1000	1100
	4	—	700	800	900
	5	—	—	600	700
	6	—	—	—	500
《复合式高速公路路线设计规范》	—				
《小客车专用高速公路工程技术指南》	5	1500	—	—	—
	6	800	1200	1700	—
	7	550	650	700	—
	8	400	420	450	—
	8	—	—	—	900 (1400)

注：《小客车专用高速公路工程技术指南》中括号外为临界坡长，括号内为限制坡长。

3）最大合成坡度

最大合成纵坡出现在弯坡组合路段，取决于平曲线超高率和路段纵坡。合成纵坡值过大，对大型车行驶不利，容易导致大型车溜滑、侧翻；轻型高速公路主要通行小客车,此方面的风险相对较小。本书针对小客车行驶特点,基于最大纵坡和超高率,在后续章节给出了推荐值。现行技术标准对最大合成坡度的要求见表1-12。

现行技术标准对最大合成坡度的要求 表1-12

最大合成纵坡(%)		设计速度(km/h)			
		140	120	100	80
《公路路线设计规范》*		—	10	10	10.5
《复合式高速公路路线设计规范》		—	8	8	7
《小客车专用高速公路工程技术指南》	一般地区	10	10	11	—
	积雪冰冻地区	8	8	8	—

注:*由于《公路工程技术标准》对最大合成纵坡未做要求,此处替换为《公路路线设计规范》。

4)竖曲线最小半径和最小长度

竖曲线最小半径的控制要素和约束条件有两方面:一是车辆经过竖曲线时由于竖向位移变化导致的不舒适,此问题在低等级道路上比较明显,尤其是车辆超速行驶时,在凹形竖曲线位置有明显的不适感;二是行车视距要求,采用竖曲线来代替直线可以明显改善变坡点的通视性,竖曲线半径值越大,改善效果越显著。

《复合式规范》未对小客车专用高速公路的竖曲线参数进行规定。《指南》对竖曲线最小半径和最小长度做出了规定,但指标值与《标准》中的规定值相同,由于《标准》中凸形竖曲线最小半径的规定值是以视距为控制条件,而视距值要高于小客车的实际需求,因此,凸形竖曲线半径的规定值有较大的优化空间。

为此,针对轻型高速公路的竖曲线设计,需要明确凸形和凹形竖曲线半径的实际控制条件是通视性要求还是行驶舒适性要求,然后根据小客车行驶特点和驾驶行为特征得到竖曲线半径计算公式,得到适用于小客车行驶的轻型高速公路竖曲线半径值。现行技术标准对竖曲线半径和长度的要求见表1-13。

现行技术标准对竖曲线半径和长度的要求 表1-13

类别	成果	阈值	设计速度(km/h)			
			140	120	100	80
凸形竖曲线最小半径	《公路工程技术标准》	一般值	—	17000	10000	4500
		极限值	—	11000	6500	3000
	《小客车专用高速公路工程技术指南》	一般值	30000	17000	10000	—
		极限值	20000	11000	6500	—
	《复合式高速公路路线设计规范》		—	—	—	—
凹形竖曲线最小半径	《公路工程技术标准》	一般值	—	6000	4500	3000
		极限值	—	4000	3000	2000
	《小客车专用高速公路工程技术指南》	一般值	9000	6000	4500	—
		极限值	6000	4000	3000	—
	《复合式高速公路路线设计规范》		—	—	—	—

类别	成果	阈值	设计速度(km/h)			
			140	120	100	80
竖曲线最小长度	《公路工程技术标准》	一般值	—	250	210	170
		极限值	—	100	85	70
	《小客车专用高速公路工程技术指南》		120	100	85	—
	《复合式高速公路路线设计规范》	—	—	—	—	—

1.5.3 平面线形指标

1)横向力系数

横向力系数直接关系到曲线路段行驶时的横向舒适性和行驶稳定性,是控制平曲线半径的主要依据。《标准》给出了不同设计速度(20~120km/h)的横向力系数设计值。对于设计速度不超过120km/h的高速公路,小客车有一定的超速比例,一些车辆行驶实际的横向力系数值要高于设计值。相比之下,对于140km/h的设计速度,由于已经完全达到绝大多数驾驶员的速度预期,超速比例将显著低于设计速度120km/h及以下的高速公路,横向力系数实测值与设计值相比将非常接近。

本书将对车辆运行特性进行分析,分析车辆悬架变形量对横向加速度的影响,明确小客车在不同行驶速度下的横向加速度和横向力系数分布,确定出轻型高速公路不同设计速度的横向力系数。《标准》中的横向力系数设计值见表1-14。

《公路工程技术标准》中的横向力系数设计值　　　　表1-14

设计速度(km/h)	140	120	100	80
横向力系数设计值	—	0.1	0.12	0.13

2)圆曲线最小半径

圆曲线半径的控制条件主要是车辆横向安全性(侧向稳定性)和横向舒适性,其中横向安全性受车辆类型影响很大。对于客货混行的公路,圆曲线半径的控制因素主要有两个:一是大型货车的侧向稳定性,正常天气条件下大货车更容易发生侧翻,相比之下小客车的侧滑临界速度远高于大货车的侧翻临界速度;二是弯道行驶过程中驾乘人员的横向舒适性。对于高速公路主线路段而言,由于技术指标在总体上相对较高,平曲线半径的控制要素主要是行驶舒适性,车辆侧向失稳的临界速度远高于导致行驶不舒适的速度阈值。

曲线路段的行驶舒适性可以用横向力系数(或横向加速度)来表征,横向力系数取决于车辆行驶速度、超高率和平曲线半径值,因此,横向舒适性与车型关系不大。对于设计速度120km/h和140km/h的轻型高速公路,设计速度与驾驶员的期望速度基本相当,高速公路主线路段车辆超速比例较低。基于此,轻型高速公路使用《标准》推荐的计算公式来计算不同超高率的圆曲线最小半径即可。现行技术标准对圆曲线最小半径的要求见表1-15。

现行技术标准对圆曲线最小半径的要求　　　　　　　表1-15

圆曲线最小半径(m)			设计速度(km/h)			
			140	120	100	80
《公路工程技术标准》	最大超高	10%	—	570	360	220
		8%	—	650	400	250
		6%	—	710	440	270
		4%	—	810	500	300
《复合式高速公路路线设计规范》	一般值(超高为2%)		—	1000	700	400
	最大超高	4%	—	810	500	300
		6%	—	710	440	270
		8%	—	650	400	250
《小客车专用高速公路工程技术指南》	最大超高	10%	910	570	360	—
		8%	1000	650	400	—
		6%	1200	710	440	—
		4%	1400	810	500	—
	一般值	6%	1400	1000	700	—

3)缓和曲线最小长度

缓和曲线主要用于直线段和圆曲线之间的曲率过渡,为进入/驶离弯道的驾驶员提供调整转向盘转角的长度区间。从近些年我国高速公路的设计实践来看,实际使用的缓和曲线长度都是在200m以上,远高于现行相关设计规范的最低值。对于设置超高的高速公路平曲线路段,根据目前的常规做法,超高率是在缓和曲线范围内完成过渡,缓和曲线过短将导致超高渐变率过大,导致大型车辆行驶不稳定;缓和曲线过长会导致超高渐变率过小,导致路面排水困难。现行技术标准对缓和曲线最小长度的要求见表1-16。

现行技术标准对缓和曲线最小长度的要求　　　　　　　表1-16

缓和曲线最小长度(m)	设计速度(km/h)			
	140	120	100	80
《公路路线设计规范》	—	100	85	70
《复合式高速公路路线设计规范》	—	—	—	—
《小客车专用高速公路工程技术指南》	120	100	85	—

4)平曲线最小长度

平曲线转角过小会使道路在转角处看起来扭转和突然转折,容易导致驾驶人视觉误判并采取错误的操作,使车辆偏离行驶路线导致交通事故,因此,需要对曲线转角进行限定。各国对于最小曲线转角的要求不尽相同,中国是7°,德国为6°多一点,美国为

5°,日本与我国相同,也是7°。

平曲线最小长度通常指曲线偏角为7°时的平曲线长度,《路线规范》对平曲线最小长度的规定又细分为一般值和最小值,其中最小值为2倍的缓和曲线最小长度,即车辆以设计速度行驶时的6s行程距离,一般值为最小值的3倍;《复合式规范》和《指南》对此未做规定。

平曲线最小偏角和最短长度主要是从驾驶员视觉和操纵行为的角度进行规定,目前的取值更多的是经验性的。在沿河或者地形平缓地区的线位布设中,曲线转角时常会小于或等于7°,《路线规范》对此进行了规定,包括最小值和一般值。现行技术标准对平曲线最小长度的要求见表1-17。

现行技术标准对平曲线最小长度的要求   表1-17

平曲线最小长度(m)		设计速度(km/h)			
		140	120	100	80
《公路路线设计规范》	一般值	—	600	500	400
	最小值	—	200	170	140
《复合式高速公路路线设计规范》		—	—	—	—
《小客车专用高速公路工程技术指南》		—	—	—	—

5)停车视距

停车视距和通视性对于曲线路段的通视性和行驶安全影响极大,曲线路段的通视性取决于圆曲线半径和横净距,其中横净距由车道侧向余宽和路侧安全宽度构成。内侧行车道位于左转弯路段时,通视性的决定性因素为左侧路缘带宽度;最外侧行车道位于右转弯路段时通视性取决于硬路肩宽度。我国的高速公路由于左侧路缘带较窄,通视性最困难的路段为左转弯路段的内侧行车道。

《标准》和《路线规范》兼顾大型车和小型车的制动性能来确定停车视距,通过改变不同速度条件下的路面摩阻系数(潮湿路面的摩阻系数)来调节视距长度,视距计算结果对于小型车而言明显偏高,即小型车不需要那么长的停车视距,对于三轴以上的重型货车停车视距又不够。

本书作者采集了西南地区多条高速公路湿滑路面的摩阻系数,主线路段潮湿路面的摩阻系数普遍在0.45以上,最低也在0.4以上,远高于规范的设定值。同时,根据国外主要汽车厂商发布的湿滑路面百公里制动距离实测结果,小客车的制动距离远低于现有标准的计算值。基于此,需要综合湿滑沥青路面摩阻系数实测结果和小客车制动性能,重新建立轻型车辆停车视距的计算方法。现行技术标准对停车视距的要求见表1-18。

现行技术标准对停车视距的要求   表1-18

停车视距(m)	设计速度(km/h)			
	140	120	100	80
《公路工程技术标准》	—	210	160	110
《复合式高速公路路线设计规范》*	—	460	380	300
《小客车专用高速公路工程技术指南》	285	210	160	—

注:*《复合式高速公路路线设计规范》中的值为识别视距。

1.5.4 适用性分析小结

1）既有横断面指标对轻型高速公路的适用性

高速公路行车道宽度的主要控制因素为车身尺寸、车辆行驶摆动和车道宽度使用程度；左侧路缘带和硬路肩宽度的控制因素为视距、容错性和驾驶员因素。由于小客车的车身尺寸和机动性显著区别于大型车辆尤其是重型货车，轻型高速公路的横断面与传统高速公路指标存在显著差别。现有技术标准的相关规定对于轻型高速公路几何设计而言有优化空间，需要开展高速公路小客车和大型车的轨迹特性分析，研究驾驶员轨迹选择偏好、车辆横向位置特征和轨迹行为特征，确定轻型高速公路的行车道宽度和左侧路缘带宽度等技术指标。

2）既有标准平面指标对轻型高速公路的适用性

高速公路主线路段技术指标相对较高，平面线形指标的控制要素主要是行驶舒适性，其主要取决于车速、超高和平曲线半径，而与车型关系不大。相比之下，停车视距与车辆制动性能高度相关，既有标准未考虑轻型车辆载质量轻、制动距离短的特点。为此，本书开展纵坡和弯坡路段的轻型车辆制动仿真，得到轻型车辆在不同"速度＋载质量＋路面摩阻系数"组合条件下的制动距离，进而确定出轻型车辆的停车视距。

3）既有标准纵断面指标对轻型高速公路的适用性

高速公路最大纵坡、最大坡长的主要控制因素为车辆动力性能，《标准》和《路线规范》基于大货车爬坡特性提出最大纵坡和坡长指标，对于轻型高速公路而言存在较大的冗余。《指南》基于车辆动力学方程理论计算得到纵坡指标，推荐值与小客车真实运行特性差异较大。为此，本书开展纵坡路段和弯坡组合路段的轻型车辆多工况行驶仿真，得到轻型车辆在不同纵坡上的速度变化特征，明确控制车型并提出坡度和坡长阈值；同时，根据轻型车辆停车视距确定出凸形竖曲线最小半径等指标。

4）需进一步优化和改进的路线技术指标

经过对国内主要技术标准和研究成果的梳理，本章分析了现有成果和技术标准在路线设计指标方面对于轻型高速公路路线设计的适应性，确定了需要进一步优化和调整的指标，需要开展深入的研究，以为轻型高速公路线形设计提供科学支撑，见表1-19。

需要进一步优化的轻型高速公路路线设计指标 表1-19

序号	指标类别	指标名称	优化的原因（既有规范指标值的局限性）
1	横断面指标	行车道宽度	根据小客车的外廓尺寸和运行特性进行修订
2		左侧路缘带宽度	基于小客车驾驶习惯重新进行修订
3	平面线形指标	停车视距	小客车制动性能与重型货车存在显著差异性
4	纵断面指标	最大纵坡	小客车动力性能高，爬坡性能好，制动性能好，纵坡指标控制条件发生显著改变
5		最大坡长	
6		凸形竖曲线最小半径	该指标控制条件为停车视距，停车视距改变之后，最小竖曲线半径需要重新计算

1.6 本书的主要内容

1）轻型车辆外廓尺寸、质量和比功率特性调查与分析

调查了国内 4800 余款小客车和 7800 余款货车的技术参数，获得了不同细分车型的外廓尺寸、整备质量和额定载重数据，以及发动机/电动机扭矩和功率数据，明确了小客车、小货车和其他车型在技术性能上的差异性，确定了轻型高速公路的通行车型和设计车辆，根据海量数据统计结果给出了轻型高速公路设计车辆外廓尺寸和比功率值，提出了轻型高速公路建筑限界的净高值。

2）高速公路典型车型的运行状态和驾驶行为特性分析

通过高速公路实车试验和无人机高空航拍，获取了中国和德国高速公路的车辆运行数据，提取了车辆行驶轨迹，以轨迹横向摆动、轨迹横向偏移和车道侧向余宽为指标研究了车道保持工况下的车辆轨迹行为，分析了轨迹行为特征和影响因素，分析了小客车轨迹行为与大型车的差异性，明确了中德两国高速公路车辆轨迹行为的差异性。

3）面向轻型车辆的高速公路横断面组成及关键指标研究

基于高速公路轻型车辆轨迹行为特性的深入分析，从行驶安全性、舒适性和驾驶心理角度研究了横断面指标的控制要素，建立了行车道/路缘带/硬路肩宽度指标的确定方法，确定了轻型高速公路不同设计速度的行车道宽度、路肩宽度、路缘带宽度等关键技术指标的推荐值，并给出了轻型高速公路横断面组合布设的推荐方案。

4）面向轻型车辆的高速公路平纵线形关键指标研究

基于高速公路路面摩阻系数实测值和轻型车辆制动仿真结果，提出了轻型车辆的停车视距修正值，研究了轻型高速公路平纵线形指标的控制要素，并提出了平曲线半径、坡度、坡长和竖曲线半径等关键技术指标的建议值。

1.7 本书的意义和贡献

1）基于海量车型的技术参数数据，确定了轻型高速公路设计车辆外廓和建筑限界

近 15 年来我国汽车工业快速发展，技术迭代更新快，小客车外廓尺寸更大，亟须修正 40 年前确定的设计车辆尺寸。本书统计了我国轿车、SUV、MPV、微型客车、轻型客车等类型小客车以及 2 轴货车的技术参数数据，涉及 1 万余款车型，获得了外廓尺寸、质量、扭矩、功率等参数的分布特征，明确了纯电动车和传统燃油车的技术性能差异性，确定了轻型高速公路的设计车辆，修订了小客车设计车辆的外廓尺寸和比功率，基于通行车型的外廓，提出了轻型高速公路建筑限界的净高值。

2）将交通大数据运用于公路路线设计，构建了高速公路轨迹数据集 CQSkyEyeX，并应用于轻型高速公路横断面的关键指标确定

横断面尤其是行车道宽度是轻型高速公路区别传统高速公路的重要技术指标，《标准》对高速公路车道宽度的规定是车辆设计速度 80km/h 及以上时车道宽度为 3.75m。本书从高速公路海量运行数据中提取不同车型的轨迹数据，首次发现了高速公

路车辆轨迹普遍性的轨迹横向摆动行为,通过横向摆动量、轨迹横向偏移和车道侧向余宽指标,精确揭示了高速公路典型车型的轨迹行为特征以及影响因素,明确了小客车轨迹行为特征与其他车型的差异性,正向建立了高速公路行车道宽度的计算方法,确定了100～140km/h设计速度范围的小客车行车道宽度值,为轻型高速公路横断面提供基础数据和理论支持。

3)基于轻型车辆制动行为特征,提出了轻型高速公路停车视距

停车视距是控制平纵面线形和路缘带宽度的重要指标,《路线规范》是通过改变不同速度条件下的路面摩阻系数来调节视距长度,停车视距值对于小型车而言明显偏高。本书综合湿滑沥青路面实测结果,运用 Carsim 和 Trucksim 软件开展平坡和下坡路段的轻型车辆制动仿真来获得车辆制动距离,然后结合驾驶员反应时间确定出轻型车辆的停车视距,充分体现了轻型车辆性能对停车视距的影响,计算结果更加符合实际状况。

4)优化了轻型高速公路纵断面线形关键技术指标

轻型车辆能够克服更大的纵坡,轻型高速公路纵断面指标有条件进行优化。本书基于轻型车辆技术参数大规模样本的调查结果,明确了小客车和小货车的比功率分布特征,确定了轻型高速公路设计车辆的比功率值,开展了小货车和小客车在上坡路段的动力学仿真,明确了轻型车在不同纵坡上坡路段的速度衰减行为特征,提出了轻型高速公路不同设计速度的纵断面指标。

轻型车辆的技术特点
与设计车辆参数

轻型车辆包括小客车(乘用车)和小货车(微型货车和轻型货车)两个大类,每个大类又包括多个细分类别,因此,允许哪些车型通行对于轻型高速公路设计和运营而言是比较关键的问题。一方面,通行车型会影响交通运行状态,包括安全性、舒适性和顺畅性;另一方面,通行车型还决定了主线和互通指标设计,比如通行车辆外廓尺寸对行车道宽度、最小转弯半径等方面起控制作用。此外,通行车型对收费策略也有重要影响。

根据《道路交通管理 机动车类型》(GA 802—2019)中的汽车分类规定,核定载客人数小于或者等于9人的载客汽车定义为小型客车,即小客车。同时,根据《机动车驾驶证申领和使用规定》(公安部令第139号),小客车也是C1驾驶证的准驾车型。中国乘用车联合会将乘用车分为广义乘用车和狭义乘用车,狭义乘用车包含轿车、SUV和MPV三类车型,广义乘用车包含狭义乘用车、微型客车(面包车)和9座及以下轻型客车(轻客)。因此广义乘用车中的轿车、SUV、MPV、面包车和轻客等细分类型均属于小客车,根据此规定,广义乘用车在实质上等同于小客车。目前我国已成为全球最大的乘用车消费市场,同时,伴随城镇化进程的加速、经济水平的提高以及人民出行需求的快速增长,汽车保有量仍在逐年攀升。中国拥有纷繁多样的合资品牌和自主品牌,近年来传统车企和造车新势力的角逐又进一步增加了车型的复杂性,导致我国在车辆外廓尺寸上参差不齐。因此,深入分析小客车外廓尺寸分布规律及其影响因素,有助于提高轻型高速公路的设计合理性,进而提升使用安全性和资源利用效率。

本章首先基于海量ETC(电子不停车收费系统)数据计算了典型车型的行驶速度,分析了典型车型在高速公路平缓路段和纵坡路段的速度分布特征,揭示了不同车型之间速度离散性和差异性,为客货分离提供了科学依据。然后,获取了国内4800余款小客车和5500余款小货车的技术参数,分析了不同细分车型的外廓尺寸参数分布、质量分布、功率和比功率分布,明确了纯电动小客车和传统燃油车在外廓尺寸和比功率上的差异性;与此同时,还分析了中型和重型货车的外廓尺寸,并与小货车进行对比,为确定轻型高速公路行车道宽度提供了核心依据和基础数据。最后,根据轻型高速公路的功能定位和交通运行特点,确定了设计车辆及其外廓和比功率参数,提出了轻型高速公路设计速度的选取原则。

2.1 高速公路典型车型的运行特点与速度特性

高速公路通行车辆中小客车是主要车型,我国高速公路小客车在全部自然车交通量中占比几乎在70%以上。一般而言,道路功能和沿线产业情况对高速公路上的车型影响较大,干线高速公路的大货车尤其是重型货车比例要高于支线高速公路,因此,干线高速公路的小客车占比要低于支线,一些支线高速公路和沿线旅游景区较多的高速公路,小客车占比会接近甚至超过90%。对于同一条高速公路,在五一、端午、中秋、国庆等重要节假日期间,小客车的交通流量会进一步增加,占比上升;相应地,货车交通量绝对值和流量占比在重要节假日期间均呈现下降趋势。

以福建省高速公路为例,根据2022年至2024年上半年的联网数据,2022年客车流量占比75%,其中小客车(一类客车)占比98%,货车流量占比25%;2023年和2024上半年小客车占比进一步增加至 78%。在五一、端午、中秋、国庆等重要节假日期间小客车流量有所上升,占比为 85% 左右。就货车而言,近十年来中国货物运输市场运输车辆的一种重要变化趋势是车型的"两极化",即重型货车和小货车的占比显著增加,对应的是中型货车占比日渐减少,其原因是长途的、城市间的物流是通过半挂车或者中置轴货车(五轴或者六轴)来完成,而城市区域内的运输是通过小货车来实现,而中型货车的应用场景和需求逐渐萎缩。

2.1.1 高速公路车辆运行特性以及速度差异性

为了分析高速公路典型车辆的运行特性,明确不同车辆类型之间的速度差异性,使用高速公路主线 ETC 门架的海量数据来计算门架之间的车辆行程速度,主线 ETC 门架感知设备实时记录车辆通过信息和行驶路径。对 ETC 门架数据进行处理可以得到行驶车辆在相邻两座门架之间的行程速度值,对行驶车辆进行追踪,可以得到车辆在主线上多个连续区间的速度值。

高速公路收费车型主要分为客车和货车两大类,根据车辆轴数、车辆长度、载客数以及载质量又将客车划分为一至四类,货车划分为一至六类。一类客车为小客车,二类客车为中型客车,三类和四类为大客车。一类货车为小货车(含轻型和微型货车),二类货车为中型货车,三类及以上货车为重型货车。在重型货车中,三类和六类为主导车型,代表性车辆为三桥运输车和六轴半挂车。作者根据重庆和贵州两条高速公路主线 ETC 数据,计算得到车辆行驶速度分布曲线,将不同车型的速度相对频率拟合曲线按路段类型分别进行叠加,如图 3-1 和图 3-2 所示。根据图中的曲线,可以直观看到典型车辆的速度特征,以及小客车、小货车和其他车型在速度特性上的差异性:

(1)小客车的速度明显高于其他客车车型,比如二类客车(中巴车),三、四类客车(大巴车);同时,二至四类客车几乎都是营运车辆,其速度比较接近,并且中型和大型客车的行驶速度又明显高于中型货车和重型货车。

(2)交通量会影响平缓路段不同货车车型的速度分布,重庆某高速公路的交通量接近饱和,二类以上的各型货车速度比较接近;但在小交通量的贵州某高速公路上,二类和三类货车的行驶速度又明显高于四类和六类货车,即交通量较小的情况下,四轴及以上轴型的货车速度最低。

(3)小货车速度分布的离散性明显高于其他货车,大交通量高速公路的小货车速度众数值,要高于其他货车;小交通量高速公路小货车的速度众数值与二类/三类货车比较接近,但明显低于大客车,与小客车相比更是相差悬殊。

基于此,小客车的速度特性与其他车型相比,存在显著的差异性;小货车的速度明显低于全部的客车车型,更是明显低于小客车的行驶速度,与小客车之间存在明显的纵向干涉性。

2.1.2 高速公路小货车的运行特点以及安全风险

小货车,即图 2-1 和图 2-2 中的一类货车,是现行高速公路联网收费之后收费车辆分类中的一类货车(两轴,总质量4.5t以下),根据图中的速度分布,以及近年来国内高速公路交通事故统计情况,其主要运行特点和技术状况如下:

(1)小货车在货车中占比相对较高,与六类货车(即六轴半挂车)的比例比较接近;但OD特征和出行距离与五、六轴重型货车相比,尤其是与六轴货车相比有明显差异。五轴和六轴货车主要为物流车,以长途货物运输为主;而小货车是集散功能,基本都是短途运输,需要频繁上下高速公路。

(2)国内的小货车又可以进一步细分为两类,一类是微型货车(微卡),车身宽度在1.6~1.8m之间,自重1.2t左右,满载之后1.8~2.0t;另一类是轻型货车(轻卡),车身宽度2.1~2.3m,自重2.5~3t,满载之后不超过4.5t。但国内运输市场这两类货车均存在技术状况普遍较差、经常超载、比功率偏低的问题,小货车在平坡路段平均行驶速度普遍低于80km/h,上坡路段平均速度低于60km/h,与小客车之间存在比较明显的速度差。因此,满载小货车对交通流运行的干扰比较严重,导致交通流运行不平稳、交通冲突增加、事故率上升,服务水平和安全性下降。

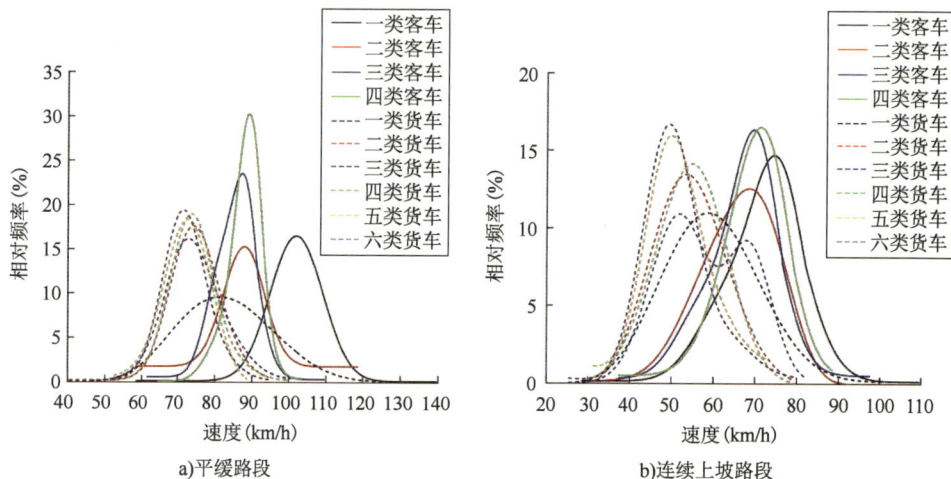

图2-1　重庆某高速公路不同车型行驶速度相对频率分布

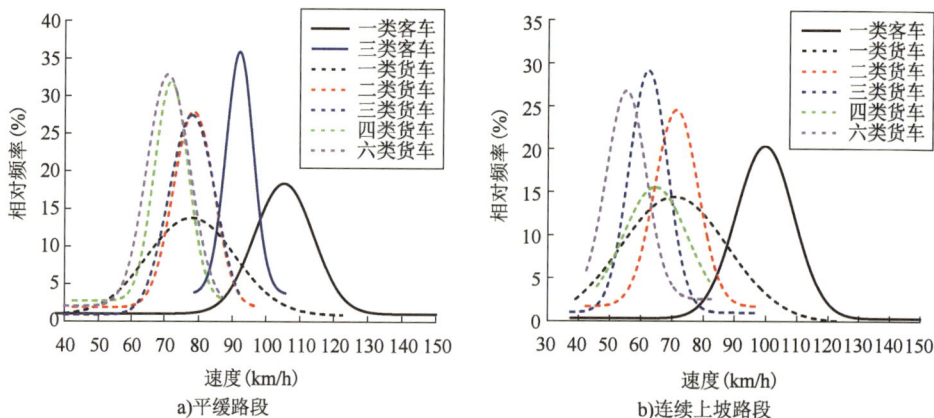

图2-2　贵州某高速公路不同车型行驶速度相对频率分布

（3）小货车装载货物后重心偏高，是高速公路上最容易发生侧翻的车型，事故风险较大，如果从高架层坠落，还会引起严重的二次事故。

2.2 小客车外廓尺寸参数特征

小客车是公路和城市道路中占比最大的车辆类型，是道路几何设计的一种典型设计车辆，设计车辆的外廓尺寸对道路设施的设计指标起控制作用。

2.2.1 外廓数据来源以及样本量

本书的小客车技术参数数据源自相关汽车类网站(几乎涵盖了国内外所有品牌汽车的信息，包括外廓尺寸、发动机、油耗等基本参数)。作者收集了在售车型长、宽、高和轴距尺寸信息，车型品牌包括奔驰、宝马、本田、福特、比亚迪、长安等在内的216种国际和国内品牌。小客车款式的总样本容量为4824款，包含燃油汽车3331款，纯电动车1493款，覆盖了我国90%以上的在售车辆款式。

为验证相关网站提供的车型尺寸数据的准确性，采用分层抽样法，按10%的抽样比抽取了482款车型，然后与对应品牌官网数据进行对比，结果见表2-1。由表2-1可知，分层抽样的482款车型的尺寸参数与品牌官方公布的数据一致，这意味着该网站提供的车型尺寸数据具备一定的准确性和可靠性。

分层抽样法数据准确性验证　　　　　　　　　　　　　　　　表2-1

能源类型	车型	样本量(个)	抽样数(个)	数据准确率(%)
汽油	轿车	805	81	100
	SUV	1755	175	100
	MPV	372	37	100
	面包车	166	17	100
	轻客	233	23	100
电能	轿车	521	52	100
	SUV	515	51	100
	MPV	114	11	100
	面包车	167	17	100
	轻客	176	18	100

2.2.2 小客车外廓尺寸总体特征分析

车辆外廓尺寸是指车辆的长、宽、高和轴距等尺寸，我国《乘用车尺寸代码》(GB/T 19234—2003)对车辆外廓尺寸的编号代码如图2-3所示。图中L103为车身长度，W103为车身宽度，H100为车身高度，L101为轴距。

对全部4824款小客车的外廓尺寸参数，包括车身长度、宽度、高度以及轴距，分别汇总并进行统计分析，绘制频数分布直方图和累计频率曲线，如图2-4所示。由

图2-4a)可知,车身长度呈现单峰分布,样本中有92%的车身长度集中在4.05～5.45m的区间内;车身长度的众数值(频数分布曲线峰值对应的车身长度)约为4.75m,而最大车长略小于6m,这是由于工业和信息化部(工信部)要求车身长度大于6m的车辆需悬挂黄色牌照,驾驶该类车辆需B级以上驾照,因此小客车长度都小于6m,以降低准驾要求。

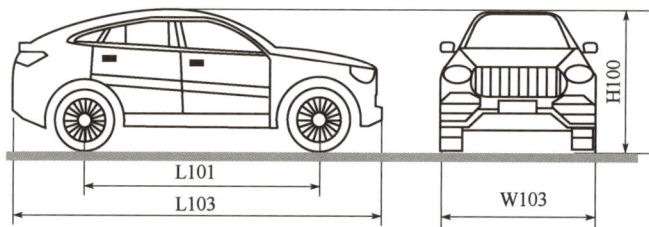

图2-3　车辆外廓尺寸及编号代码

由图2-4b)可知,小客车的车身宽度呈现双峰分布,频数分布曲线在1.7和1.85m处达到峰值,众数值为1.85m。车身宽度分布在1.65～2.05m范围内的车辆占比高达93%,而最大车宽略小于2.1m。导致车身宽度呈双峰分布的原因是我国拥有较多品牌的面包车,面包车通常比其他车型更窄,宽度主要集中在1.7m左右,相比之下其他乘用车的车宽集中在1.85m左右。

由图2-4c)可以看出,小客车的车身高度呈现"山"字形分布,频数曲线分别在1.475、1.675和1.975m处达到峰值;车身高度分布在1.425～1.975m范围内的占比高达90%,最大高度未超过2.80m。这是由于轿车、SUV和面包车在高度方面具有较大差异,而这三种类型的车辆高度分别集中在1.475m、1.675m和1.975m左右,即与3处峰值对应的车身高度值重合。在小客车中,面包车的车身高度明显大于车宽,因此在曲线路段行驶时更容易发生侧翻事故。在图2-4d)中能看到小客车的轴距呈现单峰分布,主要分布在2.575～3.175m的范围内,占比高达86%,轴距众数值为2.725m左右。

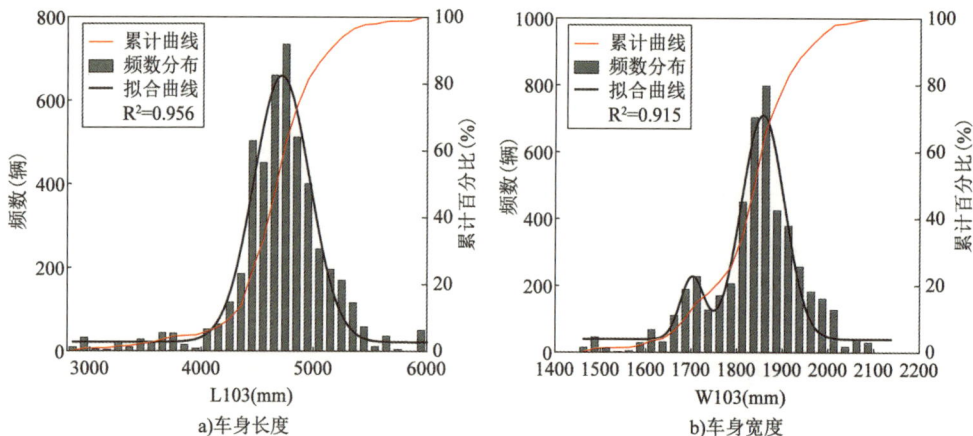

a)车身长度　　　　　　　　　　b)车身宽度

图　2-4

c)车身高度

d)轴距

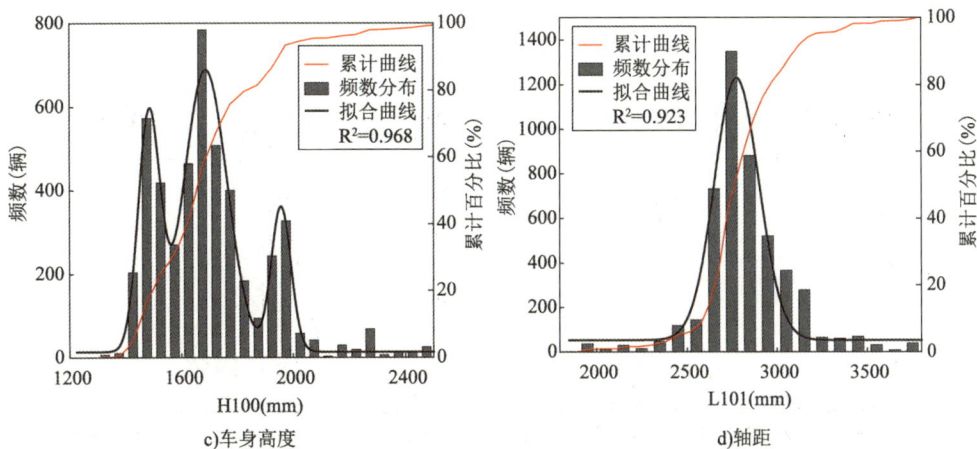

图 2-4　小客车外廓尺寸参数的总体分布(不区分细分车型)

表 2-2 是小客车外廓尺寸的统计特征值。根据表 2-3 的数据可以得出以下结论：我国 85% 的小客车长度低于 5.05m，宽度低于 1.93m，高度低于 1.925m，轴距低于 3.05m，这些值反映了我国绝大部分小客车的外廓尺寸水平。

小客车外廓尺寸总体特征值(单位:m)　　　　　　　　表 2-2

外廓尺寸参数	5 分位值	15 分位值	50 分位值	85 分位值	95 分位值	平均值	标准差
L103	4.005	4.405	4.710	5.050	5.300	4.697	0.422
W103	1.655	1.720	1.848	1.930	1.990	1.836	0.103
H100	1.450	1.490	1.680	1.925	2.040	1.707	0.207
L101	2.490	2.650	2.785	3.050	3.200	2.818	0.239

2.2.3　不同细分车型的外廓尺寸特征

根据用途和功能，小客车共包含轿车、SUV、MPV、面包车和轻客等 5 种细分车型，其外廓尺寸也由于使用功能的不同存在显著的差异性，具体如下：

1)不同细分车型的长度分布特征

图 2-5 是轿车、SUV、MPV、面包车和轻客等 5 种细分车型的车身长度频数分布。由图 2-5 可知轿车和 SUV 的长度在 4.75m 附近比较集中；MPV 的车身长度众数值为 5.1m；面包车的长度众数值为 4.5m，在 5 种细分车型中车身最短，这与社会公众对面包车的普遍认知不一致，导致这种差异性的原因是面包车没有发动机室和行李箱，即单厢车，长度利用率高，导致面包车看起来似乎更长一些；而轻客车长众数值为 5.3m，在 5 种车型中车身最长。

由图 2-5 可知，轿车、SUV、MPV 和面包车的长度绝大多数都是小于 5.5m，轻客中有部分车辆长度超过 5.5m 接近 6m。

2)不同细分车型的宽度分布特征

图 2-6a)～e)是 5 种细分车型车身宽度的频数分布。由图 2-6 可知，轿车宽度众数值为 1.825m，SUV 和 MPV 的宽度众数值都为 1.875m，即这两种车型的宽度基本相同，

面包车的宽度众数为 1.69m,在 5 种细分车型中最窄,机动性更强,能够进入狭窄的巷道;而轻客的宽度众数为 1.9m 左右,在 5 种车型中车身最宽。

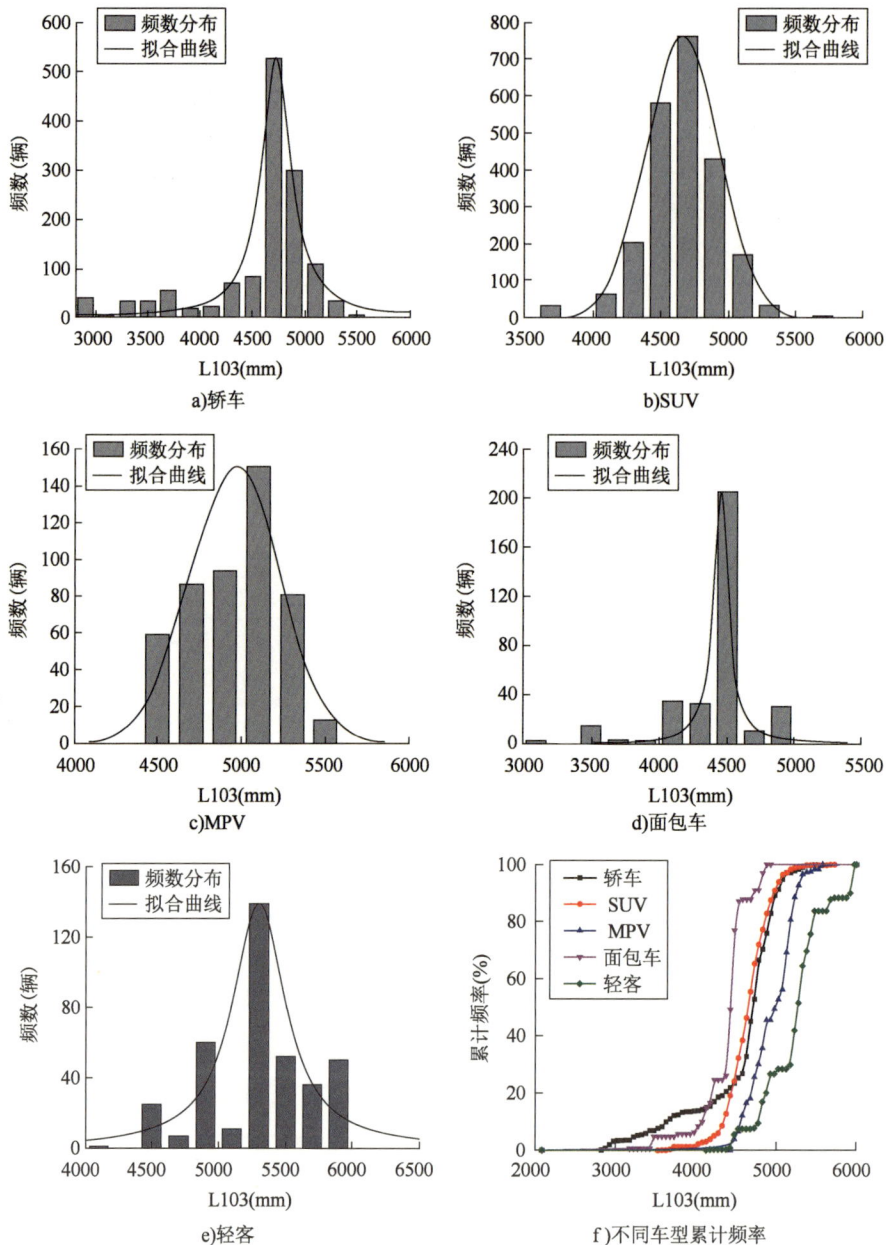

图 2-5　小客车不同车型的长度尺寸分布

在我国现行《公路工程技术标准》和《公路路线设计规范》中,小客车作为设计车辆时,外廓尺寸取 1.8m。根据本节的分析结果,在 5 种细分车型中仅面包车的频数峰值宽度低于 1.8m,**而其余 4 种车型的车身宽度普遍高于 1.8m,其中,SUV 和 MPV 的宽度众数值接近 1.9m,表明小客车设计车辆外廓尺寸的宽度值需要重新修订。**

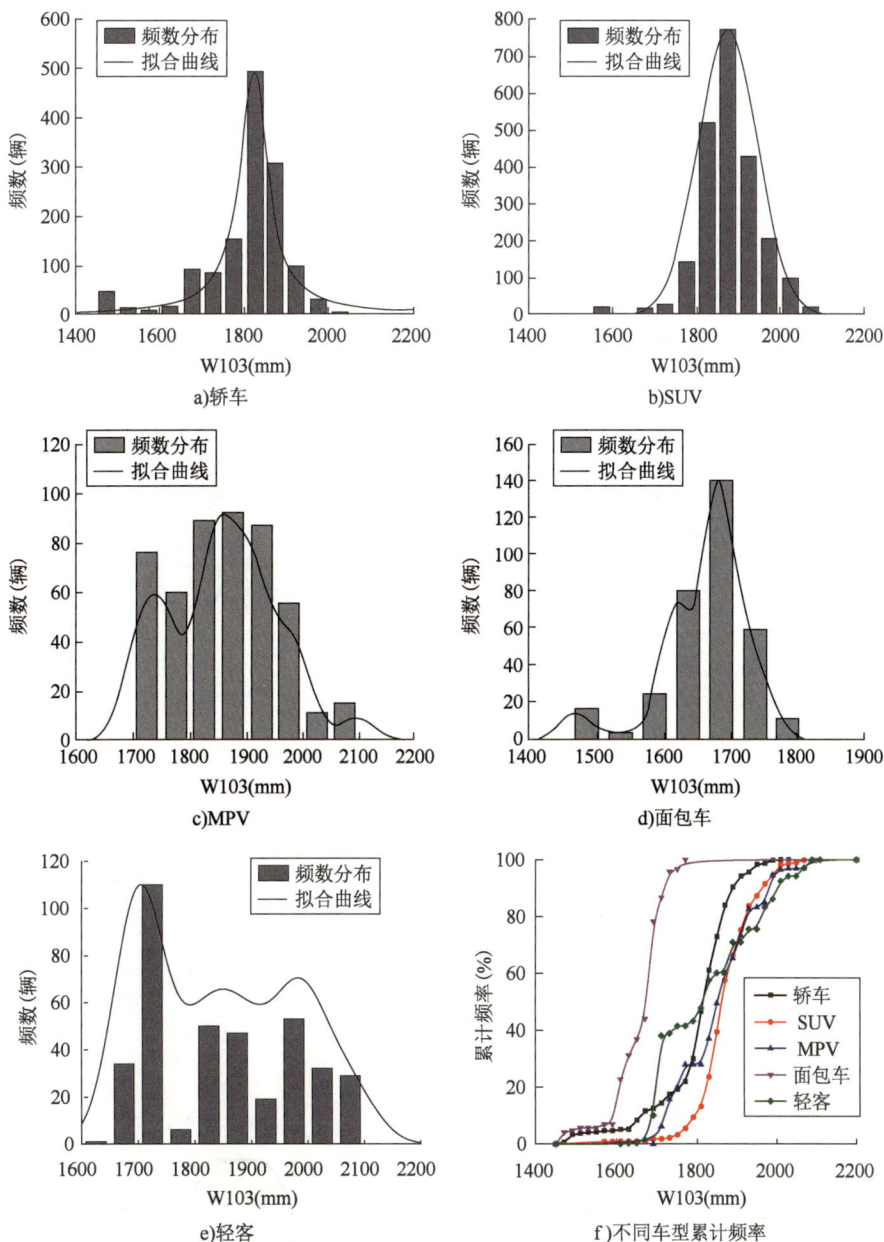

a)轿车

b)SUV

c)MPV

d)面包车

e)轻客

f)不同车型累计频率

图 2-6　小客车不同车型的宽度尺寸分布

在图 2-6f)中可以观察到,SUV、MPV 和轻客的车身宽度值较大且相互接近,这是因为这几类车辆的重心较高,较宽的车身能够在一定程度上提高车辆抗侧翻能力;但与此同时,太宽的车身会降低车辆的通过性和停泊便利性,通常取 2m 作为小客车宽度上限。相比之下,面包车这一车型是源自日本,其设计主要从便利性和经济性出发,较窄的车身能够提高车辆通过性,以便能够进入狭窄巷道,同时也能在一定程度上降低燃油消耗。

3)不同细分车型的高度分布特征

图 2-7 是 5 种细分车型的车身(车顶)高度频数分布,轿车的车顶高度众数值为

1.475m,SUV 的高度众数值为 1.675m,MPV 的高度众数值为 1.9m,面包车的高度众数值为 1.975m,要高于轿车、SUV 和 MPV,而轻客的高度众数值为 2.2m 左右,在 5 种车型中车身最高。SUV 兼备不同路面的行驶功能,采用较高的底盘以提供通过性,导致车身高度较高;而 MPV 主要用于商务接待,讲究乘员空间宽敞和乘坐舒适性,因此高度显著高于轿车和 SUV;面包车功能较多,通常兼顾货运功能,因此车身设计得较高;轻客以载客为主,较高的车身能保证乘客在车厢内直立行走,此外,轻客还被一些车主改造为房车,因此需要较高的车顶高度。

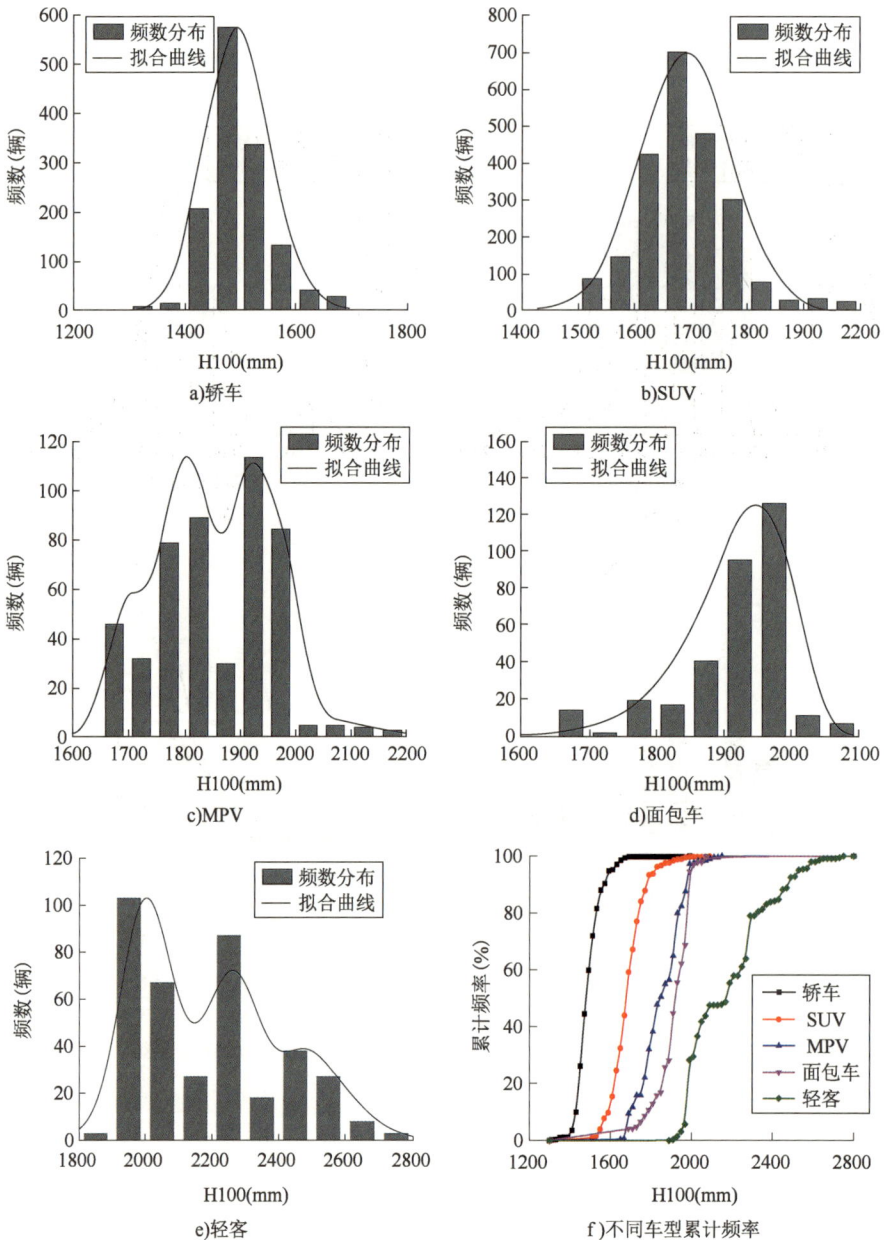

a)轿车

b)SUV

c)MPV

d)面包车

e)轻客

f)不同车型累计频率

图 2-7　不同车型高度尺寸分布

根据以上分析结果,我国**小客车不同细分车型之间的外廓尺寸存在显著差异,总体而言,车身外廓的平面尺寸(长度×宽度)从小到大依次排列顺序为:面包车＜轿车＜SUV＜MPV＜轻客;车身从低到高依次为轿车＜SUV＜MPV＜面包车＜轻客。**

2.2.4　新能源汽车与传统燃油汽车的尺寸差异

1)外廓尺寸参数的差异性

中国是世界上最大的新能源汽车市场,其中纯电动汽车占新能源汽车的70%以上,是新能源汽车的主导形式,并且纯电动汽车的市场渗透率还在逐年增加。图2-8是燃油汽车和纯电动汽车的外廓尺寸分布箱线图。其中,图2-8a)为两类车辆不同车型的车身长度特征,对于轿车这一细分车型而言,传统燃油轿车的平均长度要大于电动轿车,但电动轿车车身尺寸长度分布更广。

图2-8b)为两类车辆不同车型的车身宽度分布特征,同样,在经济型轿车中微型电动汽车占比增加,其车身普遍较窄,拉低了电动轿车的车宽分布范围,导致燃油轿车的平均宽度要大于电动轿车。除轿车以外,其他不同能源动力车型宽度尺寸差异性较小。

图2-8c)为两类车辆不同细分车型的车身高度特征。从图2-8c)中能看到不同能源动力形式的同种车型其高度分布具有明显的差异性,对于轿车、面包车和轻客而言,电动汽车的高度要高于燃油汽车;而SUV和MPV正好相反,电动汽车的高度值要低于燃油车。图2-8d)是不同车型的轴距特征,由于轴距和车身长度存在极强的相关性,因此该图的变化趋势与图2-8a)高度一致。

总体而言,不同能源动力形式的小客车其尺寸差异主要体现在轿车这一类型上,微型电动轿车市场份额的增加,且款式的多样化,拉低了电动轿车的长度分布范围,导致燃油轿车在长、宽和轴距尺寸上大于纯电动汽车。而电动轿车具有更厚的底盘,使得其车辆整体高度要大于燃油轿车。其他不同能源动力的小客车在尺寸上未表现出较大差异。

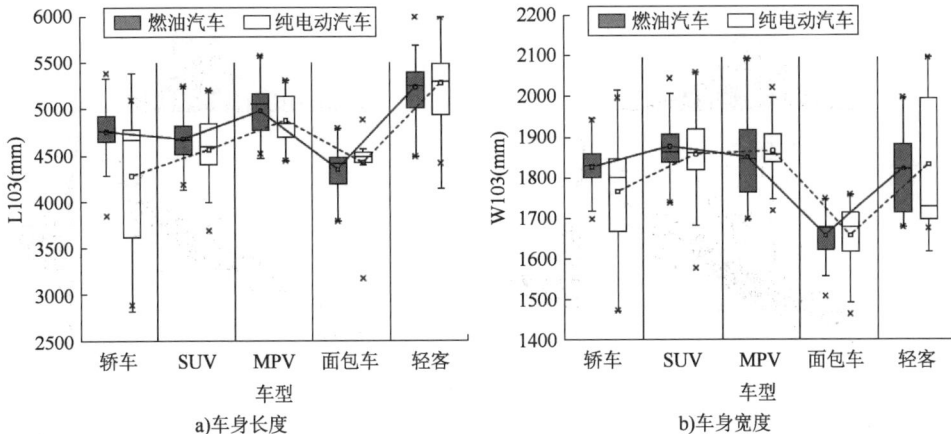

a)车身长度　　　　　　　　　　b)车身宽度

图　2-8

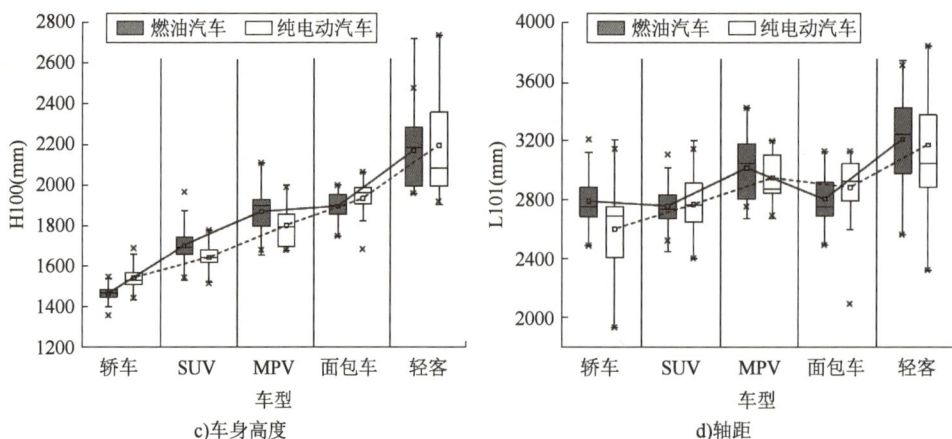

c)车身高度

d)轴距

图 2-8　不同能源动力小客车外廓尺寸

2）轴长比分布特征

轴长比是指轴距和车身长度的比值，在相同车身长度的情况下，轴长比越大的车辆乘用空间利用率越高，驾乘人员体验到的舒适性越好，轴长比计算公式如下：

$$E = L101 / L103 \qquad (2-1)$$

式中，E 为轴长比；$L101$ 为轴长；$L103$ 为车身长度。

车身长度虽然与轴距高度正相关，然而不同能源动力形式的"车身长度-轴距"之间相关性却有所区别，这一点在图 2-9 中得到了体现。图 2-9 中数据分布趋势线的斜率表示车型的轴长比，燃油汽车的轴距和车身长度呈现非线性正相关，而纯电动汽车则呈现线性相关。其原因为，燃油小客车一般采用前置发动机，而发动机舱会限制轴距向前延伸的长度，对于车身较短的车型来说，发动机舱占比较大，而对于车身较长的车型来说，发动机舱占比较小，这就导致了燃油车辆轴长比的非线性增加。而纯电动汽车的电动机占用空间较小，对轴距的影响较小，因此轴距和车身长度易于做到等比例增大。

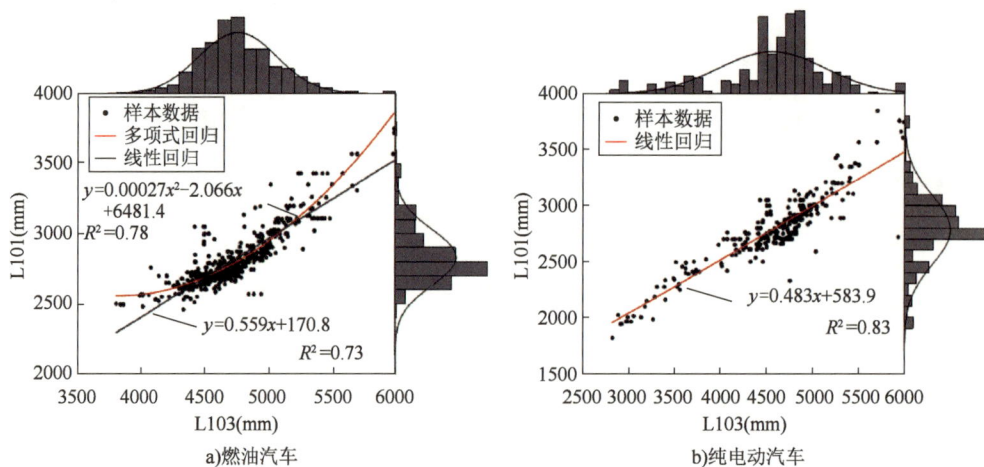

a)燃油汽车

b)纯电动汽车

图 2-9　不同能源类型小客车车身长度-轴距回归分析

图 2-10 和图 2-11 分别给出了两类能源动力形式不同的车型的轴长比分布情况,燃油轿车、SUV、MPV、面包车及轻客的轴长比众数值分别为 0.587、0.590、0.606、0.645 和 0.614;纯电动轿车、SUV、MPV、面包车及轻客的轴长比众数值分别为 0.614、0.608、0.606、0.653 和 0.601,从量化结果来看,可以得到以下结论:

(1)燃油汽车的轴长比通常比纯电动汽车小,这是因为燃油汽车发动机与变速箱的体积大于电动机,发动机和水箱位于发动机室,限制了轴距向前延伸;而纯电车电池组通常安装在轴间,较长的轴距能提高电池组的装配数量,进而提高续航里程。

(2)纯电动轿车轴长比分布范围要比燃油轿车广,这是因为一些 A_{00} 级电动汽车(微型电动汽车,见图 2-12)为了充分利用驾乘空间,轴长比通常较大,如宏光 MINIEV 轴长比达到 0.664;而 A_{00} 级以外的电动轿车与燃油轿车,轴长比都接近于 0.59 左右。

(3)在燃油小客车类别中,轿车和 SUV 的轴长比较低并且比较接近,MPV 的轴长比居中,面包车和轻客的轴长比最大,但这并不意味着面包车具备轻客一样的乘坐舒适性,因为面包车的座位数多,座位之间的间距短,人均空间偏小,乘坐舒适度较差。

(4)不同能源动力类型小客车轴长比接近于黄金比例(0.618),这说明汽车在设计中,在保证实用性和舒适性的前提下,还会兼顾外廓尺寸的美学特点。

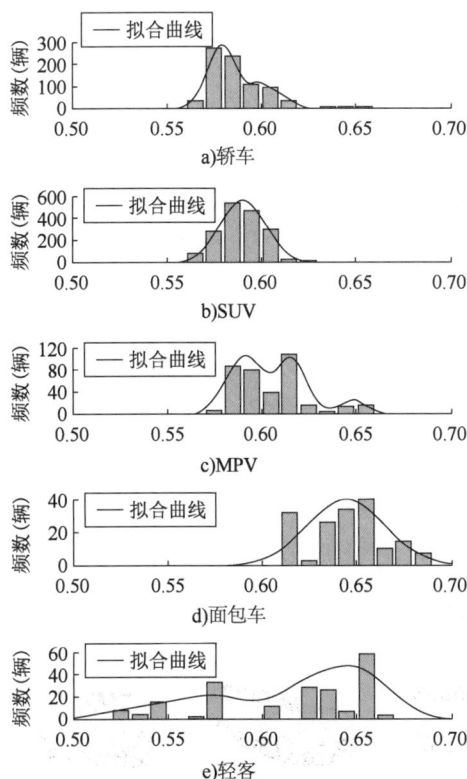

图 2-10　燃油汽车轴长比分布　　　　图 2-11　纯电动汽车轴长比分布

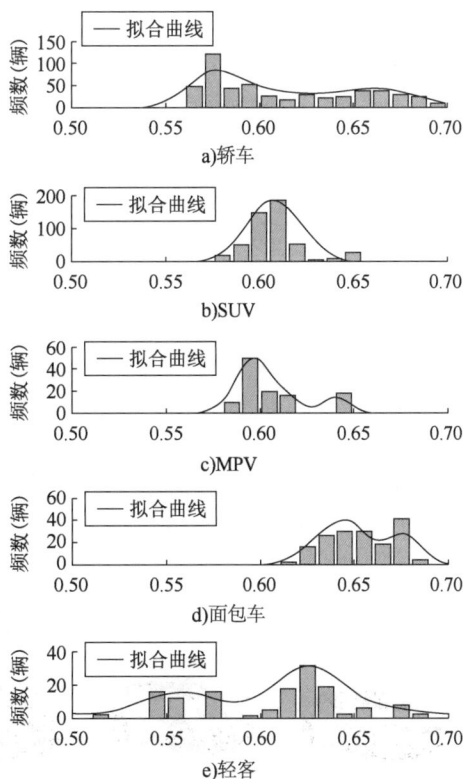

a)宏光MINIEV   b)欧拉R1

图 2-12 短轴距的两门纯电动汽车(微型轿车)

2.2.5 分析结论

(1)我国小客车长度主要分布在 4.05～5.45m 区间,众数值为 4.75m;宽度主要分布在 1.65～2.05m 区间,众数值为 1.85m;高度主要分布在 1.425～1.975m,众数值为 1.675m;轴距主要分布在 2.575～3.175m 区间,众数值为 2.75m。

(2)以长、宽、高的众数值来描述典型车型的外廓尺寸特征,轿车外廓尺寸为 4.75m × 1.825m × 1.475m;SUV 外廓尺寸为 4.75m × 1.875m × 1.675m;MPV 外廓尺寸为 5.1mm × 1.875m × 1.9m;面包车外廓尺寸为 4.5m × 1.69m × 1.975m;轻客外廓尺寸为 5.3m × 1.9m × 2.2m。不同细分车型的外廓尺寸差异显著,外廓平面尺寸从小到大依次为:面包车 < 轿车 < SUV < MPV < 轻客;车身从低到高依次为:轿车 < SUV < MPV < 面包车 < 轻客。

(3)不同能源动力形式的车辆外廓尺寸有一定的差异性,并且主要体现在轿车上,燃油轿车在长、宽和轴距尺寸上大于纯电动轿车,车辆高度要低于电动轿车;其他 4 种细分车型未见显著差异。

(4)燃油小客车的轴距与车长呈现非线性正相关,轴长比小于同类型的纯电动汽车;纯电动小客车的轴距与车长呈现线性正相关,轴长比更接近于 0.618;小客车中面包车轴长比最大,轻客轴长比分布最广。

(5)根据不同细分车型的外廓尺寸分布特征,轻型高速公路确定行车道宽度时应以占比较高且车身宽度较大的 SUV 和 MPV 作为控制车型,车宽取 1.9m;在确定平面线形参数时,以容易发生侧向失稳的、高宽比较大的车型即面包车为主要控制车型。

2.3 小客车质量和比功率分布特征

本小节的数据源自相关汽车网站,包括每一款车型的质量、动力性能、油耗等基本参数数据,提取到的样本总量为 3823 款,其中纯电动汽车 1200 款,燃油汽车 2623 款,细分车型如图 2-13 所示。

a)轿车   b)SUV   c)MPV   d)面包车   e)轻客

图 2-13 小客车五种细分车型示意图

采集每一款车型的整备质量、满载质量、功率、扭矩性能参数,其中整备质量是指车辆按照出厂技术条件各种装备完整以及各种油水加满后的质量;满载质量是指包括车辆整备质量、车内乘客(含驾驶员)以及满载货物的汽车总质量;汽车功率表示汽车引擎输出的能量大小,每秒钟发动机所提供的能量数据;扭矩指的是在既定的引擎转速下,引擎能够产生的转动力矩大小,扭矩越大,汽车在起步或加速时能够传递更大的力矩,使汽车更加强劲。

为验证该汽车网站提供的不同车型车辆发动机性能参数的准确性,采用分层抽样法,按 10% 的抽样比,从总体中按比例抽取了 382 辆汽车,然后与对应品牌官网数据进行对比,结果见表 2-3。由表 2-3 可知,分层抽样的 382 辆车辆发动机性能参数与品牌官方公布的数据一致,这意味着汽车之家网站提供的车型质量参数和动力性能参数数据具备一定的准确性和可靠性。

分层抽样法数据准确性验证 表 2-3

能源类型	纯电动汽车					燃油汽车				
车型	轿车	SUV	MPV	面包	轻客	轿车	SUV	MPV	面包	轻客
样本量(个)	425	471	113	112	79	742	1658	79	71	73
抽样数量(个)	43	47	11	11	8	74	166	8	7	7
抽样数据准确率(%)	100	100	100	100	100	100	100	100	100	100

2.3.1 小客车性能参数的总体分布特征

对 3823 款小客车的整备质量、满载质量、功率和扭矩数据分别汇总并进行统计分析,绘制箱线图,如图 2-14 所示。由图 2-14a)可知,小客车的整备质量呈现单峰分布,样本中 90% 汽车的整备质量集中在 1200 ~ 2220kg 区间内,整备质量的众数值(箱线图箱体右侧数据点拟合曲线峰值对应的整备质量)约为 1620kg,整备质量小于众数值的小客车数量占比为 36.4%,大于众数值的小客车数量占比为 32.7%。由图 2-14b)可知,样本中 73% 汽车的满载质量集中在 1880 ~ 2480kg 区间内,满载质量的众数值为 1880kg 左右,仅有 0.26% 的小客车满载质量大于 4000kg,这是由于我国规定小客车最大允许总质量最大限值为 4500k。此外,汽车满载质量和整备质量频数分布特征相似。

由图 2-14c)可知,小客车的功率分布主要集中在 84 ~ 164kW 区间内,占比达 80%,功率的众数值约为 124kW。从图 2-15d)中发现,小客车扭矩的频数分布呈现多峰分布,扭矩主要分布在 217 ~ 417N·m 范围内,占比高达 90.1%,频率分布分别在 632N·m、524N·m 和 462N·m 处达到峰值,由于不同汽车品牌发动机的设计有较大差异,同样排量的发动机可能在不同转速下具有不同的输出扭矩值,导致汽车发动机在扭矩分布上存在明显差异。

表 2-4 是我国在售小客车的性能参数总体特征值统计。从数据中可以得出以下结论:我国 85% 的小客车整备质量小于 2040kg,满载质量小于 2600kg,功率小于 180kW,扭矩小于 370N·m,这些值反映了我国绝大部分小客车的性能和技术水平。

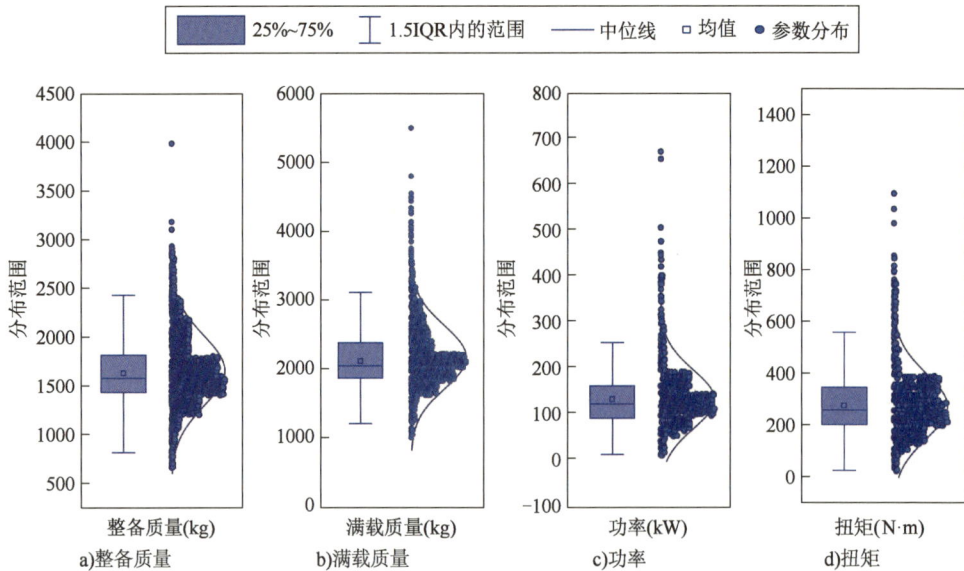

图 2-14　小客车性能参数总体分布

性能参数总体特征值　　　　　　　　　　　　　　　　　表 2-4

性能参数	平均值	标准差	5 分位值	15 分位值	50 分位值	85 分位值	95 分位值
整备质量（kg）	1650.6	364.4	1130.0	1320.0	1600.0	2040.0	2317.5
满载质量（kg）	2147.4	455.4	1555.0	1750.0	2066.0	2600.0	2960.0
功率（kW）	135.5	64.6	60.0	80.0	127.0	180.0	250.0
扭矩（N·m）	277.3	131.7	112.0	150.0	258.0	370.0	500.0

2.3.2　细分车型的载质量分布特征

图 2-15 以"箱线图 + 频数分布曲线"的形式给出了轿车、SUV、MPV、面包车和轻客 5 种细分车型的整备质量频数分布,图中箱体上下两端分别为 85% 分位和 15% 分位值。轿车整备质量主要集中在 1200 ~ 1800kg,存在两个峰值,分别为 1400kg 和 1600kg,这是因为部分消费者青睐轻量化轿车,部分消费者注重性能和舒适性会倾向于整备质量较重的高性能轿车,导致市场上轿车整备质量分布出现两个众数值。SUV 的整备质量主要集中在 1480 ~ 1680kg,众数值为 1600kg,该值与轿车的一个质量峰值相同,常见的 SUV 大多是紧凑型和小型 SUV。MPV 的整备质量呈现双峰分布,众数值为 1740kg 和 2060kg,这是由于 MPV 车型包含 5 座到 9 座的小型、中型和大型 MPV;面包车整备质量众数值为 1225kg 和 1425kg,面包车以实用为主,结构简单零件少,在五种车型中整备质量最小。轻客整备质量众数值为 1680kg,但在 1650 ~ 1950kg 范围内曲线都比较平滑。

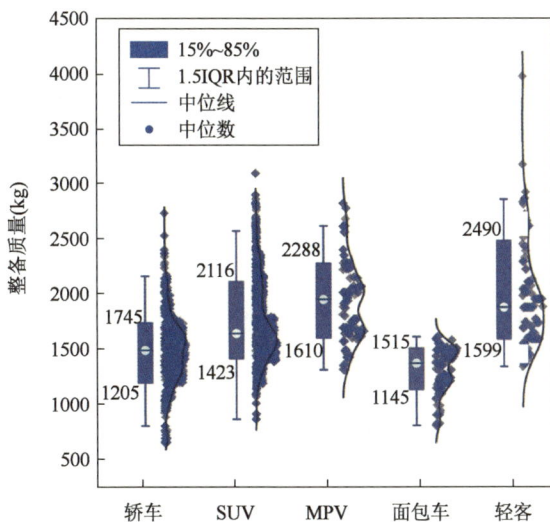

图 2-15　不同细分车型整备质量分布

图 2-16 是轿车、SUV、MPV、面包车和轻客 5 种细分车型的满载质量分布。轿车满载质量主要集中在 1615～2015kg，众数值为 2015kg；SUV 满载质量主要集中在 1870～2270kg，众数值为 2070kg；MPV 满载质量众数值为 2190kg 和 2590kg；面包车满载质量众数值为 2050kg；轻客满载质量众数值为 2900g。绝大部分轿车满载质量低于 2200kg，而 SUV 车型的满载质量可达 2650kg，说明 SUV 车型比轿车具有更好的载客和载物功能，SUV 车型销量逐步增长。与整备质量分布相比，面包车和轻客的满载质量分布更为离散。

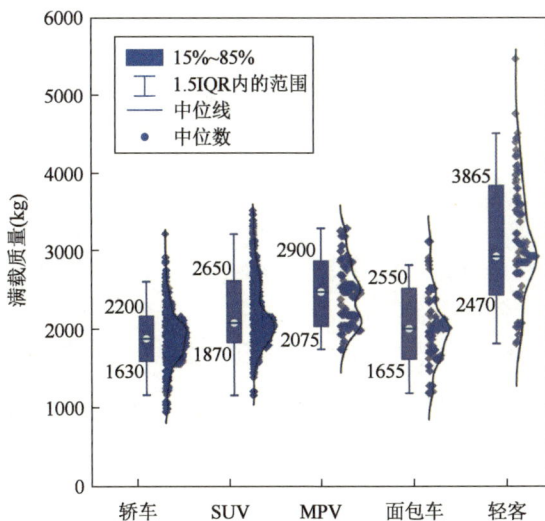

图 2-16　不同细分车型满载质量分布

2.3.3　细分车型的功率分布特征

图 2-17 是 5 种细分车型的发动机/电动机功率的箱线图。图 2-17 中同时给出了功

率的频数分布,轿车的发动机/电动机功率集中于 80～170kW,众数值为 80kW;SUV 类别车型的功率众数值为 140kW,显著高于轿车;MPV 车型的功率众数值为 140kW,与 SUV 的功率众数值相同;面包车的功率众数值为 61kW,在五类细分车型中最小;轻客的功率众数值为 102kW,位于轿车和 SUV 之间。对比图中不同细分车型功率的均值、众数值和最大值,面包车相对于其他四种车型来说功率最低,由于面包车在我国实质上主要用于轻型货物运输,不需要很大的功率,并且造价必须比较便宜才能够被车主接受,同时低功率可以降低车辆的运行成本。SUV 的功率值最大,大多数 SUV 车型具有较高的功率输出才能获得较大的速度。

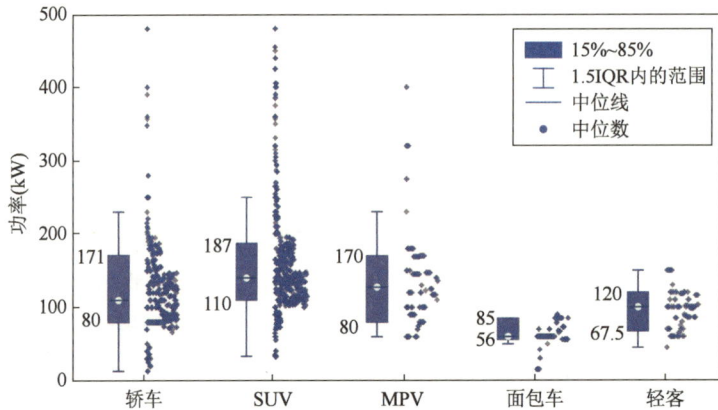

图 2-17　不同细分车型功率频数分布

2.3.4　纯电动汽车和燃油汽车的性能差异

图 2-18 是纯电动汽车和传统燃油汽车的主要性能参数箱线图。其中,图 2-18a) 为小客车的整备质量分布,不同能源动力形式的同种车型整备质量差异较大,5 类纯电动汽车的平均整备质量都大于同类的燃油汽车,但纯电动汽车整备质量的分布范围更广,其中电池是电动汽车比传统燃油汽车更重的根本原因,电动汽车要达到较长的续航里程需要储备更大的电池。面包车的性能参数分布特征与其他四类车型的差距较大,两种能源动力形式的面包车整备质量分布范围高度集中,这说明不同厂家和品牌的面包车,其性能高度接近。轻客由于车身整体尺寸很大,整备质量最高。由图 2-18b) 可知,与整备质量相比,同类车型不同能源形式的满载质量差异性较小,电动汽车提供的满载质量依然高于燃油汽车。在 5 类细分车型之中,轻客的满载质量最高,面包车的满载质量最低。

由图 2-18c) 可知,电动 SUV 和电动 MPV 的功率明显高于同类型燃油汽车,这是由于 SUV 和 MPV 座位数涵盖了 5～9 座,功率分布范围较大,并且 SUV 作为运动型多用途小客车需配备良好的动力系统,因此需要动力强劲的电机动力输出;此外,在国内越野车也被归类于 SUV,越野车由于强调全地形的通过性,要求配置较高的发动机功率(比如比亚迪仰望),并且不同价位的越野车,电动机功率的差异性很大。从图 2-18d) 中可看出,两种能源形式 SUV 的扭矩相差较大,面包车和轻客也是呈现同样的规律。

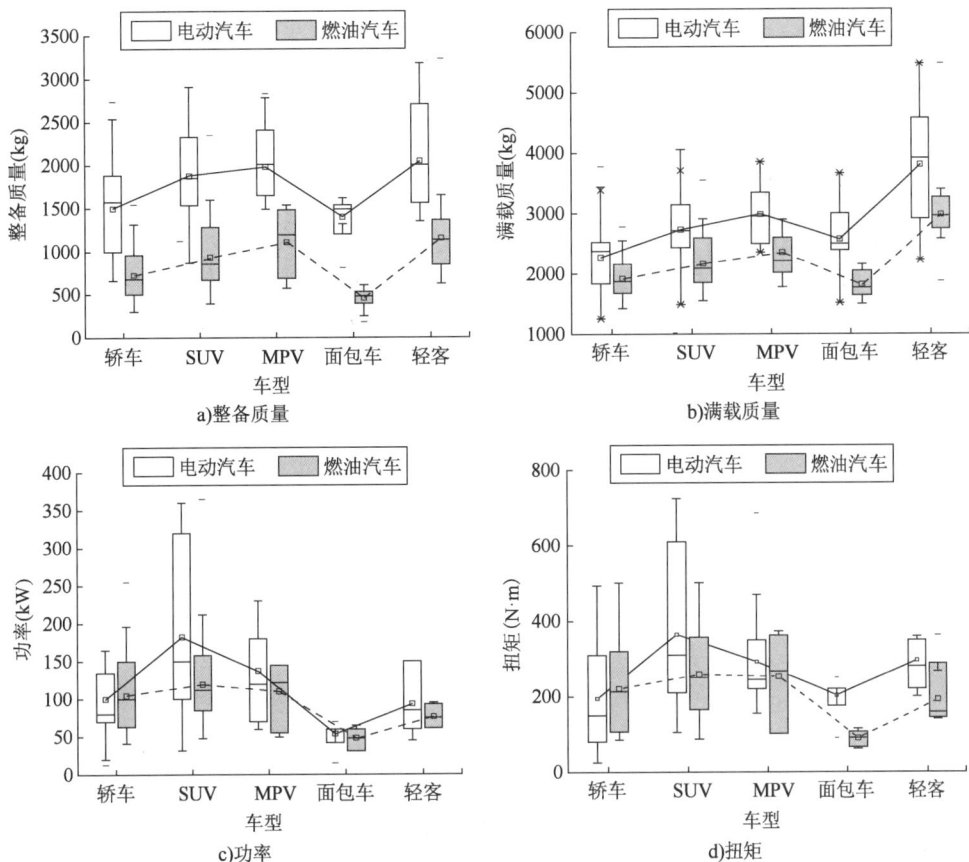

a)整备质量

b)满载质量

c)功率

d)扭矩

图 2-18　纯电动汽车和燃油汽车的性能差异

燃油小客车细分车型的比功率箱线分布如图 2-19a)所示。从图 2-19a)中可以看到，燃油轿车比功率分布较为分散，比功率在 48~82kW/t 范围内的车辆数量占比为 80.7%，众数值为 58kW/t；燃油 SUV 的比功率分布比较集中，40% 的燃油 SUV 比功率在 60~72kW/t 区间内，众数值为 60kW/t；燃油 MPV 的比功率呈现多峰分布，众数值为 64kW/t；燃油面包车比功率分布分散，众数值为 42kW/t；燃油轻客比功率众数值为 34kW/t。在 5 种燃油汽车的众数值中，轿车和 SUV 车型的比功率最大，轻客车型的比功率最小。

图 2-19b)是纯电动小客车不同细分车型的比功率箱线分布图。与燃油车相比，纯电动轿车的比功率分布较为离散，有 84.5% 的纯电动轿车比功率集中在 25~68kW/t 范围内，众数值为 38kW/t；纯电动 SUV 的比功率分布相对比较集中，比功率在 42~84kW/t 范围内的车辆数量占比达 64.8%，众数值为 63kW/t；纯电动 MPV 的比功率在 45~65kW/t 范围内的车辆数量占比为 60.1%，众数值为 55kW/t；纯电动面包车比功率分布比较集中，在 28~32kW/t 区间的车辆占比为 41.1%，比功率众数值为 29kW/t；纯电动轻客的比功率呈多峰分布，众数值为 29kW/t。因此，在 5 种纯电动车型中，纯电动 SUV 的比功率明显大于其他纯电动车型，轿车和 MPV 比功率接近，面包车和轻客比功率相当且较小。

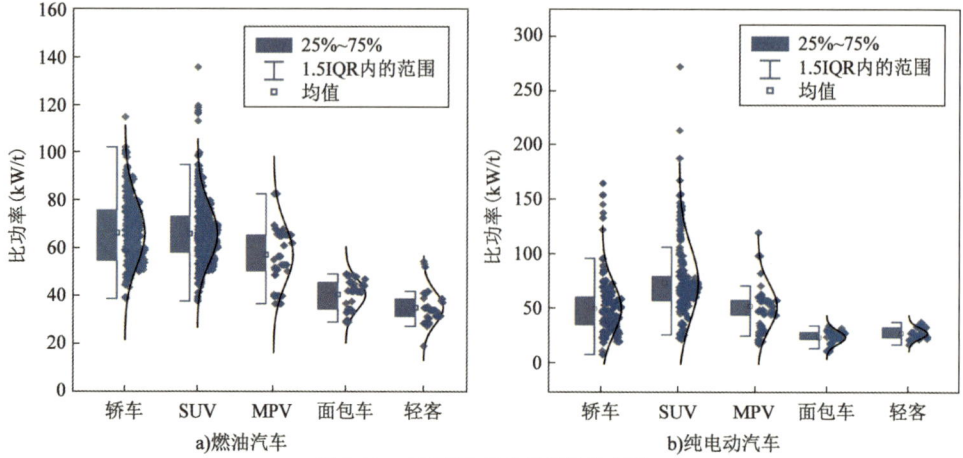

图 2-19　小客车比功率的箱线分布图

2.3.5　轻型高速公路设计车辆的质量和比功率值

目前我国各等级公路都是客货混行,大型车辆和小型车辆在载质量和动力性能方面存在显著差异,大货车在混行条件下对道路几何设计参数的控制作用更为显著。由于大货车尤其是五轴和六轴半挂车一般具有更大的尺寸和质量,需要更宽敞的行车道、更高的建筑限界和更小的道路纵坡。在过去十几年内,我国公路设计主要以大型车辆为设计车辆,即"大包小"。小客车专用车道和小客车专用高速公路(轻型高速公路)的服务对象均为小型车辆,其比功率通常是载重货车的几倍到十几倍,爬坡能力远超过载重货车,为此在设计轻型高速公路时需要将小型车辆作为控制车辆。

将电动汽车和传统燃油汽车的比功率数据分别汇总,得到如图 2-20 所示的频数分布曲线。由图 2-20 中可以看到,燃油汽车比功率分布较为集中,主要分布区间为 20 ～ 110kW/t;电动汽车比功率分布区间较广,主要分布区间为 15 ～ 120kW/t,且呈双峰分布,第一峰值为 30kW/t,这部分主要为电动面包车和电动轻客,第二峰值为 60kW/t 这部分主要是电动轿车、电动 SUV 和电动 MPV。

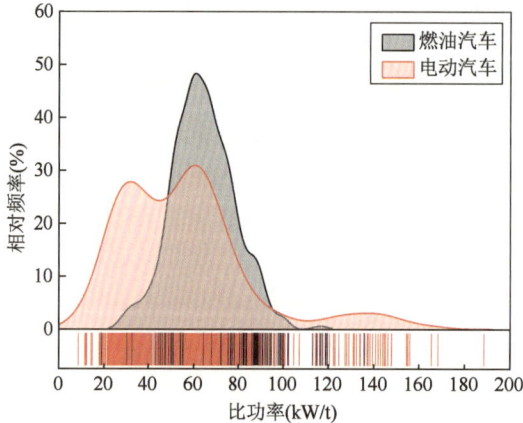

图 2-20　燃油汽车和电动汽车比功率的对比

小客车不同细分车型两种能源形式的比功率特征分位值见表 2-5。若以比功率的 15 分位值作为轻型高速公路纵坡设计的控制依据,我国 5 种细分车型的小客车比功率分别如下:纯电动轿车为 31kW/t,纯电动 SUV 为 50kW/t,纯电动 MPV 为 31kW/t,纯电动面包车为 23.1kW/t,纯电动轻客为 23kW/t;燃油轿车为 52kW/t,燃油 SUV 为 53kW/t,燃油 MPV 为 40kW/t,燃油面包车为 33kW/t,燃油轻客为 30kW/t。总体而言,面包车和轻客的比功率低,动力性能差,可作为轻型高速公路纵断面设计的控制车型,比功率可在 25 ~ 30kW/t 范围内选取。

不同车型比功率特征分位值(W/kg)　　　　　表 2-5

类型	车型	5 分位值	15 分位值	50 分位值	85 分位值	95 分位值	平均值	标准差
电动汽车	轿车	20.7	**30.7**	46.6	67.3	73.5	50.4	23.4
	SUV	26.6	**49.3**	67.3	114.4	129.1	74.3	33.8
	MPV	21.6	**30.6**	52.9	61.5	83.1	52.7	20.1
	面包车	20.2	**23.1**	29.9	32.7	35.9	24.6	6.1
	轻客	21.5	**23.0**	28.3	34.4	35.2	28.1	5.0
燃油汽车	轿车	48.0	**51.9**	64.8	80.9	87.1	66.3	13.8
	SUV	48.6	**53.3**	64.9	77.8	82.3	65.9	12.1
	MPV	36.4	**39.6**	56.4	67.9	69.4	57.1	12.6
	面包车	28.7	**32.9**	41.5	47.8	48.2	40.3	6.2
	轻客	27.9	**29.3**	33.8	40.9	41.6	34.8	6.7

将本书设计车辆的比功率取值与国内外现行标准规范进行对比,见表 2-6。可以发现本书的燃油汽车比功率取值与日本《道路构造令》取值接近,且本书首次提出电动汽车设计车辆的比功率取值。在电动汽车不断发展的背景下,本书提出的轻型高速路设计车辆比功率取值更为合理。

本书设计车辆比功率与现行国内外标准规范取值对比　　　　　表 2-6

《指南》取值	《道路构造令》取值	本书取值	
		燃油汽车	电动汽车
40kW/t	29.5kW/t	**30kW/t**	**25kW/t**

2.3.6 分析结论

(1)近年来新能源汽车的销量不断增加,尤其是纯电动汽车自 2021 年以来销售势头良好,但就总量而言新能源车辆占比仍然较低,仅有 8.9%(截至 2024 年底),其中纯电动汽车占比 6.2%。但需要说明的是,新能源车尤其是纯电动汽车的销售量在逐年增加。

(2)小客车整备质量主要分布在 1200 ~ 2220kg 区间,众数值为 1620kg;满载质量主要分布 1880 ~ 2480kg 区间,众数值为 1880kg;功率主要分布 84 ~ 164kW 区间,众数值为 124kW;扭矩主要分布在 217 ~ 417N·m 区间,众数值为 632N·m、524N·m 和 462N·m。

（3）在整备质量、满载质量、功率和扭矩等技术性能方面，轿车、SUV、MPV、面包车和轻客等车型的性能参数具有显著差异，整备质量从小到大依次为：面包车＜轿车＜SUV＜轻客＜MPV；满载质量从小到大依次为：轿车＜面包车＜SUV＜MPV＜轻客；功率从小到大依次为：面包车＜轿车＜轻客＜MPV＜SUV；扭矩从小到大依次为：轿车＜轻客＜面包车＜MPV＜SUV。

（4）纯电动汽车和传统燃油汽车的动力性能参数有一定的差异性，燃油小客车的动力性能更好，不同车型两种能源形式差异主要体现在SUV上，纯电动SUV的功率和扭矩明显大于燃油SUV，面包车在5种细分车型中动力性能最差。

（5）比功率方面，燃油汽车中轿车的比功率与SUV非常接近并明显大于其余3种车型，然后依次是MPV、面包和轻客；纯电动汽车比功率由大到小依次是SUV、MPV、轿车、轻客和面包车，其中轿车和MPV非常接近，面包车和轻客非常接近。因此，整体来看SUV的比功率最大，面包车和轻客的比功率相对较低。综合考虑比功率、车型占比和事故率等因素，轻型高速公路纵断面指标宜使用面包车作为控制车型。

2.4 小货车的技术参数特征

小货车具有车体质量轻、载货少、空载或未超载情况下行驶速度较快等特点，属于小型车类别，因此也是轻型车辆。对于交通量较大、车道数较多且位于高度城市化地区的轻型高速公路，小货车在交通量中的占比较高，可考虑同时通行小客车和小货车。根据《道路交通管理 机动车类型》（GA 802—2019）（以下简称行标GA 802）中的汽车分类规定，车长小于6m且总质量小于4.5t的载货汽车为轻型载货货车，即轻型货车；车长小于或等于3.5m且总质量小于或等于1.8t的载货汽车为微型载货汽车，即微型货车；车长大于或等于6m或者总质量大于或等于4.5t且小于12t的载货汽车为中型载货汽车，即中型货车。因此，如若将载质量低于中型货车的载货汽车定义为"小货车"，轻型货车和微型货车都可划分到"小货车"这一类别。本节将对大样本的车型技术参数进行统计分析，给出小货车外廓尺寸和比功率的分布特征，以及不同参数之间的关联性。

2.4.1 两轴货车外廓的整体分布特征

小货车外廓尺寸数据源自相关网站（涵盖了国内所有品牌卡车的技术参数，包含外廓尺寸、质量、发动机、油耗等参数），其中轻型货车5507款，微型货车47款。为了进行对比分析，还收集了770款中型货车和1507款两轴重型货车（总质量大于或等于12t）的技术参数。对提取到的数据进行准确性验证，按10%比例抽样，抽样容量为783，将所抽取样本与其对应品牌官方网站公布的参数值进行比对，各项参数正确率为100%。

对全部两轴货车的外廓尺寸参数统计分析，绘制频数分布直方图和累积频率曲线，如图2-21所示。两轴货车的车身长度呈单峰分布，分布范围为3.05～12m，众数值为5.995m，车身长度小于6m的车辆款式占比74%，表明两轴货车中的主导车型为小货车。两轴货车宽度最大值为 2.55m，频数分布曲线出现了 3 个峰值，分别为 1.9m、2.2m 和 2.5m，约 62% 的样本车身宽度分布在 1.9~2.55m 区间内；导致频数曲线出现多个峰值的原因是不同车型的车身宽度存在差异，根据行标 GA 802，两轴货车可分为微型、轻型、中型、重型四种，微型货车明显窄于其他车型，轻型货车宽度分布范围较广，且中型货车与轻型货车的宽度范围重合度较大，重型货车宽度主要集中在 2.5m 左右。

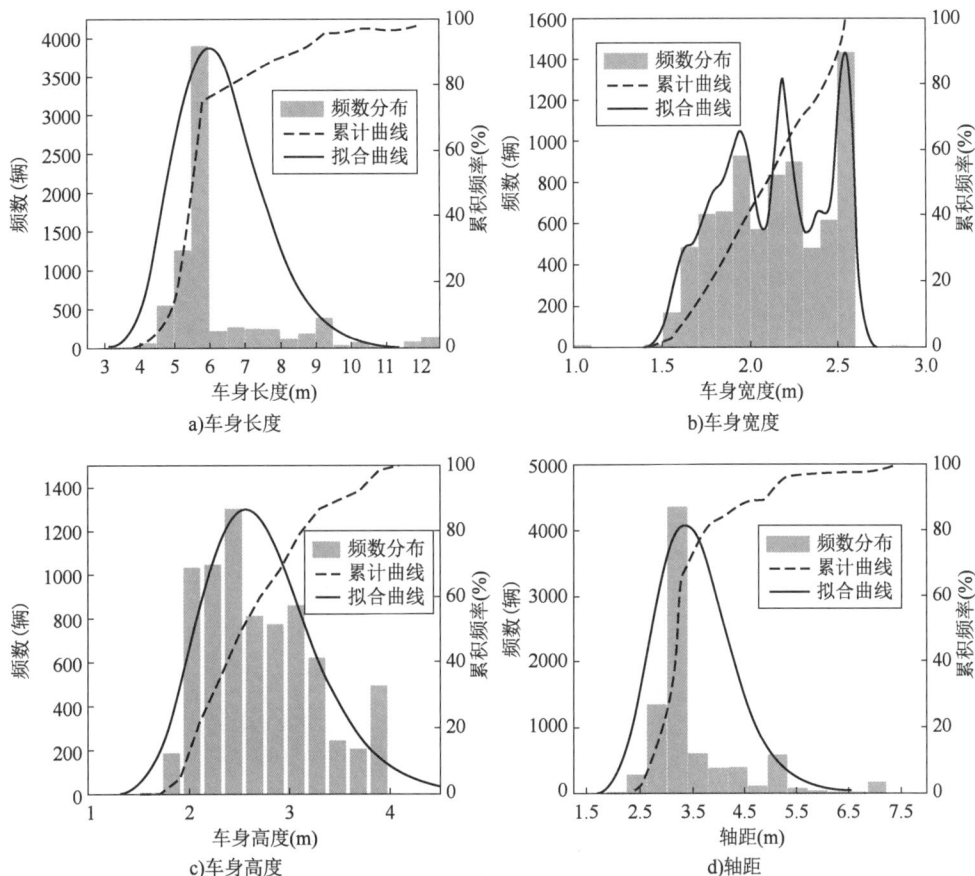

a)车身长度

b)车身宽度

c)车身高度

d)轴距

图 2-21　两轴载货汽车的外廓尺寸分布(不区分车型)

车身高度频数曲线在 2.4m 处出现峰值，约 85% 样本的车身高度分布在 2~3.5m 之间，车身高度最小值为 1.45m，最大值为 4m。车辆轴距主要分布在 2.5~4.5m 之间，占比高达 87%，数值为 3.3m。

对两轴货车的外廓尺寸参数进行线性回归分析，明确不同参数之间的关联性，如图 2-22 所示。图 2-22 中均有数据呈现断崖式截止(长度于 12m、宽度于 2.55m、高度于 4m 处)，这是由于《汽车、挂车及汽车列车外廓尺寸、轴荷及质量限值》(GB 1589—2016)(以下简称国标 GB 1589)中对整体式货车尺寸进行了限定，长宽高的限制为 12m × 2.55m × 4m。在图 2-22 中，车身长度与轴距之间接近等比例变化，即车长与轴距高度正相关；车身长度低于 6m 时长度与宽度呈线性变化，超过 6m 之后车身宽度不再增加；车身长度与高度、车身宽度与高度之间也呈现出明显的线性关系。

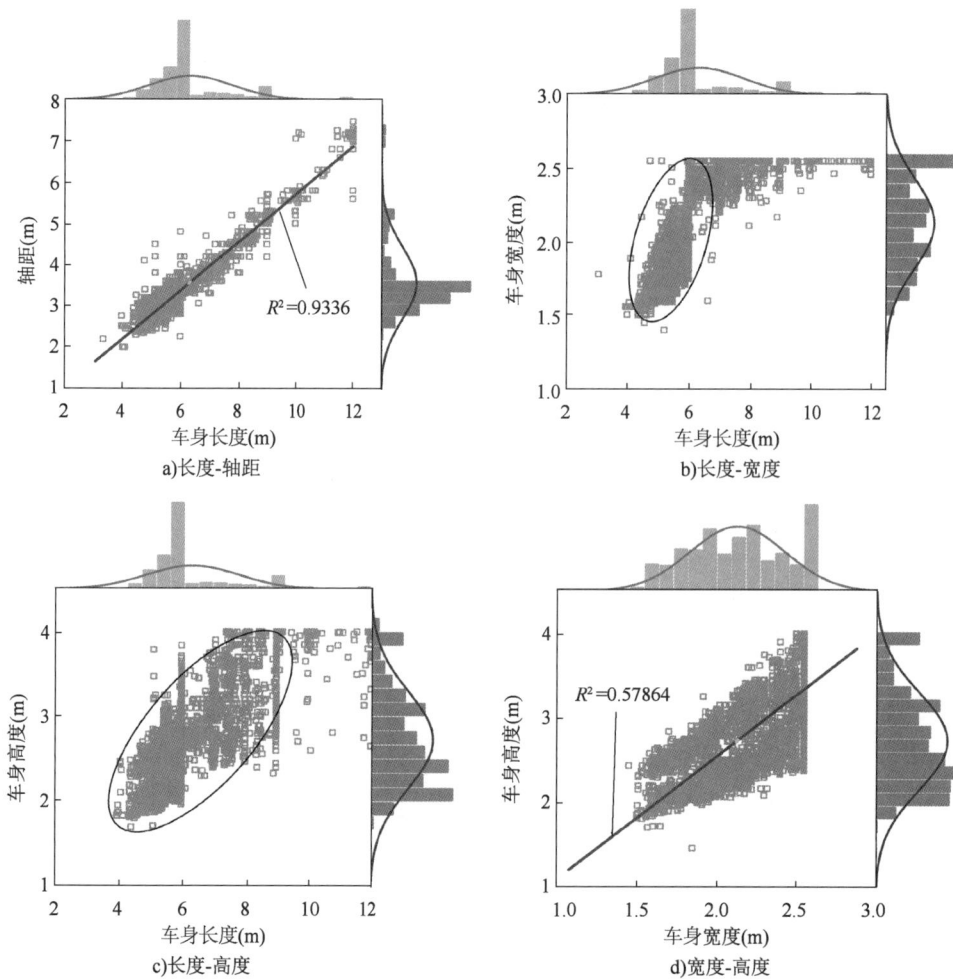

a)长度-轴距

b)长度-宽度

c)长度-高度

d)宽度-高度

图 2-22 两轴货车外廓尺寸参数之间的相关性分析

2.4.2 不同类型两轴货车的外廓特征

根据不同类型两轴货车的外廓尺寸数据,绘制 4 类两轴货车主要尺寸参数箱线图来进行对比,如图 2-23 所示。由图 2-23a)可知,微型货车长度分布在 3.9~5.3m 范围内,众数值为 4.39m;轻型货车长度分布范围为 3~6.6m,众数值为 5.9m;中型货车长度众数值为 6m,与轻型车辆比较接近,但其分布范围更接近于重型货车。微型货车和轻型货车的车身长度均低于 6m,因为 6m 是行标 GA 802 划分轻型货车的主要依据。基于此,小货车外廓尺寸中的车身长度可以取 6m。

由图 2-23b)可知,微型货车的宽度主要分布在 1.4~1.8m 之间,众数值为 1.58m。轻型货车的宽度与中型货车有较多的重合,数据分布有 2 个峰值分别为 1.9m 和 2.2m,众数为 2.2m,宽度在 2m 以上的车辆占比 50%。重型货车载货量大且运输距离较远,需要提供宽敞的驾驶室空间和较大的货箱,车身宽度值最大。在《标准》和《路线规范》

中,载货汽车设计车型的车身宽度为 2.5m,但根据图 2-23 中数据,轻型、中型和重型这 3 类货车均存在宽度大于 2.5m 的情况,其中重型货车中有超过 60% 的样本宽度为 2.55m,表明载货汽车设计车型的车身宽度需要进行修订。

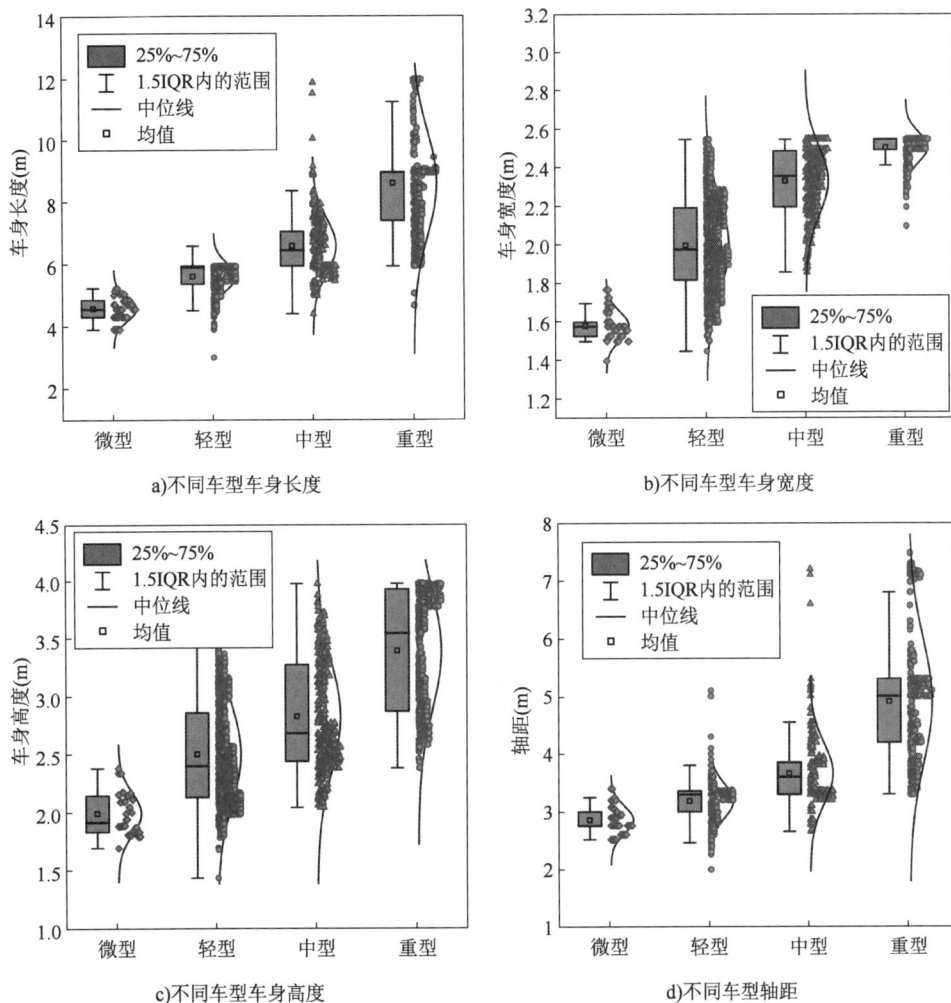

a)不同车型车身长度　　　　　　　　　　b)不同车型车身宽度

c)不同车型车身高度　　　　　　　　　　d)不同车型轴距

图 2-23　不同类型两轴货车外廓尺寸的对比

由图 2-23c)可知,微型货车的高度分布范围为 1.7 ~ 2.4m,众数值为 1.9m;轻型货车高度分布于 1.4 ~ 3.6m 之间,众数值为 3.15m;中型货车的高度分布为 2 ~ 4m,众数为 2.6m;重型货车高度分布范围为 2.4 ~ 4m,与中型货车有较大的重合,众数为 4m。总的来说,两轴重型货车的高度最高,这是由于为了装载更多的货物需要提高货箱容积,而这往往会导致车身高度的增加,并且高度增加后货车底盘也会增加,进而可以提高货车在不同地形的通过性。

由图 2-23d)可知,微型货车轴距分布在 2.4 ~ 3.4m 之间,众数值为 2.76m;轻型货车轴距分布在 2 ~ 5m 之间,众数为 3.3m;中型货车轴距在 2.5 ~ 7.5m 之间,众数为 3.4m;重型货车轴距范围在 3 ~ 7.5m 之间,众数值为 5m,在 4 类两轴货车种轴距最大,这是因为重型货车需要在承载货物后保持行驶过程中车身稳定,较大的轴距可以提供更大的稳定性和更长的车身长度,以满足大吨位货物的运输需求。

综上,不同类型两轴货车的外廓尺寸存在明显差异,以中位值和均值为衡量指标,两轴货车的车身长度、车身宽度、车身高度以及轴距等 4 项外廓参数均表现出如下特征:重型货车 > 中型货车 > 轻型货车 > 微型货车。就外廓尺寸参数分布的离散性而言,中型货车和重型货车的长度离散性较大;轻型货车宽度的离散性最强,其次是中型货车;轻型、中型和重型货车的高度均呈现较高的离散性;重型货车轴距的离散性最强,显著高于其他 3 类车型。

2.4.3 小货车代表性车型及其外廓尺寸

在《标准》和《路线规范》中,载重汽车是除小客车以外的设计车辆之一。两轴货车是载重汽车的一种,主要用于密集城市群的城市间运输和城市内运输,车辆型号多样,尺寸变化范围大。表 2-7 给出了 4 类两轴货车的外廓尺寸特征值。

不同车型两轴货车外廓尺寸特征值 表 2-7

尺寸参数	车型	50 分位值	85 分位值	95 分位值	99 分位值	中位值	平均值	标准差	最大值
车身长度 (m)	微型	4.6	5.09	5.2	5.288	4.6	4.620	0.3812	5.288
	轻型	5.995	5.995	5.995	5.995	5.95	5.659	0.4248	6
	中型	6.5	7.55	7.995	8.999	6.5	6.636	0.8734	11.9
	重型	8.995	10.04	12	12	8.995	8.650	1.6858	12
车身宽度 (m)	微型	1.58	1.68	1.73	1.77	1.58	1.583	0.0744	1.77
	轻型	1.98	2.22	2.4	2.55	1.98	2.000	0.2381	2.55
	中型	2.36	2.55	2.55	2.55	2.36	2.334	0.1783	2.55
	重型	2.55	2.55	2.55	2.55	2.55	2.508	0.0752	2.55
车身高度 (m)	微型	1.9325	2.195	2.36	2.4	1.9325	2.010	0.1828	2.4
	轻型	2.42	3.1	3.3	3.4	2.42	2.521	0.4292	3.6
	中型	2.7	3.45	3.65	3.84	2.7	2.847	0.4779	4
	重型	3.57	3.99	4	4	3.57	3.418	0.5173	4
轴距 (m)	微型	2.76	3.08	3.25	3.4	2.76	2.859	0.2368	3.4
	轻型	3.3	3.365	3.6	3.7	3.3	3.187	0.2940	5.1
	中型	3.55	4.2	4.5	5.2	3.55	3.659	0.5188	7.2
	重型	5	5.7	7.15	7.3	5	4.905	1.0746	7.475

根据高速公路 ETC 联网收费之后车辆通行费的车辆分类标准,载货汽车划分为一类~六类货车,其中一类与二类均是两轴货车,以 4.5t 和 6m 为指标进行区分,车长小于 6m 且总质量小于 4.5t 的为一类货车,车长大于 6m 或者总质量大于 4.5t 小于 18t 的为二类货车。因此,根据高速公路收费车型划分标准,两轴货车也分为 2 类,即一类货车和二类货车,其中一类货车为小货车,包含微型和轻型货车;二类货车包

含中型和重型货车。一类货车中轻型车辆占主导,故将轻型货车作为一类货车的代表车辆。

2.5 轻型高速公路的设计车辆参数

2.5.1 主要国家技术标准中的设计车辆

设计车辆是公路设计中所采用的有代表性的车型,是道路新建和改建设计中确定各项指标值以保证车辆安全和顺利通行的依据。对道路线形设计起控制作用的设计车辆技术参数包括外廓尺寸、荷载质量、动力性能等 3 个方面,各国对公路设计车辆的参数要求不尽相同。考虑建设费用和工程投资的原因,当前国际上的通行做法是设计车辆不必是所设计交通设施的最大尺寸车辆,通常取所调查样本的第 85 分位尺寸值作为设计车辆的外廓。本书分析对比了中国《标准》和《路线规范》、美国绿皮书、日本《道路构造令》和德国的《高速公路设计指南》(下文简称 RAA)等技术标准对小型车或小客车设计车辆外廓尺寸相关规定的差异性。

中国《标准》和《路线规范》将设计车辆分为小客车、载重汽车、大型客车、铰接列车、铰接客车等 5 大类。规定干线公路和主要集散公路的设计车辆应涵盖所有类型;次要集散公路的设计车辆需涵盖前三类车型;支线公路的设计车辆要涵盖小客车和大型客车;其他道路可根据论证选取。《指南》的设计车辆与《标准》中的小客车尺寸相同。

美国绿皮书将设计车辆分为小客车(passenger cars)、公共汽车(buses)、卡车(trucks)和休闲车辆(recreational vehicles)四大类,并给出了各类设计车辆代表车型的设计尺寸。

日本《道路构造令》将设计车辆分为小型汽车、普通汽车、半挂铰接车三类。规定第 1 类道路、第 2 类道路、第 3 类道路的第 1 级,第 4 类道路的第 1 级的设计车辆为小型汽车和半挂铰接车;小型道路设计车辆为小型汽车;其他道路设计车辆为小型汽车和普通汽车。

德国 RAA 参考该国道路交通条例(StVO),规定机动车最大允许宽度为 2.55m(冷藏车可为 2.60m),最大允许高度为 4.00m,最大允许长度为 16.50m(铰接式卡车)或 18.75m(公路列车),但未对不同细分车型尺寸进行更细致的规定。

对比上述国家对设计车辆的尺寸规定,美国绿皮书对不同设计车辆的尺寸分类最为细致,中国《标准》《路线规范》和日本《道路构造令》对设计车辆尺寸分类较为细致,德国 RAA 对设计车辆尺寸分类较为粗糙,缺少小客车设计车辆外廓尺寸的规定,见表 2-8。从表 2-8 中可以看出,日本《道路构造令》的小客车设计车辆尺寸最大,中国《标准》《路线规范》和《指南》的小客车设计车辆尺寸居中,美国绿皮书小客车设计车辆尺寸最小。因此,上述标准在小客车设计车辆尺寸上尽管存在差异,但总体上差异并不大。

不同国家小客车（小型车）设计尺寸参数（m）　　　　表 2-8

技术参数	中国《标准》《路线规范》	中国《指南》	美国绿皮书	日本《道路构造令》	德国 RAA
长	6.0	6.0	5.8	6.0	—
宽	1.8	1.8	2.1	2.0	—
高	2.0	2.0	1.3	2.8	—
前悬	0.8	0.8	0.9	1.0	—
轴距	3.8	3.8	3.4	3.7	—
后悬	1.4	1.4	1.5	1.3	—
转弯半径	8.0	8.0	7.3	7.0	—

2.5.2　小客车设计车辆技术参数和建筑限界

在《标准》和《路线规范》中，小客车设计车辆外廓尺寸为 6.0m×1.8m×2.0m，载重汽车（货车）设计车辆尺寸为 12.0m×2.5m×4.0m，这个外廓尺寸的规定自 20 世纪 80 年代一直沿用至今。中国各等级公路目前绝大多数都是客货混行，混行条件下对道路几何设计参数比如横断面和建筑限界起控制作用的是大货车。因此，在过去十几年中，公路路线设计以大型车辆为控制要素，即"大包小"，弱化了小型车辆外廓尺寸在路线设计中的作用。然而近年来随着小客车保有量和整体占比的快速增加，小客车专用车道和轻型高速公路开始逐渐实施，几何线形设计需要以小型车辆外廓尺寸作为设计基础。

近 15 年来我国汽车工业发展迅猛，车型迭代更新快，小客车车身更高、更长、更宽，因此亟须修正十几年前确定的设计车辆尺寸。基于此，根据本章 2.2 节的分析结果，统计了我国小客车外廓尺寸的特征值，见表 2-9。从表 2-10 可以看到，除了面包车之外（在小客车中占比 1.8%），轿车、SUV、MPV 和轻客的 85 分位车身宽度均明显超出 1.8m，所以以《标准》中的小客车设计车辆的外廓尺寸规定已经明显不符合当下实际情况，因此需对设计车辆尺寸进行修正。

小客车外廓尺寸特征值　　　　表 2-9

尺寸参数	特征参数	轿车	SUV	MPV	面包车	轻客
L103（总长）	平均值	4679	4658	4963	4394	5283
	标准差	418	264	269	294	396
	85 分位值	4982	4919	5219	4530	5706
	95 分位值	5106	5056	5330	4845	5990
	最大值	5450	5695	5580	4890	5998
W103（总宽）	平均值	1818	1875	1857	1659	1832
	标准差	74	71	96	62	128
	85 分位值	1880	1943	1978	1715	2003
	95 分位值	1910	2000	2000	1730	2065
	最大值	2018	2095	2095	1760	2098

续上表

尺寸参数	特征参数	轿车	SUV	MPV	面包车	轻客
H100 （总高）	平均值	1484	1691	1855	1916	2187
	标准差	56	80	100	83	197
	85 分位值	1530	1769	1970	1990	2453
	95 分位值	1569	1835	1995	2000	2530
	最大值	1980	2090	2150	2065	2740

小客车一共包含 5 种细分车型,且每种车型在高速公路上都占有一定的比例,因此,小客车设计车辆的外廓尺寸应该涵盖小客车主要车型的尺寸。对于小客车专用的轻型高速公路,由于公路断面宽、交通量大、行驶速度高,以轻客为主兼顾 SUV 作为设计车辆外廓尺寸的控制车型。用轻客作为设计车辆外廓尺寸长度和高度的控制依据,长度取轻客的最大车身长度,即 6m;高度取 2.8m,即轻客车顶高度的最大值,因为上跨设施的净高必须满足车辆安全通过的需求;宽度取 1.9m,即 SUV 的第 85 分位宽度值,基于此,小客车专用高速公路**小客车设计车辆的外廓为 6m×1.9m×2.8m**。在设计车辆 2.8m 高度的基础上,考虑一定的安全余量,以及高速行驶环境下行驶空间对驾驶员心理以及速度选择行为的影响,**小客车专用的轻型高速公路建筑限界净高取 3.5m**。而小客车专用的普通公路,交通量较小、运行速度较低,轻客出现的概率低,以剩余 4 种车型中平均尺寸最大的 MPV 和 SUV 作为设计车辆外廓尺寸的主要控制车型。设计车辆外廓尺寸取 6m×1.9m×2.2m,其中,1.9m 为 SUV 车身宽度 85 分位值的均值,高度 2.2m 为 MPV 高度最大值的向上取整。对于技术等级为 3 级以上的普通公路,建筑限界净高取 3.0m,四级公路和等外公路,建筑限界净高取 2.5m,见表 2-10。

轻型高速公路设计车辆外廓尺寸和建筑限界　　　　表 2-10

适用公路类型	设计车辆的 控制车型	设计车辆外廓尺寸(m)			建筑限界 净高(m)
		总长	总宽	总高	
轻型高速公路(仅通行小客车)	轻客	6.0	1.9	2.8	3.5
小客车专用普通公路	MPV 和 SUV	6.0	1.9	2.2	3.0(2.5)
轻型高速公路(允许通行小货车)	轻型货车	6.0	2.2	3.4	4(3.5)

注:表中括号内的数值为四级公路和等外公路的建筑限界净高。

根据表 2-10 中的数值分别绘制轻型高速公路和小客车专用普通公路的设计车辆并标注外廓尺寸,如图 2-24 所示。图 2-24 中同时给出了两类公路的建筑限界,L_1 和 L_2 分别为左侧和右侧硬路肩宽度,S_1 和 S_2 分别为左侧和右侧路缘带宽度,E_1 和 E_2 分别为左顶角和右顶角宽度。

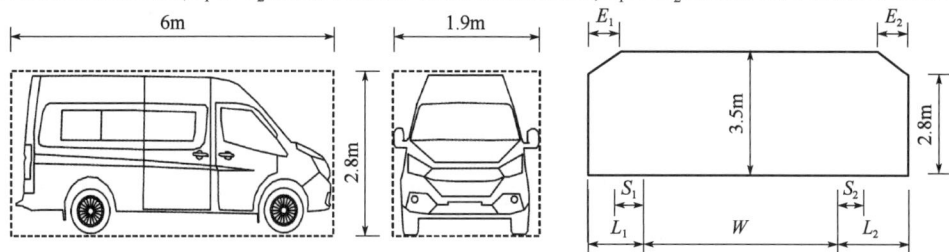

a)小客车专用的轻型高速公路
图　2-24

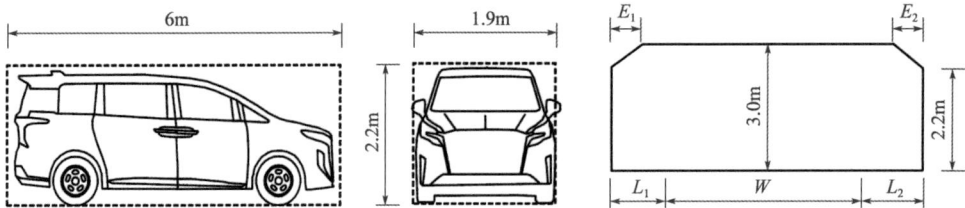

b)小客车专用的普通公路

图 2-24　小客车专用公路设计车辆以及建筑限界

2.5.3　小货车设计车辆的技术参数值

轻型高速公路允许通行小货车时,几何线形设计需要考虑小货车的外廓尺寸特性。《标准》3.3 节"交通量"的表 3.3.2 小客车折算系数后面的说明中,有一个解释"座位≤19 座的客车和质量≤2t 的货车",导致一些公路行业的设计和管理人员产生误解,误认为小货车也是小客车的一类。需要说明的是,这个解释或者定义主要是用于车辆折算系数的确定,目的是计算道路通行能力。另外,在国标 GA 802 中,货车分类标准的质量这一项也并没有 2t 这个标准,而是 1.8t 和 4.5t,分别用于界定微型货车和轻型货车。根据货车技术参数的统计结果,1.8t(连车带货的总质量)以下的微型货车占比很少,占绝大多数的还是轻型货车即 1.8 ~ 4.5t 的满载质量。目前我国高速公路 ETC联网收费的车型分类也是依据《道路交通管理　机动车类型》(GA 802—2019)中的规定。基于此,本书将微型货车(微卡)和轻型货车(轻卡)都归类为小货车,即总质量4.5t 以下的货车,小货车的设计车辆为轻型货车(图 2-25)。

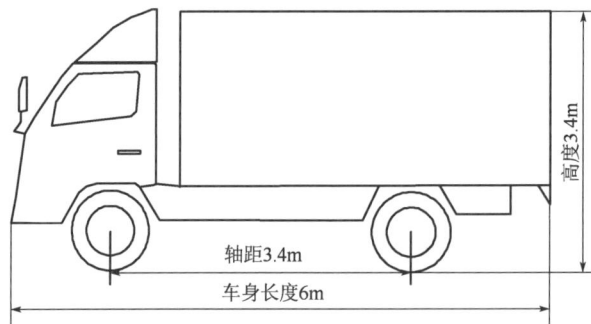

图 2-25　二轴货车的代表车型——轻型货车

根据 2.4 节中轻型货车外廓的统计结果,小货车设计车辆的长度取轻型货车长度的 85 分位值,即 5.995m,取整后为 6m;设计车辆的宽度取轻型货车的 85 分位车宽,即2.22m,取整后 2.2m;轻型货车高度的 85 分位值为 3.1m,99 分位值为 3.4m,即绝大多数小货车的车身高度均在 3.4m 以下,设计车辆的高度取 99 分位值;轴距取轻型货车的85 分位轴距值,即 3.365m,取整后为 3.4m;因此,小货车设计车辆外廓为 6m × 2.2m ×3.4m。轻型高速公路同时通行小客车和小货车时,建筑限界净高的控制车型为小货车,根据小货车设计车辆外廓,建筑限界净高取 4m,受既有地形地物严格限制时可以取3.5m,仍可满足通行小货车的需求,但需要设置 3.5m 限高标志。

2.6 轻型高速公路的设计速度选取

设计速度是确定高速公路设计指标并使其相协调的设计基准速度,设计速度的选取对路线设计指标、工程造价、建成后的通行能力和运行安全性有重要影响,因此需要综合道路功能定位、地形条件等因素,结合与相接高速公路设计速度协调性等原则,提出新建、改扩建公路的技术标准和设计速度推荐值。轻型高速公路的设计速度选取需要基于以下原则:

(1)兼顾通道功能和沿线地形的原则。拟建高速公路是国家及省域的重要干线公路,且位于地形、地质良好的平原、丘陵地段时,宜采用较高的设计速度,比如120km/h。

(2)考虑交通组成和交通运行特点的原则。当轻型高速公路仅通行小客车时,为小客车专用高速公路,交通组成为同质的小客车交通流,运行速度要明显高于传统高速公路的混合交通流,因此设计速度不宜低于100km/h。当轻型高速公路采用复合式(上下层)结构时,地面层的交通组织模式为客货混行,作为轻型高速公路的上层通道,线形条件与地面层相近,应遵循上下层通道技术标准一致性的原则。

(3)设计速度与横断面布置相匹配的原则。轻型高速公路单幅(单向)3条车道时,设计速度应取100km/h或者120km/h;单幅4条行车道时设计速度应不低于120km/h,这是因为路幅宽阔时,驾驶人对期望速度有较高的心理预期,再加上小客车交通流本身运行速度较快,因此驾驶人会选择120km/h以上的行驶速度。

(4)设计速度与通行车型相适应的原则。基于小客车的运行特点,为小客车提供通行服务的轻型高速公路,选取120km/h及以上的设计速度是比较合理的,能够实现快速、安全和舒适的功能定位。设计速度120km/h的轻型高速公路不建议通行小货车,因为小货车与小客车之间的速度差较大,导致安全性变差、通行效率降低、行驶舒适性下降。设计速度100km/h的轻型高速公路,如果小货车占比较大,经论证可允许通行小货车和小客车,但应限制小货车最右侧车道通行。

高速公路环境下轻型车辆的轨迹行为和制动特性

高速公路是为汽车快速行驶提供服务的基础设施,轻型高速公路的几何线形设计应满足轻型车辆高速行驶时的安全性、舒适性、通视性要求和驾驶员心理预期。对公路横断面设计起控制作用的主要是车辆尺寸、车辆横向运动学行为(轨迹行为)、驾驶员心理和视觉特性;对平面线形设计起控制作用的是车辆横向动力学稳定性、乘员横向舒适性和车辆制动特性;对纵断面设计起控制作用的是车辆纵向行驶特性、驾驶员生理和视觉特性。因此,掌握轻型车辆高速条件下的运动学/动力学行为特征是轻型高速公路几何设计的基础和前提。

基于多种来源的高速公路车辆轨迹数据,本章分析了不同车型的轨迹行为特征,包括摆动特性、偏移特性和侧向余宽,明确了车型、车道位置、行驶速度对轨迹行为特征的影响规律,探讨了车道宽度与车辆运行速度和轨迹摆动特性之间的关系,为后续的轻型高速公路横断面设计提供支撑。同时,运用车辆动力学仿真软件开展了典型车型在纵坡路段的制动行为仿真,根据典型车型不同工况的制动行为仿真结果,分析了路面摩阻系数、车辆载重、坡度和车型等因素对制动距离的影响,为轻型车辆停车视距修正提供了基础数据。

本章的重点是分析轻型车辆的轨迹行为特征和制动特性,但由于传统客货混行高速公路的路线设计主要是以大货车行为特性为控制条件,那么两种设计车辆在运动学和动力学行为上的差异也是研究轻型高速公路路线指标的重要依据,为此,本章也分析了大型车的轨迹行为和制动特性并与小型车进行了对比。

3.1 车辆轨迹行为特征指标和研究方法

3.1.1 车辆轨迹数据来源

随着计算机视觉技术的发展,基于交通运行视频图像特征提取的车辆检测技术越来越多地被用于驾驶行为分析、车辆运行特性和道路安全设计等方面的研究。由于无人机能从鸟瞰视角观测和采集车辆运行视频,并且不会对车辆自然驾驶行为产生干扰,近几年无人机航拍被广泛应用于交通信息采集和车辆轨迹检测。

本书使用3种方法来获得高速公路典型车辆的运动学行为参数:一是获取高速公路开放轨迹数据集,分析典型车型的运行特性以及影响因素;二是使用无人机采集高速公路的高空视频图像,研发了视频图像智能识别算法来检测车辆目标并提取车辆轨迹数据;三是在高速公路上开展实车驾驶试验,通过车载仪器采集小客车的行驶速度、位置等参数。相应地,本书研究高速公路车辆的轨迹行为时的数据来源包括3类,分别是德国高速公路 HighD 数据集、中国 CQSkyEyeX 数据集(重庆高速公路无人机航拍图像识别的车辆轨迹数据),以及国内高速公路的实车驾驶数据。其中,德国的 HighD 数据集也是对无人机航拍视频进行车辆轨迹提取得到。

HighD 数据集包括德国科隆附近 6 条高速公路路段的车辆运行数据,数据集主要由两部分组成,分别是每辆汽车的运行数据和道路信息数据,每条高速公路路段的拍摄范围均为 420m,且都是直线路段,拍摄时间为上午 8 点至下午 5 点。在 6 条高速公路路段中有 4 处不限速,另外 2 条路段采取的限速值也比较高,因此存在大量车辆以较高速度(>120km/h)行驶的现象,可以提取大量的高速行驶轨迹,这为研究高速条件下的轨迹行为特性提供了数据基础。

由于中国高速公路的运行条件、交通组成、车辆技术状况和驾驶习惯与国外存在差异性,为了保证所设计的道路在建成运营之后符合中国驾驶员的行为习惯和心理预期,还需深入分析中国高速公路上的车辆运行状态和驾驶行为特性。作者在中国重庆使用无人机俯拍了 4 条高速公路直线路段的运行视频,然后从视频图像中提取车辆运行轨迹,同时开展了高速公路的实车驾驶试验。通过轨迹行为指标的对比分析,明确中德两国高速公路车辆轨迹行为特征的差异性。

3.1.2 研究场景及数据特点

1)HighD 数据集以及拍摄路段的横断面参数

德国 HighD 数据集的拍摄路段如图 3-1 所示。图像分辨率为 4096×2160,路面上单个像素点的距离约为 10cm,定位误差较小,能够保证较高的轨迹精度。图像处理时使用计算机视觉算法 U-Net 对车辆和道路背景进行语义分割,从而对车辆进行识别和跟踪,进而提取车辆行驶轨迹。每一辆汽车的运行轨迹均有与之对应的 ID、横向位置坐标、纵向位置坐标、时间帧以及道路条件等信息。

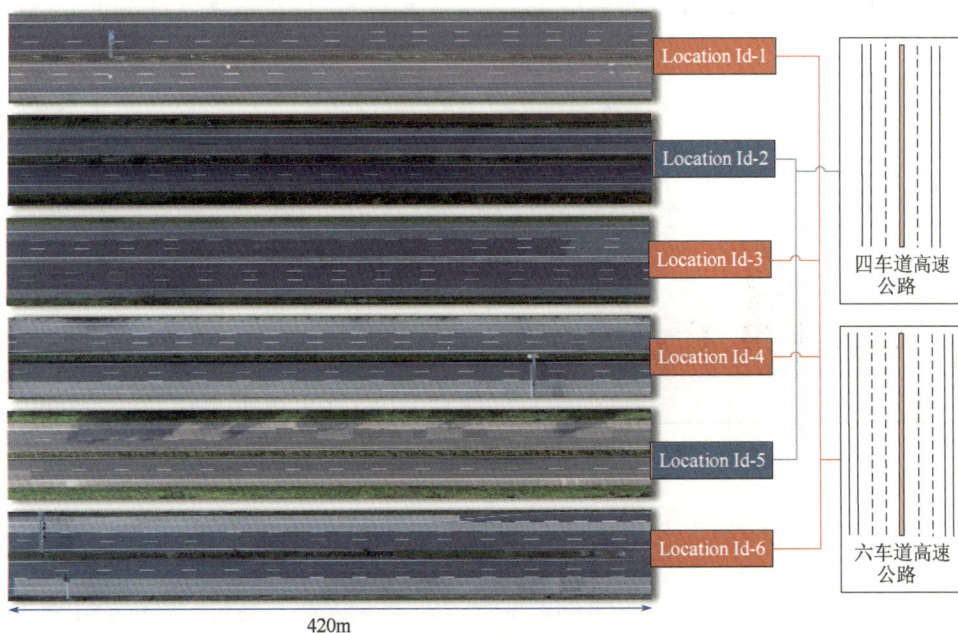

图 3-1 HighD 数据集中的高速公路直线路段航拍俯视图

数据集中 6 处高速公路路段的基本信息和车辆轨迹数据情况见表 3-1。从表 3-1中可以看出,有 4 处路段无限速措施,其余 2 处路段的限速值分别为 120km/h 和130km/h。有 4 条路段为双向六车道,有 2 条路段为双向四车道,其中双向六车道采样车辆数占比为 88.1% 。两种类型道路的横断面如图 3-2 所示。

HighD 数据集拍摄路段的基本信息和样本数量情况 表 3-1

场景序号	道路信息		样本信息			
	车道数量	限速值 (km/h)	时间长度 (h)	车辆数 (辆)	小型车 (辆)	大型车 (辆)
1	6	120	11.07	85962	69751	16211
2	4	—	0.81	3074	2400	674
3	6	130	0.96	3747	2710	1037
4	6	—	0.93	4751	3799	952
5	4	—	2.39	10079	8192	1887
6	6	—	0.50	2903	2287	616

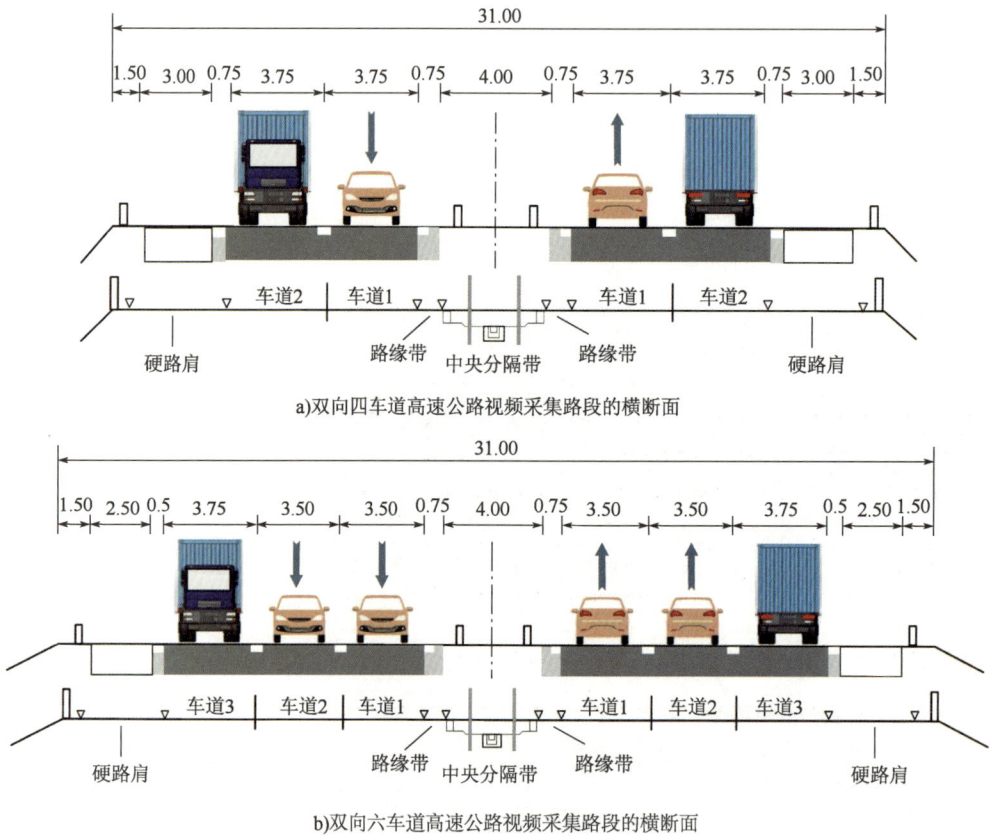

a)双向四车道高速公路视频采集路段的横断面

b)双向六车道高速公路视频采集路段的横断面

图 3-2 HighD 数据集中高速公路的横断面和行驶环境(尺寸单位:m)

德国四车道高速公路每条车道的宽度均为 3.75m;六车道高速公路仅最外侧车道的宽度为 3.75m,中间车道和内侧车道均为 3.5m。通过统计 HighD 轨迹数据集中不同车道位置的车型发现,对于双向六车道高速公路路段,大型车在最外侧车道行驶的比例为 80.1%,而小型车在最外侧车道行驶的比例为 11.5%。

HighD 轨迹数据集将车辆划分为"小型车"和"大型车"两大类,其中小型车包括小客车(轿车、SUV、MPV 和轻客等)和小货车,大型车包括中型货车、大巴车、半挂车、三桥和四桥汽车,这种分类方式显然过于粗糙。为方便分析,作者设计了一种聚类算法,对尺寸数据进行聚类,增加了"中型车"这一类,即大型车类别中保留拖挂车,而将拖挂车以外的车型,比如大巴车、三桥和四桥的整体式货车划入到中型车这一类别。

2)中国高速公路无人机航拍轨迹数据集——CQSkyEyeX

在国内选取重庆绕城高速公路(G5001)和渝蓉高速公路(G5013)重庆段开展了无人机拍摄来采集车辆运行视频,采集了10h以上、分辨率为3840×2160的航拍视频,所选路段为顺直路段,拍摄区段长度为420m,如图3-3a)所示,拍摄路段的限速值为120km/h,双向六车道,行车道宽3.75m,横断面设置和构成要素尺寸如图3-3b)所示。

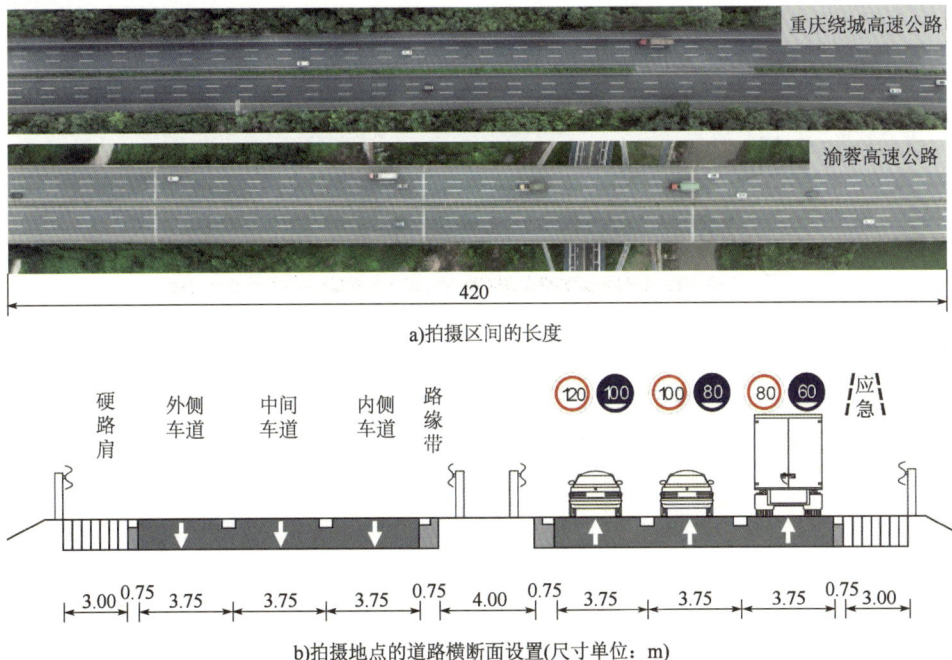

a)拍摄区间的长度

b)拍摄地点的道路横断面设置(尺寸单位:m)

图3-3　中国重庆绕城高速公路和渝蓉高速公路的拍摄地点以及横断面要素

为了从视频图像中获取车辆运行轨迹,采用了从无人机航拍视频中提取高精度车辆轨迹的方法框架。首先对拍摄画面进行稳像,然后提取车辆像素轨迹,计算车辆-标线拓扑关系,如图3-4a)所示。获取车辆运行特征参数,其中轨迹坐标误差均值低于5cm,速度误差低于1km/h,可用于车辆轨迹行为的精准分析。通过对轨迹数据进行预处理,形成格式化的轨迹数据集,包括车辆中心点坐标、车辆类型、行驶速度、横/纵向加速度、车头间距和时距等轨迹信息。

除了提取车辆轨迹数据之外,构建数据集的目的是分析车辆的轨迹行为,其重点是轨迹的横向位置特征,提取车道线的位置数据是研究车辆运动和轨迹行为的基础和前提。因此,精确获取车道分界线和路边线信息可以更准确描述车辆在车道内的运动情况,并可以进一步分析危险驾驶行为与道路线形之间的关系。在道路标线识别中,本书采用了基于边缘检测的Canny算法来提取图像中道路标线的边缘信息,并修正标线磨损和高噪声处(白色车辆或标志)对道路线形拟合的干扰,得到五次多项式车道线方程,如图 3-4b)所示,作为下节 Frenet 坐标系转化的输入参数。最后,对计算得到的轨迹行为指标数据进行规范化处理,构建得到了国内首款基于无人机航拍视频的轨迹数据集——高速公路车辆轨迹数据集 CQSkyEyeX,如图 3-5 所示。

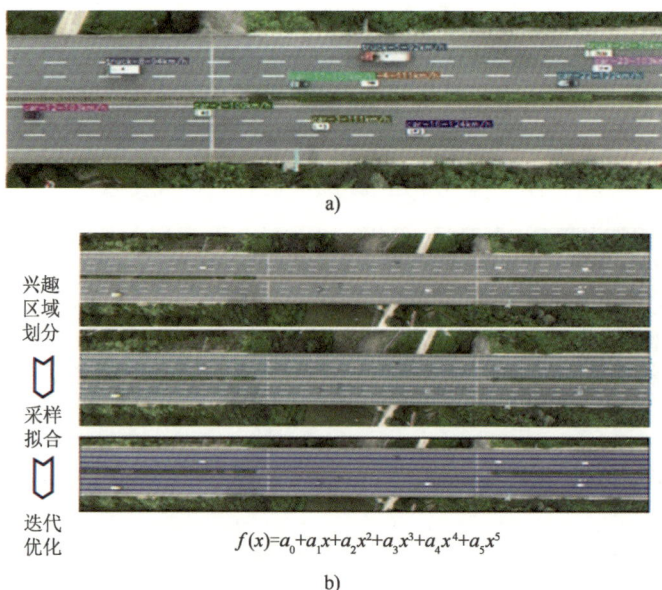

a)

兴趣区域划分

⇩

采样拟合

⇩

迭代优化

$$f(x) = a_0 + a_1 x + a_2 x^2 + a_3 x^3 + a_4 x^4 + a_5 x^5$$

b)

图 3-4　车辆目标检测、追踪以及车道线提取

3)实车驾驶试验路线以及自然驾驶数据

本书在 G65 包茂高速公路重庆段和 G50 沪渝高速公路重庆段开展了实车驾驶试验来获取自然驾驶状态下的车辆轨迹数据。考虑年龄、性别和驾龄等因素,从社会上招募了 38 名驾驶员作为被试人员参与本次试验。实车驾驶试验选择在上午 9:30—11:30 和下午 13:00—17:00 开展,避开了高峰时期车流量大所带来的干扰,试验期间天气状态良好。试验开始前仅告知驾驶人行驶路线,行驶过程中不做任何干预和提示,最大程度保持驾驶员的自然驾驶状态,每位驾驶员按照预定路线连续行驶 2 个循环。

试验车辆为别克 GL8,采用 Mobileye ME ALL 630 前向预警系统来获取车辆中心点与两侧车道分界线之间的横向距离数据,Mobileye 同时从 CAN 总线读取车辆实时行驶速度、节气门开度等参数,数据输出频率为 10Hz;同时使用车载 GNSS 设备记录车辆行驶轨迹、加速度和车身姿态等信息。在车辆前、后窗各安装一台行车记录仪,实时记录行驶过程中的道路环境信息。

试验路段中的包茂高速公路为双向四车道,沪渝高速公路试验段为双向六车道,如图 3-6a)和 b)所示,两条试验路段均为 80km/h 设计速度、沥青路面、0.5m 左侧路缘带、3.75m 行车道宽度和 2.5m 右侧硬路肩宽度,两条试验路段限速值都为 100km/h。沪渝高速公路试验区段的车流量要高于 G65 包茂高速公路试验段,大型车比例也略高于包茂高速公路。两条试验路段以路基路段为主且以挖方段居多,其中沪渝高速公路试验段有少量桥梁路段。路基段中分带采用了波形梁护栏,中间种植树木作为防眩带。试验路段的基本信息见表 3-2。

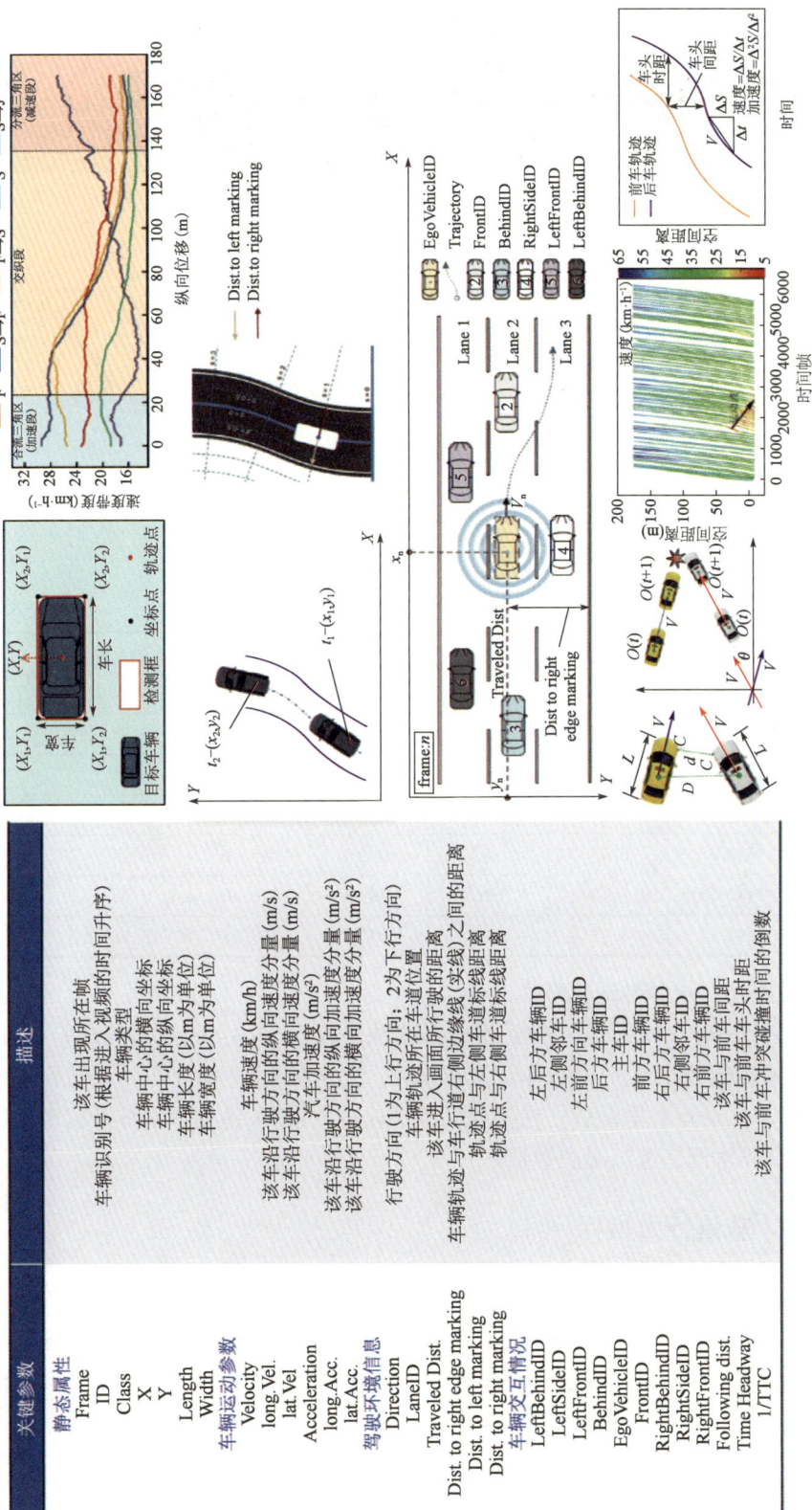

图 3-5 CQSkyEyeX轨迹数据集的轨迹行为指标

关键参数		描述
静态属性	Frame	该车出现所在帧
	ID	车辆识别号（根据进入视频的时间排升序）
	Class	车辆类型
	X	车辆中心的横向坐标
	Y	车辆中心的纵向坐标
	Length	车辆长度（以m为单位）
	Width	车辆宽度（以m为单位）
车辆运动参数	Velocity	车辆速度（km/h）
	long. Vel.	该车沿行驶方向的纵向速度分量（m/s）
	lat. Vel	该车沿行驶方向的横向速度分量（m/s）
	Acceleration	汽车加速度（m/s²）
	long. Acc.	该车沿行驶方向的纵向加速度分量（m/s²）
	lat.Acc	该车沿行驶方向的横向加速度分量（m/s²）
驾驶环境信息	Direction	行驶方向（1为上行方向；2为下行方向）
	LaneID	车辆轨迹所在车道位置
	Traveled Dist.	车辆进入画面所行驶的距离
	Dist. to right edge marking	车辆轨迹与车行道右侧边缘线（实线）之间的距离
	Dist. to left marking	轨迹点与左侧车道标线距离
	Dist. to right marking	轨迹点与右侧车道标线距离
车辆交互情况	LeftBehindID	左后方车辆ID
	LeftSideID	左侧邻车ID
	LeftFrontID	左前方车辆ID
	BehindID	后方车辆ID
	EgoVehicleID	主车ID
	FrontID	前方车辆ID
	RightBehindID	右后方车辆ID
	RightSideID	右侧邻车ID
	RightFrontID	右前方车辆ID
	Following dist.	该车与前车车间距
	Time Headway	该车与前车的车头时距
	1/TTC	该车与前方车冲突碰撞时间的倒数

a)包茂高速公路试验路段   b)沪渝高速公路试验路段

c)试验路线与数据截取路段

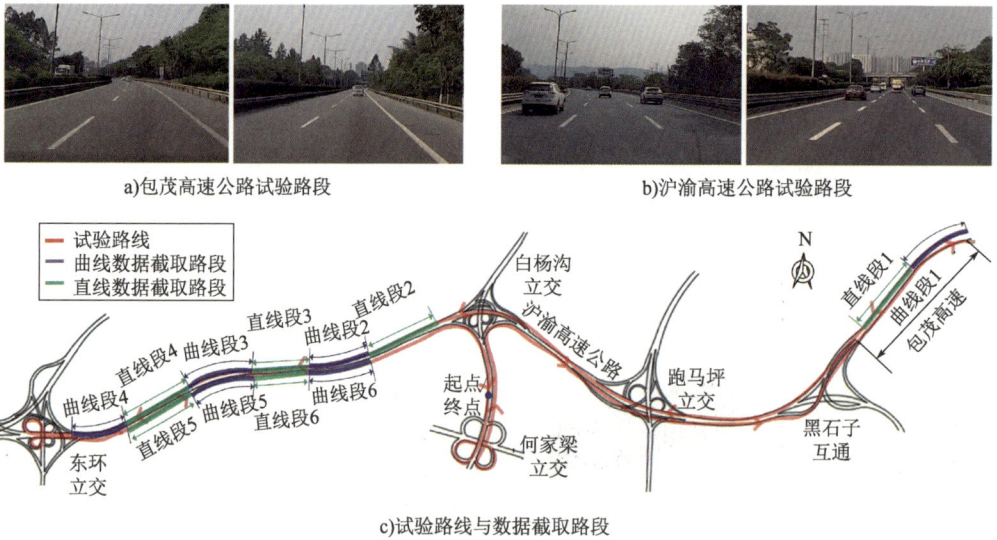

图 3-6   行驶路线与试验路段的行驶环境

试验路段数据截取单元的主要信息   表 3-2

曲线路段	平均里程 （m）	车道宽度 （m）	单向车道数	直线路段	平均里程 （m）	车道宽度 （m）	单向车道数
分段 1	362.08	3.75	2	分段 1	397.78	3.75	2
分段 2	308.05	3.75	3	分段 2	639.43	3.75	3
分段 3	420.68	3.75	3	分段 3	752.61	3.75	3
分段 4	332.32	3.75	3	分段 4	615.76	3.75	3
分段 5	442.73	3.75	3	分段 5	610.40	3.75	3
分段 6	294.14	3.75	3	分段 6	699.28	3.75	3

    根据道路几何线形对试验路线进行单元划分,共划定了 12 段路段单元,包括 6 条曲线路段(3 条左转弯和 3 条右转弯)和 6 条直线路段,如图 3-6c)所示。试验结束之后回看车辆在试验路线行驶时的行车记录仪视频,判别车辆是否处于车道保持行驶状态,并根据路段单元进行数据截取。在截取和筛选轨迹数据时,还剔除了涉及紧密跟驰、车道变换,以及异常低速等工况的数据。

3.1.3   轨迹行为指标

    在高速公路实际行驶过程中,驾驶员并不会严格将车辆保持在车道中心线位置,也无法始终沿直线行驶,即车辆轨迹相对于行车道中心线总是有一定的偏移并且轨迹线存在一定的横向摆动。为了从微观层面上深入分析车辆轨迹行为特性,构建了车辆轨迹行为指标,包括横向摆动幅度、摆动距离、摆动持续时间(摆动周期)、车道侧向余宽等,并根据车辆轨迹坐标数据计算每辆车的轨迹行为指标值。图 3-7 展示了车道保持行驶工况下车辆轨迹横向摆动幅度、轨迹横向偏移、车道侧向余宽等指标参数的含义。

a)车行驶辆轨迹的横向摆动行为

b)轨迹横向偏移和车道侧向余宽

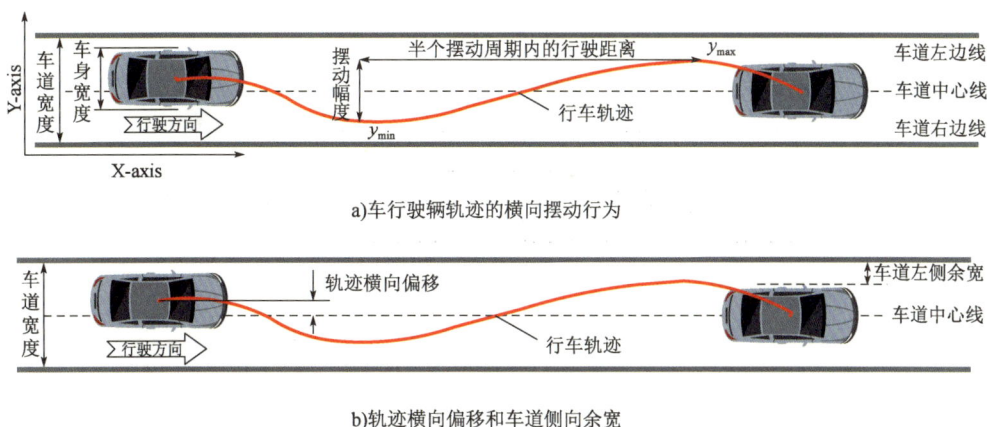

图 3-7　车辆轨迹摆动、轨迹偏移和车道侧向余宽的参数示意

1)轨迹横向摆动指标

(1)摆动距离和摆动周期。

摆动距离是指车辆完成一次完整的左右摆动过程(即一个摆动周期)时行驶的距离,摆动周期则为完成一次左右摆动过程所需消耗的时间,两种参数的计算方法如下:

$$DTS = 2\left|x(y_{\max}) - x(y_{\min})\right| \tag{3-1}$$

$$TTS = \frac{2\left|f(y_{\max}) - f(y_{\min})\right|}{frame} \tag{3-2}$$

式中,DTS 为摆动距离,单位为 m;$x(y_{\max})$ 和 $x(y_{\min})$ 分别为行驶轨迹到达横向位置最大值和最小值时所对应的纵向位置,单位为 m;TTS 为摆动时间周期,单位为 s;$f(y_{\max})$ 和 $f(y_{\min})$ 分别为车辆轨迹到达横向位置最大值和最小值时所对应的视频帧;frame 为视频帧率,本书取 25 帧/s。

(2)轨迹横向摆动幅度。

轨迹横向摆动幅度(简称横向摆幅)反映了车辆在车道内行驶时的轨迹横向震荡行为,表现为车辆轨迹在一定范围内的左右波动,其值为车辆在一次或一次以上摆动周期内轨迹最大横向位置与最小横向位置的差值,计算方法见式(3-3):

$$LA = y_{\max} - y_{\min} \tag{3-3}$$

式中,LA 指横向摆动幅度,单位为 m;$y_{\max}$ 指车辆轨迹的最大横向位置,单位 m;$y_{\min}$ 指车辆轨迹的最小横向位置,单位为 m。

2)轨迹横向偏移指标

为了刻画行驶车辆相对于车道中心线的横向偏移行为,本书提出了期望轨迹偏移量指标,即车辆期望轨迹相对于车道中心线的横向距离,反映的是驾驶员的轨迹选择偏好。这里的期望轨迹是指车道保持工况下在车道内所有轨迹点的纵坐标均值,反映了驾驶员期望的车辆横向位置,行驶轨迹线通常围绕其左右摆动,如图 3-8 所示,图中 $y_{\text{left},i}$ 为车道 i 的左侧标线位置,$y_{\text{mid},i}$ 为车道 i 的中心线位置,$y_{\text{right},i}$ 为车道 i 的右侧标线位置。

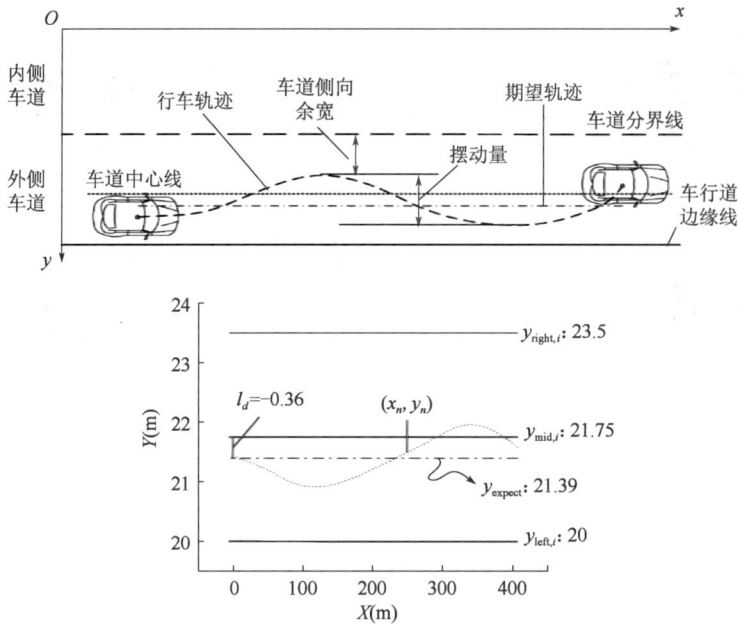

图 3-8 期望轨迹以及期望轨迹偏移

期望轨迹的具体计算方式为:用纵坐标(y 轴)表征车道标线所在位置,以某辆车的轨迹为算例,将其轨迹点坐标$\{(x_i,y_i),i=1,2,\cdots,n\}$与道路标线坐标叠加在同一坐标系内,得到轨迹线-道路标线的拓扑关系,轨迹点纵坐标的平均值即为期望轨迹,计算式见式(3-4);期望轨迹与车道中心线的横向距离为期望轨迹偏移量,计算式见式(3-5):

$$y_{\text{expect}} = \frac{1}{n}(y_1 + y_2 + \cdots + y_n) \tag{3-4}$$

$$l_{\text{d}} = y_{\text{expect}} - y_{\text{mid},i} \tag{3-5}$$

式中,y_{expect}为期望轨迹;l_{d}为期望轨迹偏移量。当期望轨迹在行车道中心线左侧时,期望轨迹偏移量为负,反之为正;n 为轨迹点个数,y_i 为车辆第 i 个轨迹点的纵坐标。

3.1.4 轨迹数据筛选与处理

为了实现高速公路车辆轨迹行为的精细化分析,从视频图像中提取了每辆车的车型、车道位置、轨迹坐标、平均行程速度以及车身尺寸等数据。由于航拍轨迹数据量非常庞大,对视频拍摄范围内全程未换道的车辆轨迹数据进行筛选和处理。

对于实车驾驶数据,将车载 Mobileye 630 输出的数据文件导入到 Excel 或 Origin 等常用数据处理软件中,抽取时间戳、"车辆中心点-车道线"横向距离、速度、障碍物数据等数据列。通过行车记录仪视频回看试验过程中的行驶画面,记录车辆经过每个路段单元的起止时间,截取在该时间段内的 Mobileye 数据列。实车驾驶试验共开展了 13d,沪渝高速公路试验路段的局部位置有 2d 时间在进行养护施工,对受施工影响的这部分数据进行了剔除。

3.2 车辆轨迹横向摆动特征

对于高速公路而言,行车道宽度的主要控制因素是车身尺寸(主要是车辆宽度)、驾驶员对行车道的使用程度和车道侧向余宽。作者在分析国内外高速公路轨迹数据以及国内高速公路实车驾驶数据时发现,车辆在车道保持行驶工况下,行进过程中的行驶轨迹存在非常明显的横向摇摆现象,即车身横向位置并不是一条直线而是左右摇摆,本书称其为轨迹横向摆动。轨迹横向摆动的时间历程曲线呈现正弦(余弦)波动特征,存在波动周期和摆幅。

行驶轨迹的横向摆动是车辆对行车道宽度使用程度的一个主要表征,车辆宽度既定时,轨迹横向摆幅越大,车辆占用的行车道宽度越多。目前我国高速公路行车道标准宽度为3.75m,对车道宽度值起控制作用的是大型车(重型货车和大客车),其车身宽度为2.55~2.6m,而小客车宽度的众数值和中位值均为1.85m左右,比大型车窄0.75m。如果大型车的横向摆动行为与小客车类似,具有相同或者相近的摆幅,那么,在维持侧向余宽相同的条件下,小客车行车道宽度可以显著降低。

为此,对车辆轨迹数据进行处理,提取每辆车的轨迹横向摆幅,分析小型车(轻型车)和大型车的轨迹横向摆动特征及其影响因素,比较大型车和小型车横向摆动行为的差异性,分析轨迹横向摆动与行驶速度、车道位置、车道宽度等因素的关联性,可为轻型高速公路的行车宽度确定提供数据支撑和科学依据。

3.2.1 车辆行驶速度分布特征

为量化评价车辆的横向摆动情况,以道路中心线方向和横断面方向为坐标轴建立平面坐标系,对于一次完整的轨迹摆动过程,摆动周期内行驶轨迹的起点和终点的坐标分别记为(x_1, y_1)和(x_2, y_2),对上述数据进行运算,可以得到轨迹横向摆动幅度 LA 和行驶距离 L,对这两个参数除以行驶时间 t,可进一步得到车辆在摆动过程中沿横轴的平均速度 v_y 和纵向行驶速度 v_x。车辆摆动过程示意如图3-9所示。

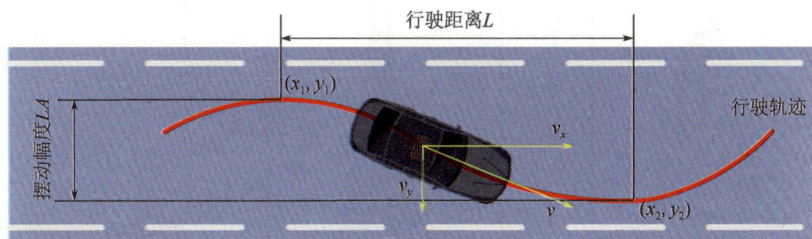

图 3-9 车辆摆动过程示意

对 HighD 数据集中两类车型(小型车和大型车)的速度数据进行统计汇总,对双向四车道和双向六车道高速公路分别以 3km/h 和 1km/h 为划分长度,统计两种车型的速度分布,然后以高斯曲线对速度的频数分布进行拟合,如图3-10所示。从图3-10中可以看出,德国高速公路的车辆行驶速度存在以下特征:

（1）不管是双向四车道高速公路还是双向六车道高速公路，两种车型的平均速度均符合正态分布，正态拟合曲线峰值对应的速度值（众数值）可以表示速度偏好值，双向四车道小型车的速度偏好值为116.47km/h，大型车的速度偏好值为86.16km/h，两种车型的速度偏好值相差近30km/h。双向六车道高速公路小型车的速度偏好值为113.29km/h，大型车的速度偏好值为86.51km/h，与双向四车道高速公路的速度偏好值差异不大。

（2）四车道高速公路两种车型的平均速度具有显著差异（$P < 0.01$），小型车的速度主要分布范围为80～160km/h，平均速度为116.97km/h，速度标准差为18.32km/h；大型车的速度主要分布于80～92km/h，平均速度为86.73km/h，速度标准差为5.87km/h。即大型车的速度分布更集中，而小型车的速度分布较为离散，这表明职业驾驶员（大型车）的速度行为更具有趋同性。

（3）六车道高速公路两种车型的平均速度同样具有显著差异（$P < 0.01$），小型车的平均速度为109.12km/h，速度标准差为21.72km/h，大型车的平均速度为85.22km/h，速度标准差为10.90km/h；即大型车的速度选择行为的趋同性更强，但相对于四车道高速公路而言，两种车型的速度分布都更加离散。

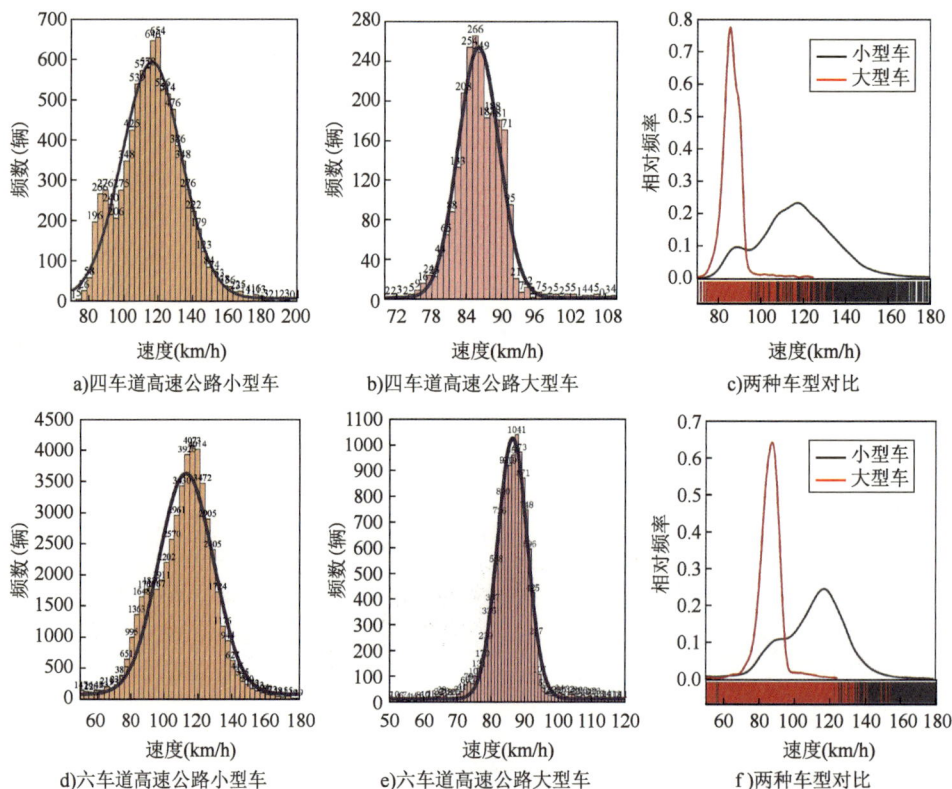

图3-10　双向四车道和双向六车道高速公路两种车型速度分布

为了更加直观对比小型车和大型车在速度水平上的差异，绘制了两种车型行驶速度的相对频率分布曲线，如图3-10c）和f）所示。由图3-10c）和f）可知，两类道路同一车型的速度分布近乎一致,大型车的相对频率曲线呈现单峰分布并在 85km/h 左右出现峰值,行驶速度主要集中在 85km/h±10km/h;而小型车的频率曲线呈双峰状分布,在 85km/h 左右出现第一个峰值,在 117km/h 附近出现第二个峰值(也是众数值),其中第一个峰值与大型车的峰值位置几乎重合,其原因可能是该部分轻型车辆受到大型车的影响比如跟在货车后面行驶,而保持与大型车近似的行驶速度。同时,小型车的速度离散性远高于大型车,并且有相当数量小型车的行驶速度超过 120km/h。

从中国高速公路轨迹数据集中提取小客车和大型车的行驶速度,然后再进行统计分析得到小客车和大型车的速度分布直方图,如图 3-11 所示。从图 3-11 中可以看出,两类不同车型行驶速度也有如图 3-10 所示的规律。小客车和大型车的速度均值分别为 107km/h 和 79.96km/h,两种车型之间的速度差值为 27km/h,均略低于德国高速公路。

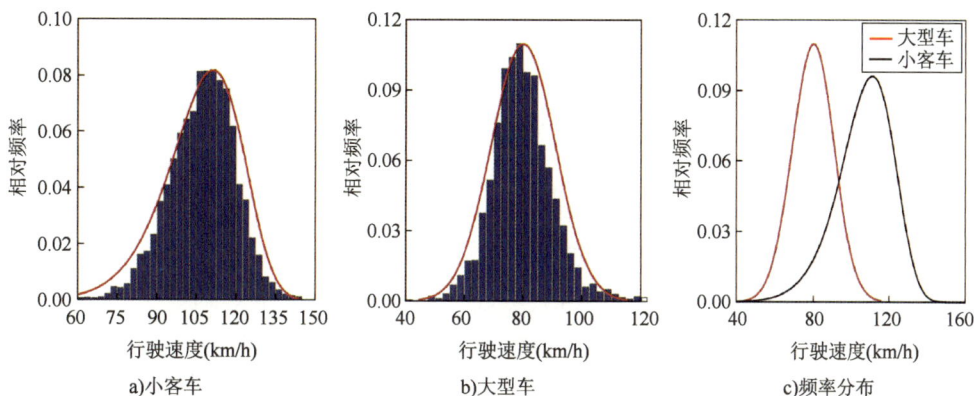

图 3-11 不同车辆类型行驶速度分布和正态性检验

3.2.2 车辆轨迹横向摆幅和摆动周期

为了直观展示两种车型的轨迹分布差异,对 HighD 数据集进行了随机抽样。HighD 数据集中的小型车与大型车的数量比约为 4:1,在保证最小数据量的基础上选取小型车的采样频数为 4000 辆,大型车为 1000 辆,计算两种车型的轨迹行为指标。图 3-12 是轨迹横向摆幅的频数分布曲线和累计频率曲线。从图 3-12a)中可以看出,两种车型的轨迹横向摆幅呈左偏态分布,其中小型车的轨迹横向摆幅分布在 0.05 ~ 1.75m 范围内;大型车轨迹摆幅的分布区间为 0.13 ~ 1.25m,可见大型车的摆动幅度下限值与小型车相近,但上限值却明显低于小型车。从图 3-12b)可以看出,小型车轨迹的横向摆幅略高于大型车,但在整体上差异不大。这是由于大型车车身较宽,车道侧向余宽和安全裕量较小,促使驾驶员维持较高的车道保持能力,因此大型车的轨迹横向摆动幅度并未高于小型车。小型车轨迹的平均横向摆幅为 0.587m,大型车为 0.560m;85 分位横向摆幅小型车为 0.85m,大型车为 0.82m,可以认为小型车与大型车横向摆幅基本相同。

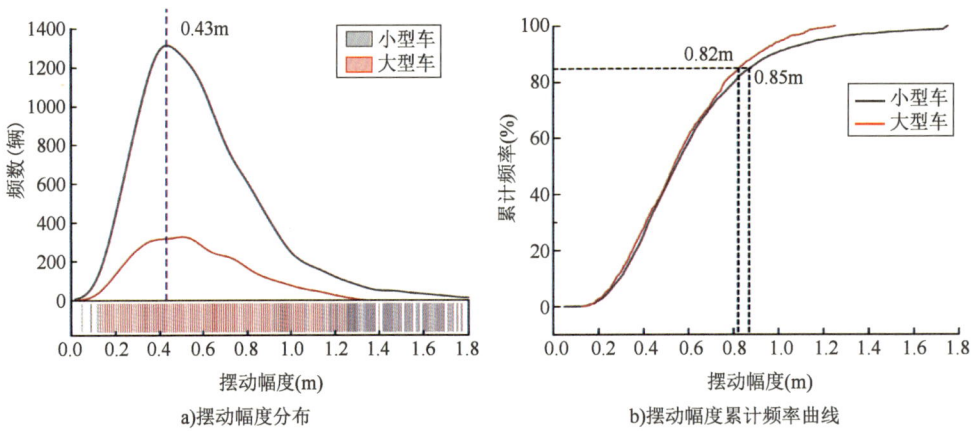

图 3-12　两种车型的轨迹摆动整体特征

　　现行规范中的行车道宽度主要是基于大型车尺寸和运动行为确定,由于小客车显著窄于大型车,但其轨迹横向摆幅与大型车非常接近,小客车行车道宽度可以在现有车道宽度基础上适当收窄。

　　车辆轨迹的摆动周期可以体现其每次横向摆动的时间,图 3-13 为半个摆动周期内的行驶距离,大型车在摆动周期内的行驶距离类似于平峰分布,而小型车则为多峰分布,其值主要分布在 135~400m 范围内。大型车的频数分布曲线幅值波动较小,而小型车的频数分布波动较大,在 135~400m 范围内出现了多次波动,在行驶距离为225m、330m 和 400m 时出现了三次峰值。该现象与小型车的行驶速度分布较为离散有关,另外,小型车驾驶员的驾驶习惯存在多样性可能也是一个原因。从图 3-13b)可以看出,两类车型的累计频率曲线几乎完全重合。

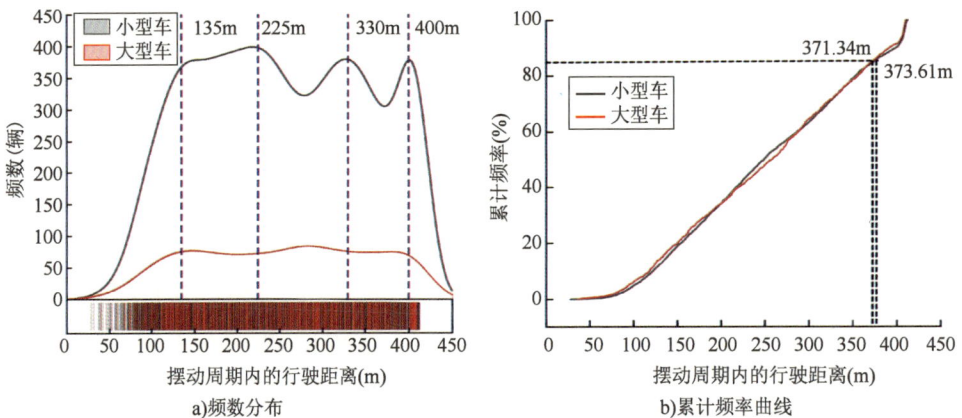

图 3-13　轨迹摆动指标的累计频率分布曲线

　　HighD 数据集的大型车既包括三轴和四轴货车、中巴车、大巴车,还包括半挂车等,其车身尺寸和动力性能差异悬殊。因此,本书采用聚类方法,以车辆长度和宽度为分析变量,对车辆类型做了进一步细分。在比较了各种聚类方法后,选择 K-means 算法来提高车型分类的精确性。本书使用样本聚类的 SSE(误差平方和)来确定 k 值,其原理是,

当 k 值小于簇的实际数量时,每个簇的聚合度将随着 k 值的增大而显著增加,即 SSE 值减小;然而,当 k 值达到一定水平时,SSE 值不再随着 k 值的增加而减小。经过计算,最佳 k 值被确定为 3,据此对 HighD 数据集的车型重新分为 3 类,结果如图 3-14 和表 3-3 所示。

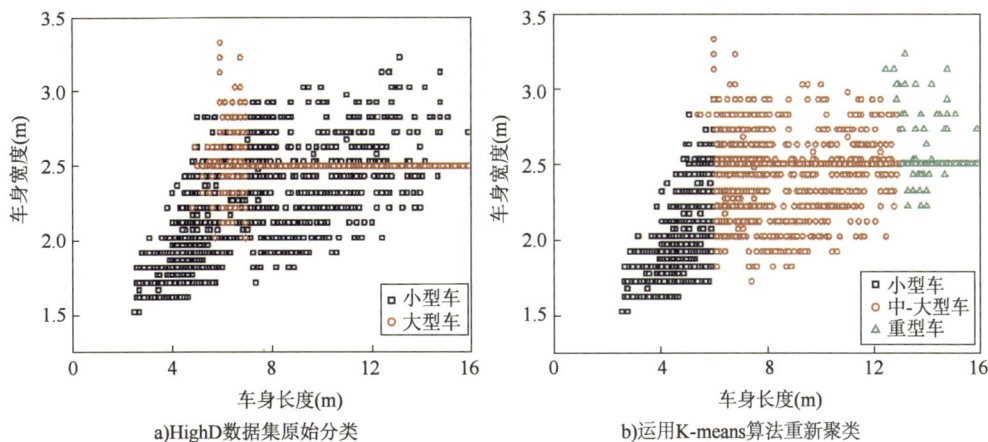

a)HighD数据集原始分类   b)运用K-means算法重新聚类

图 3-14   HighD 数据集的车型重新聚类与车型划分

聚类中心以及聚类结果   表 3-3

参数值	Type A	Type B	Type C
聚类中心	(4.78,1.93)	(9.92,2.47)	(17.12,2.50)
车辆数(辆)	26509	4198	4516
百分比(%)	75.3	11.9	12.8
四车道高速公路(辆)	3459	635	688
六车道高速公路(辆)	23050	3563	3828
车型类别	小型车	中-大型车	重型车

使用同样的聚类方法和聚类标准,根据车身长度对 CQSkyEyeX 数据集(重庆绕城高速公路和渝蓉高速公路)中的车辆进行车型聚类。根据车型聚类结果,将轨迹行为指标数据进行归类。图 3-15 是三种车型的轨迹横向摆幅的频数分布曲线和累计频率曲线。图 3-15 中同时给出了 HighD 数据集和 CQSkyEyeX 数据集的分析结果。德国高速公路的运行环境与我国有些类似,但在车辆性能、交通运行管理和驾驶行为方面,与我国又有较大的区别,有必要明确这些因素是否会导致车辆运动学行为方面的差异性。为此,需要进行中德两国轨迹行为分析结果的对比验证。图 3-16 以双向六车道高速公路为例给出了中国和德国高速公路轨迹横向摆幅分布的分析结果,表 3-4 给出了两国轨迹横向摆幅的统计特征值。对图 3-15、图 3-16 和表 3-4 中的分布曲线和数据进行分析,能够得到以下结论:

(1)对于同一种车型而言,中国高速公路的车辆轨迹横向摆幅分布与德国高速公路非常近似,都是左偏态分布,并且众数值和分布范围也非常接近。

(2)尽管三种车型虽然在外廓尺寸、质量和比功率等方面存在显著的差异性,但轨迹摆动量的分布形态和特征点却高度接近,表明车型对于轨迹横向摆动的影响不大。

(3)对不同车型的轨迹摆动量进行对比,三类车型轨迹摆动的大小关系为小型车＜重型车＜中-大型车,中-大型车主要行驶在中间车道和外侧车道,是中间车道的主要车型,超车和与右侧车道重型货车并行的行为较多,这表明轨迹摆动量与车道位置可能存在相关性。

（4）中国高速公路车辆轨迹摆幅分布的曲线形态、分位值都与德国高度接近,其中中国小型车的摆动幅度略高于德国,大型车的摆动幅度略低于德国,这是由于我国内侧和中间车道的宽度为3.75m,而德国相同位置的车道宽度值为3.5m,即更宽的车道带来更大的轨迹自由度所致。德国3.5m的中间车道缩减了并行时的车身间距,使得外侧车道的大型车驾驶员需要更加注意横向距离的避让,因此横向摆幅较中国大型车稍大。

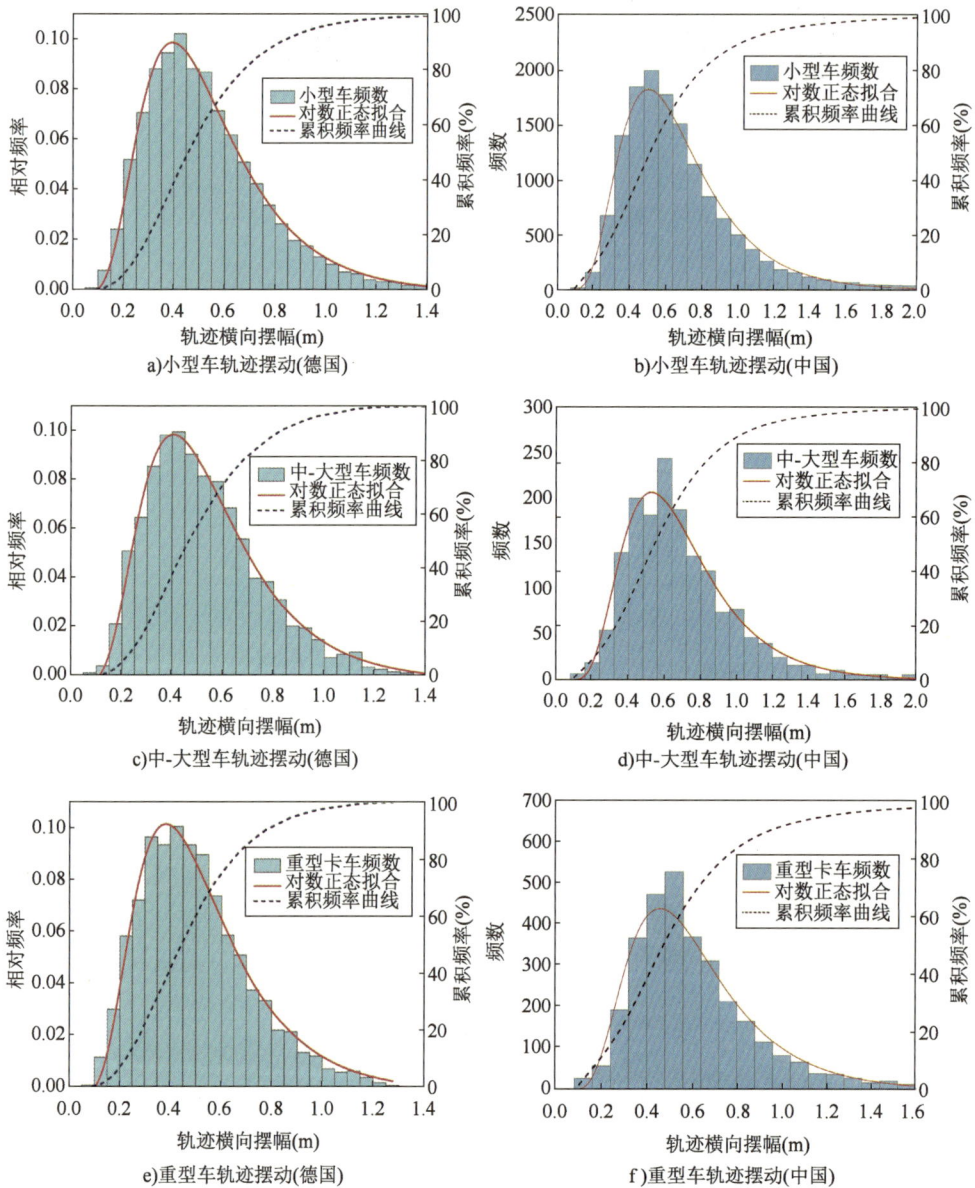

图3-15　车辆轨迹横向摆动的相对频数分布和累积频率曲线

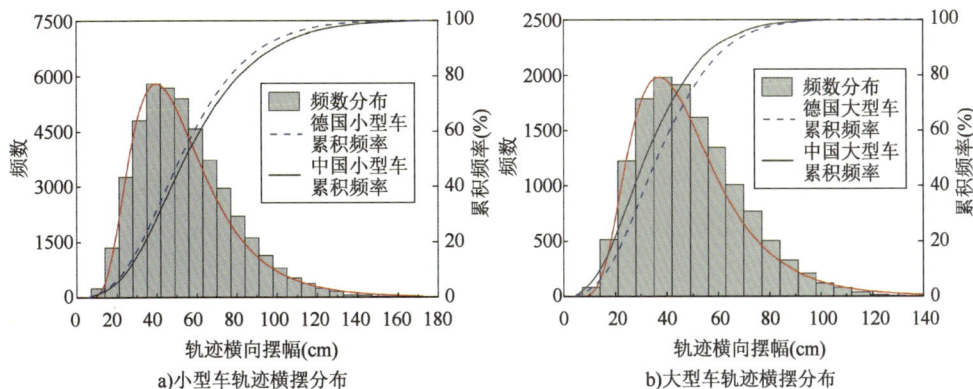

a)小型车轨迹横摆分布　　　　　　　　　　b)大型车轨迹横摆分布

图 3-16　中国和德国六车道高速公路轨迹横向摆幅的对比

中德两国双向六车道高速公路轨迹摆幅比较（m）　　　　　　　表 3-4

统计量	轨迹摆动幅度			
	中国小型车 （CQSkyEyeX）	德国小型车 （HighD）	中国大型车 （CQSkyEyeX）	德国大型车 （HighD）
平均值	0.57	0.53	0.44	0.48
15 分位值	0.32	0.31	0.24	0.28
中位数	0.52	0.50	0.41	0.46
85 分位值	0.83	0.78	0.63	0.7
标准差	0.25	0.23	0.19	0.19

3.2.3　车速对轨迹横向摆动的影响

　　已有的研究表明,行驶速度的变化会改变驾驶员的心理状态和风险感知水平,进而会影响驾驶员的轨迹操控行为,因此需要考虑速度对轨迹摆动的影响。图 3-17 给出了德国不同车型速度-轨迹摆幅的二维分布热力图。从图 3-17 中可以看出小型车与大型车在速度分布区间上有明显区别,但速度-轨迹摆幅的二维分布都是呈现左右对称的分布形态,其对称轴大致位于平均速度附近。相比较之下,小型车平均速度偏高且速度更加离散,但两种车型的摆动幅度分布却没有产生显著差异。

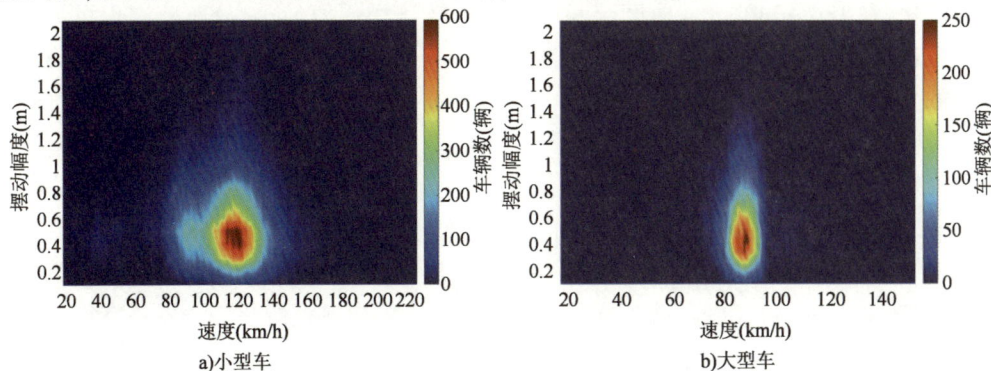

a)小型车　　　　　　　　　　　　b)大型车

图 3-17　车辆摆动幅度与速度的关系

为进一步了解速度与轨迹摆幅之间的相互关系,将各车型的速度分布区间按一定间隔进行划分,分别统计每个子区间内轨迹摆幅分布的典型分位值。由于不同车型的速度分布区间有较大差异,划分速度区间时小型车按 10km/h 间隔进行划分,大型车按 5km/h 的间隔进行划分。以两种车型行驶速度分布比较集中的区间为研究范围,小型车速度分析范围为 70 ~ 160km/h,以 10km/h 为固定间隔划分成 9 个速度区间;大型车速度分析范围为 70 ~ 110km/h,以 5km/h 为固定间隔划分成 8 个区间。

两种车型的轨迹摆动指标与速度关系的计量热力图如图 3-18 所示,横坐标为速度区间,纵坐标为轨迹摆动幅度,方格内的数字代表该区域内的车辆数。从图 3-18a) 中能看到随着小型车行驶速度的增加,中低横向摆幅的车辆数逐渐增加,高摆幅的车辆数逐渐减少,但总体来看,轨迹横向摆动对速度的变化不敏感。大型车的轨迹摆幅随速度变化如图 3-18b) 所示,呈现了与小型车类似的特征。

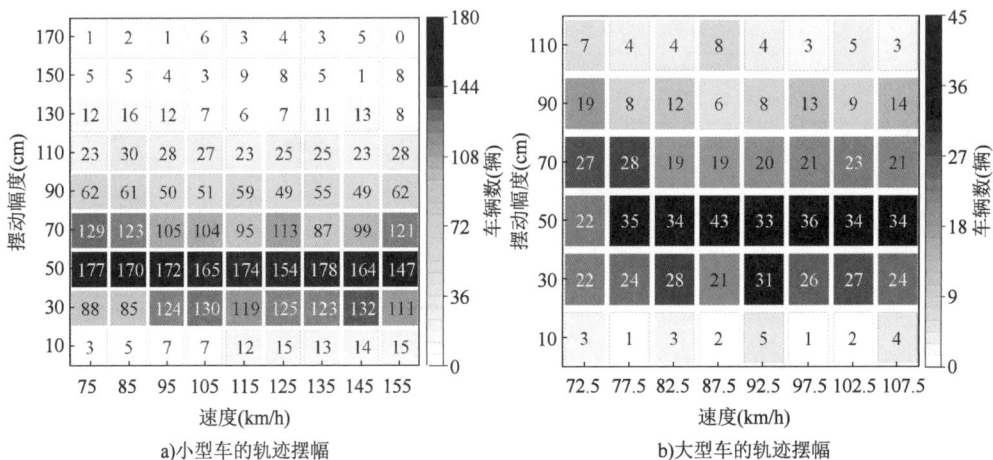

a)小型车的轨迹摆幅   b)大型车的轨迹摆幅

图 3-18　轨迹摆动指标与速度关系的计量热力图

轻型高速公路的特点是小型车同质交通流的快速平稳运行,因此高速工况下的车辆运动学行为是本书关注的重点。图 3-19 是行驶速度在 100 ~ 170km/h 范围内变化时的小型车辆轨迹横向摆动变化情况,每个速度间隔范围的样本数为 500 辆小型车。小型车的轨迹摆幅在整体上保持着相对平稳的趋势,但在部分速度区间内存在一定的趋势性变化,在 130 ~ 140km/h 速度区间内的车辆轨迹摆幅值最小,分布范围也更集中。根据轨迹摆幅均值连成的折线,轨迹摆幅在 110 ~ 140km/h 的速度范围内呈现出轻微降低的变化趋势,之后又有轻微的增加。这表明高速公路行驶环境下车辆轨迹横向摆幅与行驶速度之间在整体上不存在显著相关性。

为探究在国内高速公路行驶环境下,车辆速度对轨迹摆动量的影响,选取 CQSkyEysX 数据集内侧车道的小客车作为研究对象,绘制轨迹横向摆幅随行驶速度变化的折线图,如图 3-20 所示。结果显示不同区间速度下的摆动量在统计学上存在显著差异,当速度在 80 ~ 130km/h 范围内增加时,小客车的轨迹摆幅呈轻微振荡特征,未出现明显的变化规律,受速度影响较小;但在 90 ~ 110km/h 范围内速度提高时轨迹横摆呈轻微下降趋势。

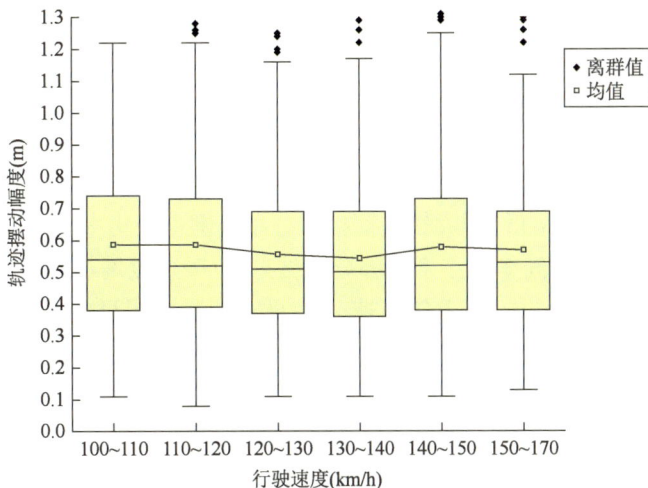

图 3-19　速度-轨迹摆幅(总体抽样)

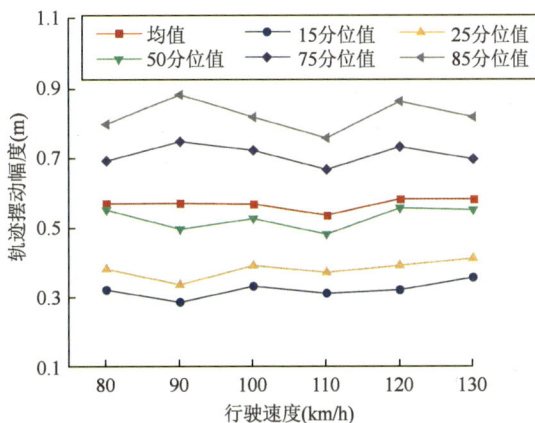

图 3-20　内侧车道小客车速度与轨迹摆幅

综上,尽管德国和中国的高速公路在车型组成、车辆性能和交通运行管理上存在一定的差异性,但整体来看,不管是德国还是中国,车辆行驶速度对轨迹横向摆幅的影响均不显著。速度在局部范围内的改变会导致轨迹横向摆幅发生小幅变化,其中德国高速公路在行驶速度为 130km/h 时轨迹横向摆幅最小,而中国是在 110km/h 时轨迹摆幅最小。

3.2.4　车道位置对轨迹横向摆动的影响

不同的行车道位置决定了车辆两侧差异化的行驶环境,因此,行车道位置会对驾驶员的轨迹控制行为产生影响。以双向六车道高速公路为例来分析车道位置的影响,按照所处位置将车道划分为内侧车道(毗邻中央分隔带)、中间车道和外侧车道,然后探讨不同车道位置对小型车轨迹横向摆幅的影响。

对 HighD 轨迹数据集和 CQSkyEyeX 数据集的分析结果进行对比分析,根据小型车的行驶速度分布特征,德国科隆高速公路小型车的速度分析范围为 100~170km/h,重庆高速公路小型车的速度分析范围为 90~130km/h,并以 10km/h 为间隔划分速度区段。图 3-21a)和 b)是内侧车道的统计分析结果,可以看出行驶速度增加时轨迹摆幅的变化很小,德国高速公路的小型车在 130~140km/h 速度区间内的轨迹摆幅将达到最小值,且该区间内轨迹摆幅的分布范围最集中。相比之下重庆高速公路的车辆轨迹摆幅是在 100km/h 时达到最低,同时轨迹摆幅的分布范围也最集中。

图 3-21c)和 d)是中间车道小型车的分析结果,行驶速度增加时德国高速公路小型车轨迹摆幅呈现轻微增加趋势;重庆高速公路并未呈现出明显的增长或是下降趋势。因此,车道位置对轨迹横向摆幅有一定的影响,这种影响主要是不同车道位置两侧差异化的道路环境所导致,比如内侧车道左侧为固定的中分带,而中间车道的左侧为内侧行车道的行驶车辆,即中间车道车辆的运行受左侧环境影响更大。

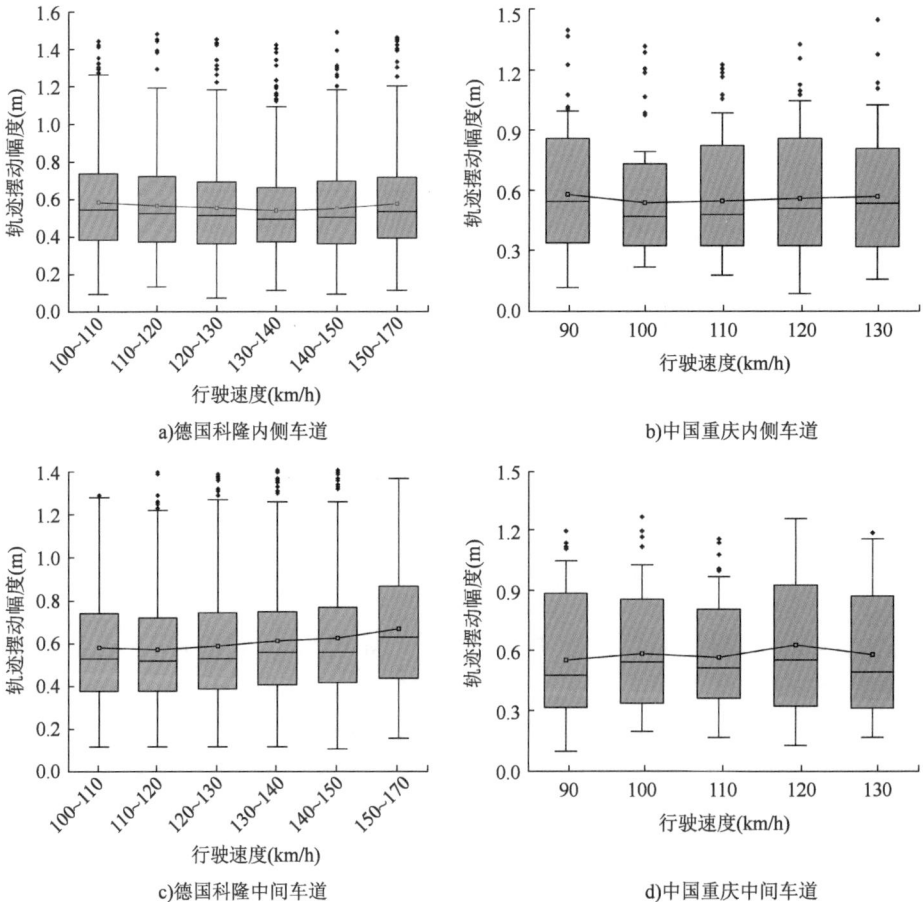

图 3-21 不同车道位置的小型车速度-轨迹摆幅关系

小型车和大型车在三种车道位置行驶时的轨迹摆幅特征如图 3-22a)所示,数据来源为德国 HighD 数据集。小型车和重型货车在内侧车道的轨迹摆幅最小,在外侧车道最大,随着车道位置由内向外轨迹横摆呈现线性增加的趋势。实际观测中发现小型车在外侧、中间、内侧车道的行驶速度呈依次增加的变化趋势,因此,可以认为在高速行驶环境下(速度≥80km/h),速度越快,小型车的轨迹摆幅越小。由于外侧车道的宽度值最大,并且右侧硬路肩为驾驶员提供了一定的侧向余宽,这也导致轨迹横向摆动有所增加。相比之下,中-大型车在中间车道的轨迹摆幅最小,最大值同样出现在外侧车道,由于车身尺寸较大,在中间车道行驶时需要同时兼顾左右两侧的安全距离,因此驾驶员更倾向于保持车道中心线行驶,使得轨迹横向偏移和摆动幅度减小。中间车道小型车的轨迹摆幅均显著高于重型货车,这同样与小型车的车身尺寸较小有关,有较大的车道侧向余宽可供驾驶员使用。

图 3-22b)给出了中国不同车型和车道位置相组合对轨迹横向摆动的影响,与德国高速公路相对比,能够看出两个国家轨迹横向摆动影响因素的差异性,主要表现为德国高速公路小型车和大型车的横向位置从内侧车道、中间车道、外侧车道变化时轨迹横向摆动幅值是依次递增;中型车的轨迹横向摆幅与车道位置的相关性不大。相比之下,我国小客车在中间车道上的轨迹横向摆动最大,其次为外侧车道,这是由于德国高速公路的中间车道是 3.5m 宽,而我国是 3.75m 宽,即更宽的行车道宽度所致;而对于中-大型车而言,车道位置从内向外变化时轨迹横向摆幅是逐渐增加。

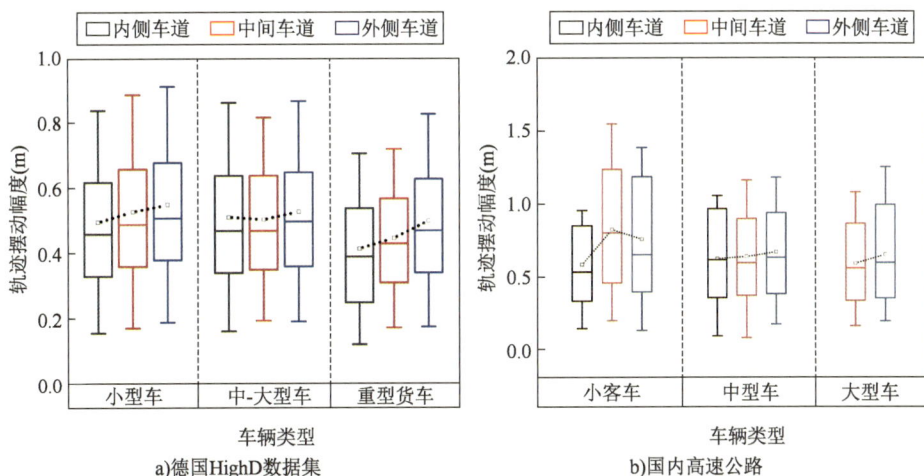

图 3-22　车型和车道位置对轨迹横向摆幅的混合影响

3.2.5　行车道宽度对轨迹横向摆动的影响

为了对比车道宽度缩减后对小客车的影响,选取了 3.5m(德国)和 3.75m(中国)宽度车道的轨迹摆幅进行对比。为了尽量减小其他因素的影响,选取中国和德国双向六车道高速公路内侧车道作为对比对象,绘制轨迹横向摆幅概率密度曲线和累积频率曲线并叠加在同一个坐标系内,如图 3-23 所示。从图 3-23 中可以看出,当车道宽度缩减 25cm 后,小客车的轨迹横向摆动幅度 85 分位值和均值分别降低了 5cm 和 4cm,标准差分别为 0.24 和 0.22,离散程度略有降低。说明**相较于 3.75m 的行车道,3.5m 的车道宽能小幅提高驾驶员对车辆横向位置的控制,进而降低车辆轨迹的横向摆动**。

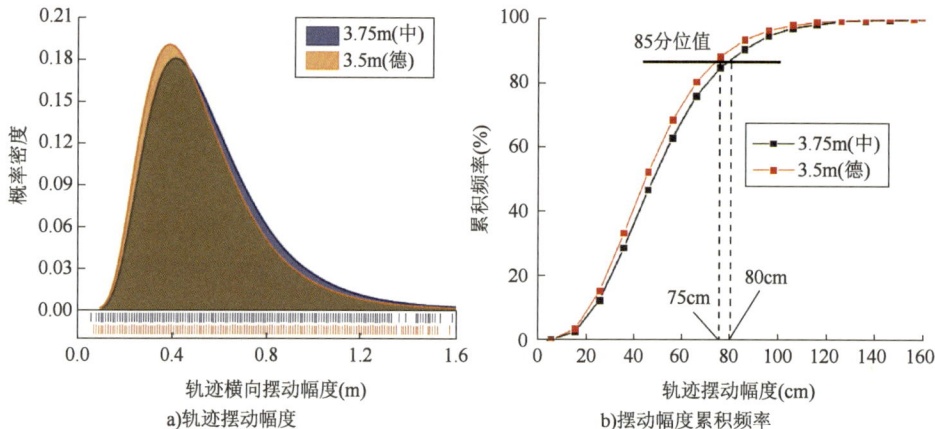

图 3-23　不同车道宽度下小客车轨迹摆幅分布图(内侧车道)

3.2.6　小结

基于多源海量实车轨迹数据的分析结果表明,高速公路环境下车辆在车道内行驶时,几乎所有车辆都存在周期性的横向摆动行为,而且中国和德国的高速公路具有类似的车辆轨迹横向摆动特征。

(1)整体来看,小型车和大型车的轨迹摆幅均服从对数正态分布,小型车轨迹横摆的特征分位值和均值略高于大型车,中德两国小型车轨迹横摆的平均值为 0.57m 和 0.53m,85 分位值分别为 0.83m 和 0.78m;中德两国大型车轨迹横摆的平均值为 0.44m 和 0.48m,85 分位值分别为 0.63m 和 0.7m。

(2)中国高速公路的小客车轨迹横摆值略高于德国高速公路相同指标,中国高速公路大型车横摆值略低于德国高速公路,但在整体上中国和德国高速公路的车辆横摆值高度接近。

(3)中国高速公路小客车的轨迹摆幅是内侧车道最小、中间车道最大,大型车轨迹摆幅是外侧车道最大;德国高速公路小型车在内侧车道行驶时的横向摆动幅度最小,在外侧车道最大;大型车的轨迹摆幅也是呈同样的车道变化规律。

(4)车辆轨迹横向摆动幅度对速度变化不敏感,德国小型车行驶速度在 80 ~ 170km/h 范围内变化时,轨迹摆幅基本维持不变,大型车速度在 70 ~ 100km/h 范围内变化时也是呈同样的规律。中国小客车速度在 80 ~ 130km/h 范围内变化时轨迹摆幅轻微振荡,速度从 90km/h 增加至 110km/h 时 85 分位轨迹摆幅有轻微下降趋势;大型车行驶速度在 70 ~ 100km/h 范围内增加时轨迹摆幅有所增加。总体而言,行驶速度增加时两种车型的轨迹摆幅变化相对平稳,未见趋势性增加。

3.3　期望轨迹横向偏移特征

通过分析车辆在顺直路段的自然驾驶行为发现,驾驶员并不会严格将车辆中心保持在车道中心线位置,也无法始终沿直线行驶,即车辆轨迹点相对于行车道中心线有一定的偏移并且存在一定的摆动,因此,本书提出期望轨迹偏移量指标来描述车辆在车道内的轨迹行为特征,刻画车辆期望轨迹与车道中心线偏移的相对关系。本节基于高速公路自然驾驶轨迹数据,使用式(3-4)和式(3-5)计算了车道保持工况下车辆期望轨迹偏移参数,分析了车道位置、车型、车速等因素对轨迹偏移的影响,得到了中国和德国高速公路的车辆轨迹横向偏移特征、变化规律和影响因素。

3.3.1 期望轨迹分布特征

德国双向四车道高速公路车辆期望轨迹横向位置的分布特征如图3-24a)所示。其中,蓝色虚线为车道中心线,黑色虚线为车道分界线,从图中可以看出车辆与行车道中心线之间的横向位置关系,以及轨迹线与行车道中心线之间的横向距离,即轨迹横向偏移量。根据频数分布曲线峰值(即众数值)的位置,能够判断出内侧车道的车辆有靠左行驶的倾向(众数值位于车道中心线左侧),而外侧车道车辆是倾向于靠右行驶。表3-5给出了不同车道位置的轨迹偏移量统计特征值,其中内侧车道的货车占比为31.12%,车辆期望轨迹横向位置为1.710m(均值),横向偏移量为 − 0.165m(向左偏移);外侧车道货车占比为44.27%,期望轨迹横向位置为5.706m,横向偏移量为0.081m(向右偏移)。此外,两条车道轨迹横向位置的离散程度无显著差别。

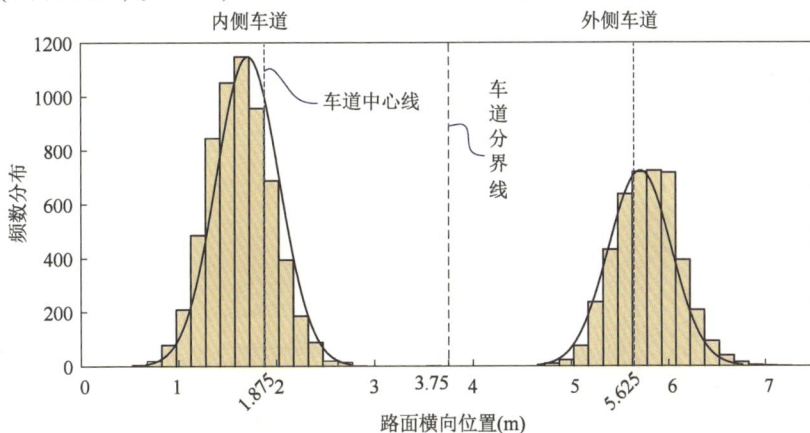

a)双向四车道高速公路期望轨迹分布

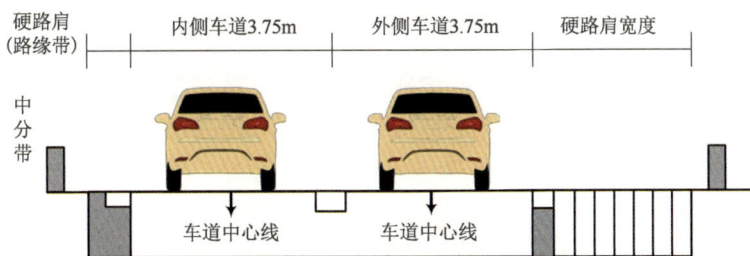

b)期望轨迹偏好位置剖面示意图

图3-24 德国双向四车道高速公路的期望轨迹偏移量

期望轨迹横向位置和偏移量分布统计（m）　　　　表 3-5

车道位置	中心线	平均值	偏移值	中位数	标准差	15 分位值	85 分位值	平均车速（km/h）
内侧车道	1.875	1.710	−0.165	1.702	0.322	1.379	2.046	121.39
外侧车道	5.625	5.706	0.081	5.707	0.324	5.364	6.034	96.520

　　根据期望轨迹横向位置分布曲线的众数值,绘制小型车在车道内的横向位置示意图,如图 3-24b)所示,来表征驾驶员的横向位置选择偏好。从图中能看到车辆在双向四车道高速公路的驾驶过程中,期望轨迹是偏向于靠近路幅外侧的一边,其原因为左侧和右侧硬路肩的存在会导致期望轨迹朝路肩一侧偏移,这与现有研究文献的研究结论一致。

　　驾驶员在内侧车道行驶时,视线易受到车道左侧的中央分隔带护栏、防眩板和绿化植物等物体的阻挡,产生视觉盲区,无法及时发现前方路面的异常路况,产生无法及时停车造成的事故风险。在各种车型中小型车为曲线路段视距最不利的车型,设置合理的横净距宽度对于保证小型车的行车视距非常重要,而其前提是获得精确的驾驶员视点位置。基于车辆轨迹横向位置实测数据的统计结果,用内侧车道车辆期望轨迹分布的第 15 百分位值作为驾驶员视点的水平位置,然后进一步计算保证停车视距所需的横净距。横净距的组成要素包括余宽 C、左侧路缘带宽度、驾驶员视点与左侧车道线之间的横向距离,如图 3-25 所示,其中内侧车道视点位置与左侧车道线横向距离的计算值为 0.9m。根据《标准》对中央分隔带布设的规定,设计速度为 120km/h,双向四车道高速公路内侧车道横净距值应取 2.15m。

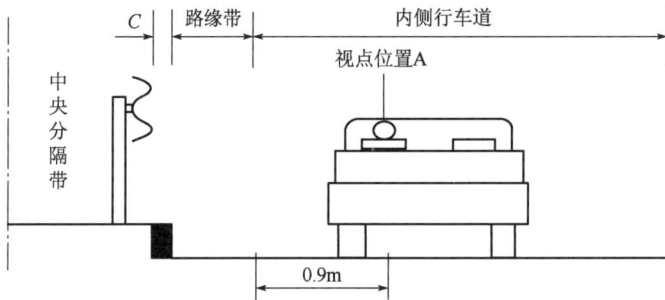

图 3-25　高速公路中央分隔带 C 值和横净距示意图

　　德国双向六车道高速公路车辆期望轨迹的横向位置分布和偏移量如图 3-26a)和表 3-6 所示。内侧车道、中间车道和外侧车道的期望轨迹横向位置的均值分别为 1.423m、5.185m 和 9.175m,横向偏移值分别为 −0.327m、−0.065m 和 0.3m,相较于车道中心线分别呈现出左偏、左偏和右偏倾向。采用期望轨迹分布曲线的众数值来表征车辆在车道内的横向位置偏好,绘制示意图如图 3-26b)所示。即车辆在自然驾驶状态中,左右两侧车道的车辆期望轨迹更倾向于在靠近邻近的路肩一边行驶,且一些车辆存在骑压标线和路肩的行为,而中间车道车辆的期望轨迹与车道中心线重合度较高。这是因为两侧车道外侧的路肩为车辆提供了侧向安全净距和额外的可利用空间,偏移之后与同向并行车辆的横向间距增加,有利于减小驾驶员心理负荷;而中间车道车辆需要与外侧车道大型车并行,由于大型车车身宽、质量大,驾驶员感知到的安全风险和压迫感更强,因此会向左调整车辆位置,与外侧车道大型车保持更大的距离。

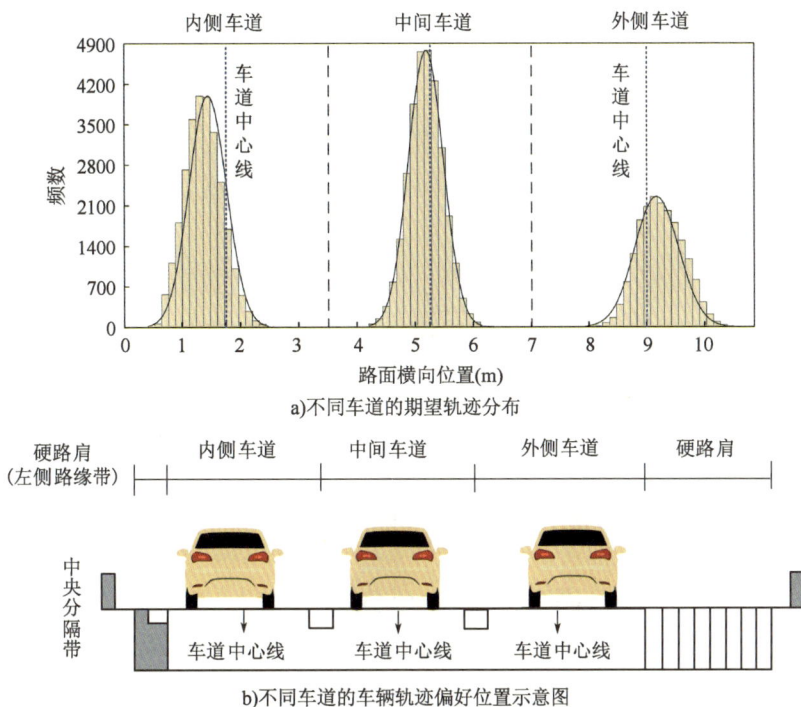

a)不同车道的期望轨迹分布

b)不同车道的车辆轨迹偏好位置示意图

图 3-26 德国双向六车道高速公路期望轨迹偏移量

德国高速公路期望轨迹偏移量统计表(m) 表 3-6

车道位置	中心线	平均值	偏移值	中位数	标准差	15 分位值	85 分位值	平均速度(km/h)
内侧车道	1.750	1.423	-0.327	1.427	0.349	1.081	1.773	117.640
中间车道	5.250	5.185	-0.065	5.184	0.299	4.881	5.491	108.060
外侧车道	8.875	9.175	0.300	9.156	0.383	8.770	9.594	87.200

从期望轨迹横向位置的离散程度来看,双向六车道高速公路外侧车道(宽度为3.75m)车辆轨迹分布的离散性要大于内侧车道和中间车道(宽度均为3.5m),且中间车道离散程度小于内侧车道,说明车道越宽,提供给车辆的横移空间更大,轨迹离散程度也会增大;但中间车道驾驶员由于其两侧均存在运动车辆,为避免碰撞危险会与两侧保持侧向距离,期望轨迹的横向偏移和摆动会受到限制,轨迹横向位置的离散程度低于同宽度的内侧车道。因此,影响车辆轨迹选择行为的因素除了车道宽度之外,还有车道两侧的环境因素(如邻车情况、路侧设施)。

从中国高速公路轨迹数据集中提取车辆轨迹的横向位置,按照车道位置分别进行统计,得到车辆期望轨迹横向位置的分布曲线,如图3-27a)所示。从图中可以看出中国和德国六车道高速公路车辆轨迹的横向位置特征存在比较明显的差异性:德国内侧车道车辆轨迹横向位置的众数值位于车道中心线左侧,即内侧车道车辆更倾向于靠近左侧的中央分隔带行驶;相比之下,国内高速公路内侧车道车辆轨迹的横向位置众数值与车道中心线重合,车辆倾向于行驶在行车道中间。这是因为德国高速公路的中央分隔带更宽,在左侧硬路肩的左侧还设置有一定宽度的土路肩,为内侧车道车辆提供了更大的侧向安全宽度,导致驾驶员有往左侧靠拢的倾向。此外,另外一个不同点是德国高速公路外侧车道的车辆有明显的靠右倾向,而中国高速公路外侧车道的车辆(几乎都是大货车,小客车很少)更倾向于行驶在行车道中间,这是国内右侧硬路肩(应急车道)和安全净距宽度更窄所致。中国高速公路期望轨迹偏移量统计表见表3-7。

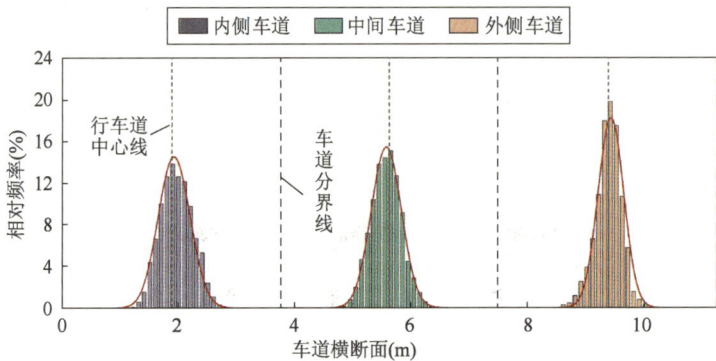

a)双向六车道高速公路期望轨迹分布

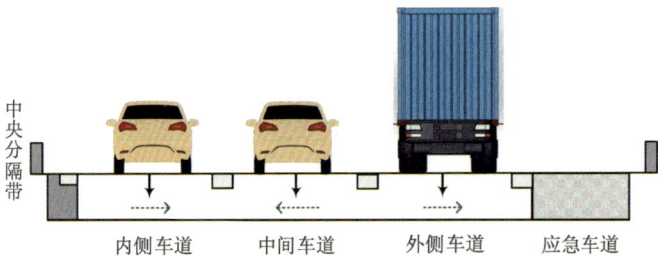

b)高速公路车辆轨迹偏好位置示意图

图3-27　中国双向六车道期望轨迹偏移量分布图

中国高速公路期望轨迹偏移量统计表(m)　　　　　　　　　表3-7

车道位置	中心线	平均值	偏移值	标准差	15分位值	50分位值	85分位值	样本数	平均速度(km/h)
内侧车道	1.875	1.885	0.100	0.335	1.524	1.887	2.238	1620	114.21
中间车道	5.625	5.576	−0.049	0.324	5.235	5.574	5.921	1391	101.49
外侧车道	9.375	9.531	0.156	0.295	9.217	9.562	9.844	1138	80.66

现有研究认为：双向六车道及以上的高速公路由于车辆更容易实现直行超越和换道超车，停走波相较于双向四车道高速公路更容易耗散，速度的平顺性更高，即车道数和横断面布局会影响车辆的驾驶行为。为此，将双向四车道/六车道高速公路的内侧车道和外侧车道期望轨迹分布进行对比分析，分析在不同横断面布置下相同车道的横向驾驶行为差异性。如图3-28a)所示，双向六车道高速公路内侧车道小客车更倾向于靠近左侧的中央分隔带行驶，即车道内偏左行驶的倾向性更强。图3-28b)是外侧车道车辆期望轨迹的横向位置分布，呈现了与内侧车道相反的规律，双向六车道高速公路外侧车道的车辆比双向四车道高速公路更倾向于靠车道右侧行驶。

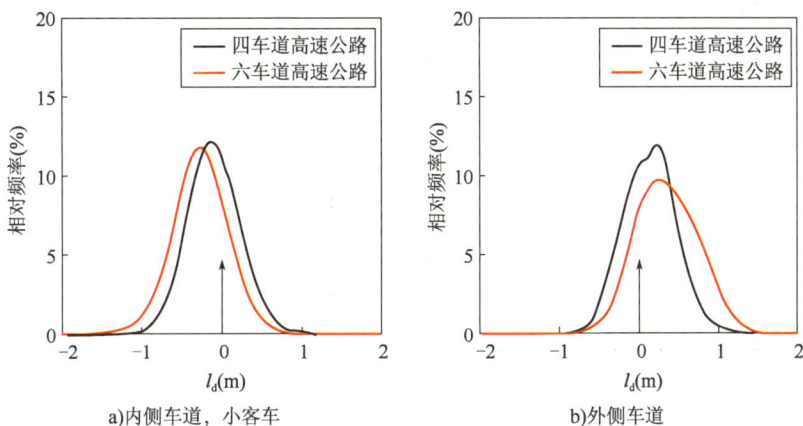

图3-28　双向六车道和双向四车道高速公路期望轨迹分布

3.3.2　行驶速度对期望轨迹偏移的影响

为明确与不同设计速度相对应的轻型高速公路横断面技术指标值，需要分析小客车驾驶员在不同速度条件下的轨迹控制行为特征。

1）德国高速公路的分析结果

根据车道数将观测路段分为双向四车道高速路段和双向六车道高速路段两类，图3-29和图3-30展示了两类路段小型车行驶速度与期望轨迹偏移的关系。纵轴0值所在的直线为车道中心线，当车辆期望轨迹位于车道中心线右侧时，轨迹偏移量为正，反之为负。从图中可以看到行驶速度增加时，内侧车道行驶车辆与中央分隔带护栏的横向距离有轻微的增加趋势，说明速度提高之后驾驶员对左侧安全余宽的需求增加；而中间车道车辆横向位置是随着速度的增加而向左偏移，即有远离外侧车道（交通组成主要为大型车）的趋势；外侧车道的车辆在速度增加时是趋向于靠近行车道中间行驶。

可以借助"安全场"理论来解释车速提高后轨迹行为的变化趋势：Gibson等认为驾驶员会根据感知到的"安全场"（field of safe travel）来调整车速和轨迹位置，如果运行状态偏离安全场，会造成驾驶员精神紧张或增加焦虑程度，进而产生持续的驾驶行为调整以将车辆运行状态控制在可接受的范围内，可以用车辆在行驶中所受到的场力来表征安全风险的水平，场力主要由势场强度、车辆的运动状态以及车辆属性决定的。行驶速度提高后车辆受到的场力也随之增大,内侧车道车辆横向偏移碰撞中央分隔带护栏产生的能量和危害程度更大,因此会产生远离中央分隔带护栏的趋势。对于中间车道的车辆而言,外侧车道行驶的货车会形成一个移动屏障,车速增加时车辆会向左侧横移获取更大的安全侧向空间。相应地,外侧车道车速增加后道路边界场的势场强度(约束作用)也得到加强,车辆保持在车道中心行驶的意愿更强。由于速度增加后的内侧车道的车辆有远离护栏的趋势,行车道应该往外侧(右侧)平移,即设计速度提升后,左侧路缘带宽度应该适度增加。

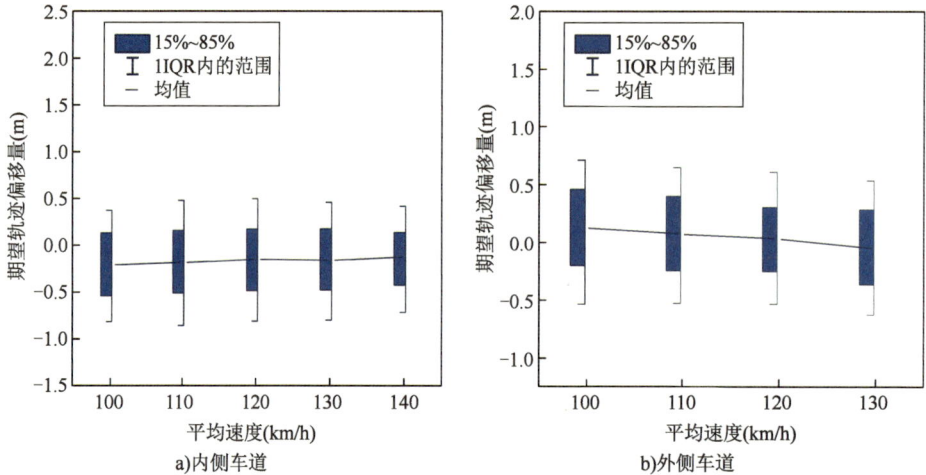

图 3-29　双向四车道高速公路小型车行驶速度与期望轨迹偏移量的关系

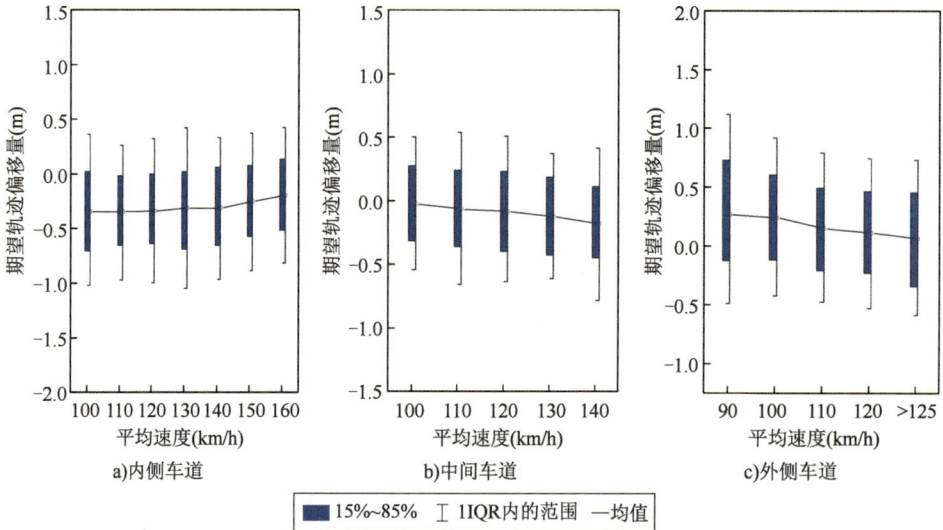

图 3-30　双向六车道高速公路小型车行驶速度与期望轨迹偏移量关系

2)中国高速公路的分析结果

从中国高速公路轨迹数据集 CQSkyEyeX 中提取不同车型的横向位置并计算出期望轨迹偏移量,图 3-31 按照不同车道位置分别给出了行驶速度与期望轨迹偏移的关系,纵坐标0值对应行车道中心线,当车辆位于车道中心线右侧时,期望轨迹偏移量为正,反之为负。从图中可以看出内侧车道小客车的轨迹横向偏移随速度增加出现先轻微增加然后稳定的趋势。由于向左的横向偏移会增加车辆碰撞护栏的概率和危害程度,驾驶员会产生操纵车辆远离中央分隔带护栏的倾向,当速度接近130km/h时,要高于相邻车道车辆速度,超越邻车的行为同样存在安全风险,驾驶员警惕性会提高,与中央分隔带护栏和邻车都保持一个相对安全的侧向距离。

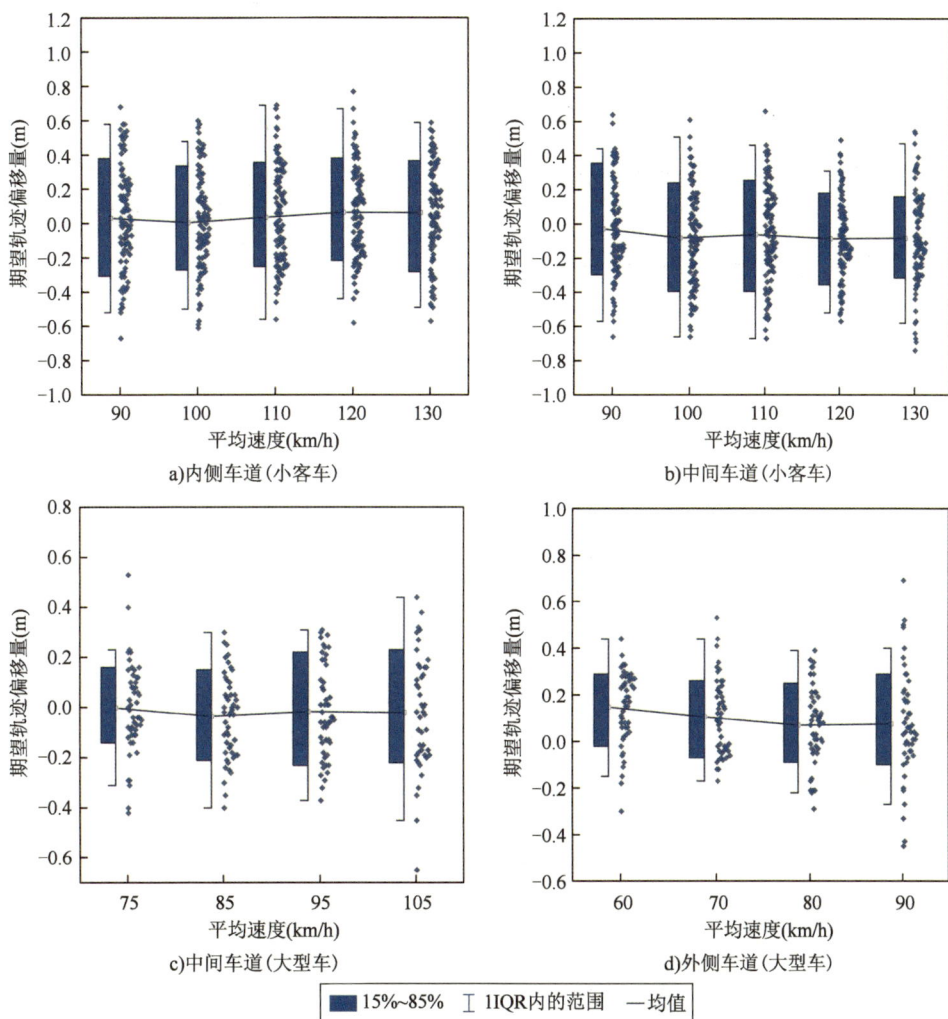

图3-31　不同车道车辆行驶速度与期望轨迹偏移量的关系

中间车道小客车倾向于往行车道中心线左侧偏移,中间车道大型车的轨迹与车道中心线重合度较高;中间车道车辆的行驶速度提升后,受到外侧车道货车产生的虚拟"外力"也增加,迫使中间车道车辆在加速过程中改变了自身的运动状态,向左进行横向位移来获取更大的侧向空间。外侧车道大型车期望轨迹位置随速度的提升偏向于从右侧往行车道中心靠近。

对不同车道位置同一车型的轨迹偏移量数据进行汇总,如图 3-32 所示。其中,图 3-32a) 是小客车轨迹横向位置随行驶速度变化的特征分位值曲线,可知小客车在行驶速度提高时轨迹偏移量基本维持稳定。由图 3-32b) 可知,大型车从低速时的向右横向偏移状态过渡到行驶在行车道中心位置,说明行驶速度对大型车尤其是外侧车道大型车驾驶员的轨迹选择行为有明显影响。

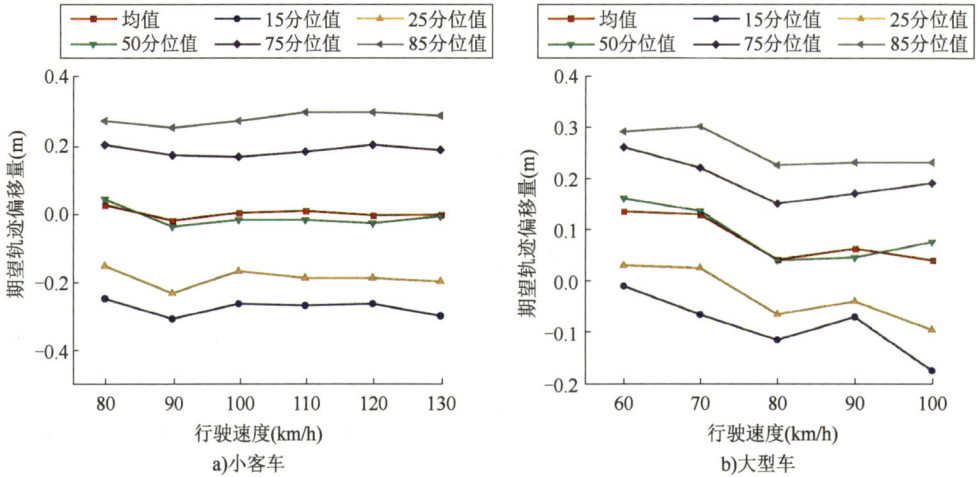

图 3-32　行驶速度与期望轨迹偏移量的关系

3.3.3　车型对期望轨迹偏移量的影响

为明确轻型车辆轨迹行为与大型车之间的差异性,得出适用于轻型车辆的高速公路关键技术指标,需要分析二者运动行为特征的差异性。根据德国高速公路不同横断面布局和车道位置的交通组成特点,本节选取双向四车道高速公路外侧车道、双向六车道高速公路的中间车道和外侧车道作为对象进行比较分析。图 3-33 是不同车型期望轨迹横向位置的概率分布曲线,表 3-8 是轨迹横向位置的统计特征值。从表 3-8 中可以看出,双向六车道高速公路外侧车道小型车和大型车轨迹横向位置差异较为显著,双向六车道高速公路中间和双向四车道高速公路外侧车道两种车型的期望轨迹位置无明显差异。

借助应用统计学工具进一步检验不同车型对于期望轨迹偏移的影响,t 分布理论可以用来推论差异发生的概率,从而比较 2 组数据是否存在显著差异。本节通过配对 t 分布方法(t 检验)来比较分析车型和车道宽度对车辆轨迹行为影响的显著性,当检验结果 p 值为小于 0.05 时,统计结果显著,说明存在显著差异;差异幅度 Cohen's d 值为 0.20、0.50 和 0.80 时分别对应小、中、大临界点。t 检验结果见表 3-9,根据 Cohen's d 值和 p 值可知,两类车型的轨迹横向位置在双向四车道高速公路外侧车道的差异非常小,在双向六车道高速公路中间车道的差异幅度较小,在双向六车道高速公路外侧车道有一定的差异性。

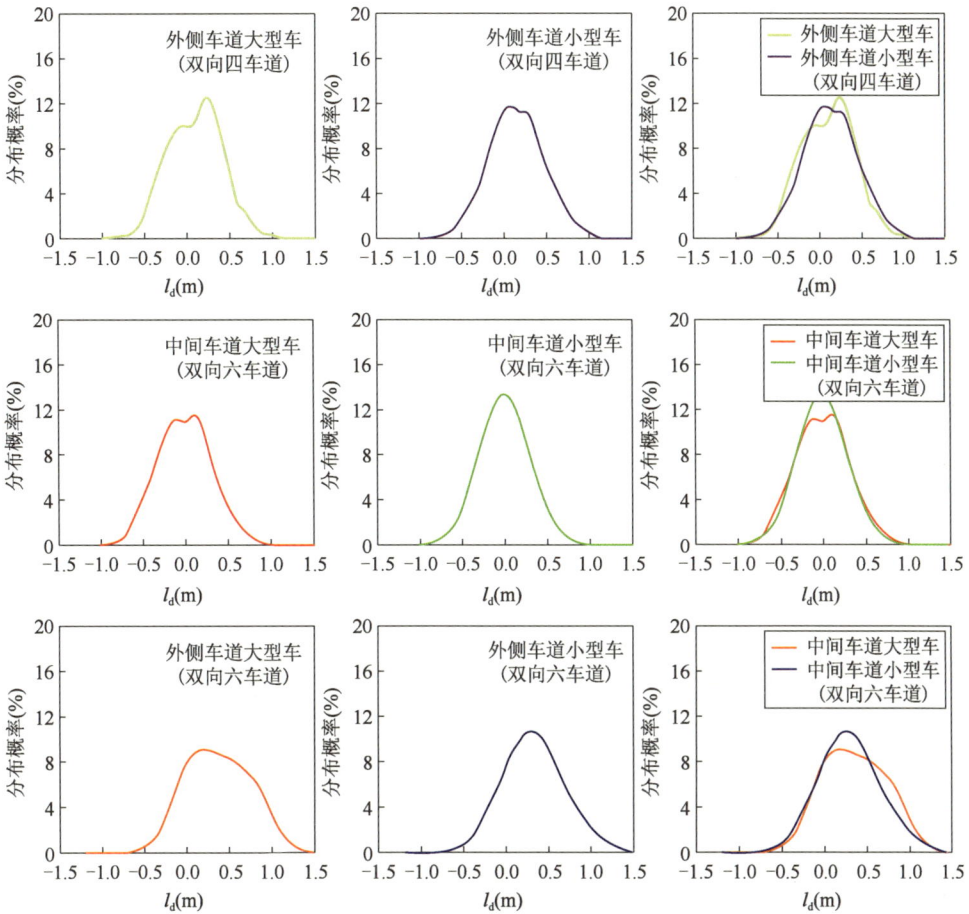

图 3-33　不同车型轨迹偏移量分布特征

不同车型期望轨迹偏移描述性统计表　　　　　　　　　　　　表 3-8

路段	车型	特征值						
		平均值 （m）	标准差 （m）	中位数 （m）	方差 （m）	15 分位值 （m）	85 分位值 （m）	样本量 （个）
双向四车道 外侧车道	大型车	0.058	0.314	0.076	0.098	−0.287	0.372	1922
	小型车	0.099	0.332	0.088	0.110	0.234	0.435	2401
双向六车道 中间车道	大型车	−0.064	0.320	−0.066	0.102	−0.400	0.263	2330
	小型车	−0.065	0.297	−0.066	0.088	−0.366	0.238	27789
双向六车道 外侧车道	大型车	0.319	0.386	0.303	0.149	0.093	0.752	12052
	小型车	0.268	0.376	0.253	0.141	−0.116	0.650	7022

不同车型期望轨迹偏移差异性检验　　　　　　　　　　　　表 3-9

路段	双向四车道 外侧车道	双向六车道 中间车道	双向六车道 外侧车道	大型车在中间、 外侧车道差异性	小型车在中间、 外侧车道差异性
t 值	−2.507	−10.351	−1.183	23.224	30.081
p 值	0.012 **	0.000 ***	0.237	0.000 ***	0.000 ***
Cohen's d 值	0.081	0.334	0.038	0.749	0.994

注：** 表示 P 值小于 0.01，即结果具有更高的显著性；*** 表示 P 值小于 0.001，即结果具有极高的显著性。

比较同一车型在外侧车道(3.75m)和中间车道(3.5m)的期望轨迹偏移量分布情况,可以发现大型车、小型车在不同车道位置的轨迹相对位置均存在显著差异,不同车道的大型车轨迹差异幅度为中,小型车的轨迹差异幅度大,这说明路侧环境和车道宽度的变化会造成同一车型呈现不同的轨迹行为特征,并且小型车驾驶员对周围环境变化的感知和反应更敏感。

3.3.4 小结

(1)行车道位置和路侧环境对车辆轨迹横向位置有一定的影响,若车道的一侧是路肩,则车辆轨迹倾向于往路肩一侧偏移;中间车道倾向于远离大型车的方向偏移。

(2)缩减行车道宽度可以限制车辆期望轨迹横向位置的离散程度;轨迹位置的离散性还受车道位置和路侧设施影响,中间车道车辆轨迹离散性要低于两侧车道。

(3)车速提高时,内侧车道车辆轨迹与中央分隔带护栏的横向距离有增大的趋势,中间车道车辆会往远离大型车的一侧偏移,外侧车道车辆倾向于居中行驶,因此,轻型高速公路设计速度增加时,左侧路缘带宽度应当适当增加以满足驾驶员心理安全净距的需求。

(4)车道位置对车辆轨迹横向位置有比较显著的影响,小客车驾驶员对周围环境变化的感知和反应相较于大型车驾驶员更敏感;不同车型在同一车道期望轨迹横向位置的差异幅度较小。

综上,影响同一车型期望轨迹偏移的显著因素为车道位置和路侧环境,即使是不同车型,在同一车道行驶的轨迹选择行为和位置偏好也存在共性。本节的研究成果可为轻型高速公路横断面指标确定和高速公路交通安全治理提供数据和理论支持。

3.4 轻型车辆制动仿真和制动行为特性

车辆制动行为特性决定了车辆在高速公路上行驶时的安全性,对道路几何设计而言,车辆制动距离的长短对停车视距有重要影响,进而对左侧路缘带宽度、左侧硬路肩宽度、平曲线半径和竖曲线半径等参数起控制作用。轻型车辆在载质量、制动器结构和制动性能等方面与载重货车存在显著的差异,必然产生高度差异化的制动行为特性。

《标准》和《路线规范》中的停车视距计算模型是将车辆制动过程简化成一个刚体在平面上的滑动过程,未考虑车辆制动过程中底盘悬架变形、ABS防抱死系统和道路纵坡带来的影响,与高速公路的车辆实际制动过程存在一定的差异性。Carsim/Trucksim软件可以提供接近于真实车辆的整车动力学模型,本节运用该软件开展轻型车辆和重型货车在纵坡路段上的动力学仿真,来获取车辆在不同道路条件下的制动距离,因此能够充分体现车型和道路纵坡对停车视距的影响,计算结果更加符合轻型车辆的实际行驶状况。

3.4.1 高速公路沥青路面的摩阻系数

路面摩阻系数决定了车辆制动时轮胎与路面之间的附着状态和车辆能够从路面获得的有效制动力,是计算停车视距的重要参数之一。作者采集了西南地区两条高速公路积水、湿滑、干燥等3种路面状态下的摩阻系数,详见表3-10和表3-11。结果表明,高速公路主线路段潮湿路面的摩阻系数普遍在 0.4 以上(对应的摆值在 40 以上),远高于《路线规范》计算停车视距时 0.3 左右的路面摩阻系数值,这与《公路养护技术规范》(JTG 5110—2023)和《公路技术状况评定标准》(JTG 5210—2018)的要求也是吻合的。

四川某高速公路沥青路面摩阻系数实测值 表 3-10

检测位置桩号	测点序号	路面状态	检测点位的摩阻系数值					
			1	2	3	4	5	平均值
LK47 + 300	1	干燥	0.55	0.44	0.49	0.53	0.48	0.50
	2	干燥	0.53	0.55	0.55	0.54	0.55	0.54
	3	干燥	0.54	0.59	0.54	0.56	0.55	0.56
LK43 + 100	1	干燥	0.51	0.54	0.55	0.54	0.56	0.54
	2	干燥	0.54	0.55	0.55	0.57	0.56	0.55
	3	干燥	0.53	0.58	0.58	0.58	0.56	0.57
	4	潮湿	0.46	0.50	0.49	0.46	0.45	0.47
LK24 + 200	1	干燥	0.54	0.54	0.58	0.58	0.56	0.56
	2	干燥	0.59	0.57	0.60	0.60	0.58	0.59
	3	潮湿	0.50	0.53	0.53	0.56	0.51	0.53
	4	干燥	0.48	0.50	0.47	0.51	0.51	0.50
	5	潮湿	0.47	0.46	0.46	0.43	0.44	0.45
LK137 + 400	1	干燥	0.56	0.55	0.55	0.55	0.58	0.56
	2	潮湿	0.40	0.43	0.42	0.45	0.42	0.43
	3	干燥	0.53	0.60	0.56	0.57	0.58	0.57
	4	潮湿	0.43	0.45	0.49	0.43	0.49	0.46

贵州某高速公路沥青路面摩阻系数实测值 表 3-11

检测地点	坡度(%)	路面状态	测点序号	检测点位的摩阻系数值					
				1	2	3	4	5	平均值
告金湾特大桥	−3.5	干燥	1	0.49	0.47	0.49	0.47	0.48	0.48
	−3.0	干燥	2	0.48	0.55	0.56	0.57	0.58	0.55
	−3.5	潮湿	3	0.40	0.40	0.41	0.40	0.40	0.400
	−3.3	潮湿	4	0.44	0.45	0.40	0.44	0.42	0.43
隧道入口(彩色路面)	−3.0	干燥	1	0.48	0.55	0.54	0.54	0.52	0.53
	−3.3	潮湿	2	0.45	0.45	0.463	0.46	0.43	0.45
周家岩隧道内	−3.1	干燥	1	0.48	0.56	0.59	0.61	0.61	0.57
	−2.8	干燥	2	0.61	0.62	0.65	0.61	0.67	0.63
	−2.4	干燥	3	0.51	0.53	0.51	0.49	0.52	0.51
	−2.3	干燥	4	0.60	0.52	0.58	0.59	0.62	0.58
	−2.1	干燥	5	0.45	0.41	0.41	0.41	0.48	0.43
	−2.8	潮湿	6	0.41	0.39	0.46	0.41	0.41	0.42

续上表

检测地点	坡度(%)	路面状态	测点序号	检测点位的摩阻系数值					
				1	2	3	4	5	平均值
赤水河红军大桥	1.0	干燥	1	0.64	0.65	0.70	0.59	0.63	0.64
	1.0	干燥	2	0.61	0.59	0.55	0.54	0.67	0.59
	1.0	干燥	3	0.55	0.64	0.60	0.65	0.66	0.62
	0.8	潮湿	4	0.44	0.44	0.44	0.44	0.44	0.44
	1.0	潮湿	5	0.51	0.48	0.51	0.50	0.48	0.49
	1.2	潮湿	6	0.49	0.48	0.47	0.47	0.46	0.48
K56 + 680 ~ K56 + 830	1.5	潮湿	1	0.49	0.41	0.42	0.42	0.4	0.43
	1.5	潮湿	2	0.40	0.42	0.40	0.48	0.40	0.42
	1.5	潮湿	3	0.42	0.41	0.41	0.40	0.42	0.42
	1.6	潮湿	4	0.40	0.42	0.39	0.40	0.40	0.40
	1.0	潮湿	5	0.39	0.39	0.45	0.41	0.43	0.42
	1.5	潮湿	6	0.39	0.42	0.39	0.43	0.42	0.41
	1.1	积水	7	0.39	0.40	0.40	0.41	0.41	0.40
	1.4	积水	8	0.38	0.40	0.40	0.39	0.40	0.39
	1.5	积水	9	0.39	0.40	0.40	0.42	0.39	0.40
	1.5	积水	10	0.38	0.41	0.41	0.39	0.40	0.40

图 3-34 中是上述两条路段在干燥、潮湿和积水三种路面状态下的路面摩阻系数实测值分布图,可以为车辆行驶动力学仿真时路面摩阻系数设置提供依据。从图 3-34 中可以看出,即使在轻度积水条件下,路面摩阻系数值也大多在 0.4 以上,并且,近年来汽车轮胎材料性能和路面材料抗滑性的提升,进一步缩短了小客车的制动距离。以上因素导致《标准》中的停车视距值与真实道路上小客车制动距离相差甚远,亟须对小客车的停车视距进行修正。

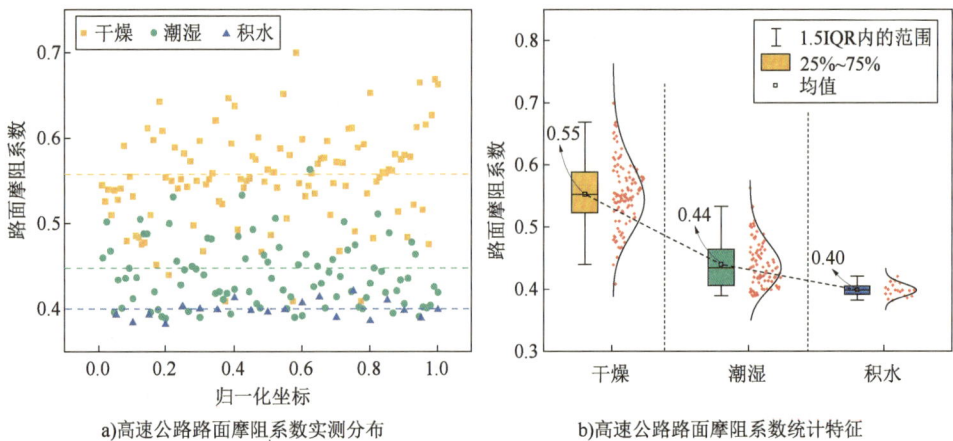

a)高速公路路面摩阻系数实测分布

b)高速公路路面摩阻系数统计特征

图 3-34　高速公路不同路面状态下的摩阻系数采集值

3.4.2　车辆动力学仿真方法

本书运用 Carsim/Trucksim 软件开展车辆动力学仿真来分析车辆在平坡/纵坡路段的行驶特性、制动行为和操纵特性,Carsim/Trucksim 软件是美国 MSC 公司出品的一款汽车动力学仿真分析软件,可以仿真汽车对驾驶员、路面以及空气动力学输入的响应,最早是由密歇根大学交通运输研究所(UMTRI)车辆动力学专家 Gillespie 等研发。该软件支持在给定的控制策略下构建汽车模型和道路环境,预测仿真车辆的操作稳定性能、动力性能、平顺性等。其中,Carsim 软件内部有多个类别的小客车整车动力学模型可以调用,包括轿车、轻型多用途运输车、面包车以及 SUV 等;Trucksim 软件内部有多种类型的大货车和大客车动力学模型,包括皮卡车、货车、大巴车等车型,同时可以设置车辆的轴数。该软件还可与 Simulink 软件进行联合仿真,被广泛应用于现代汽车系统的研发,现已成为汽车研发和设计行业的标准软件;与此同时,还被用于复杂道路线形和交通设施的安全性检验和评价。

Carsim/Trucksim 软件给用户提供了相对自由且精确的车辆动力学模型、驾驶员模型和道路模型,三者相匹配后能仿真出不同工况下的车辆动力学特征。软件主界面主要包括三部分,分别是仿真搭建模块、仿真求解器模块和仿真后处理模块。仿真搭建模块中包括仿真车辆设置和行驶工况设置,其中仿真车辆设置主要是对车辆车体、动力传递系统、悬架系统、制动系统、转向系统等进行设置;行驶工况设置主要是对驾驶员控制模型的相关参数和系数(转向控制、速度控制和制动控制)进行设置,此外还可以对仿真道路进行设置。仿真求解器模块主要对构建好的环境和工况进行运行仿真,得到车辆动力学模型对给定仿真环境和仿真工况的响应。仿真后处理模块对仿真结果进行输出,能够输出非常详尽的车辆动力学/运动学响应曲线以及仿真过程动画,如图 3-35 所示。

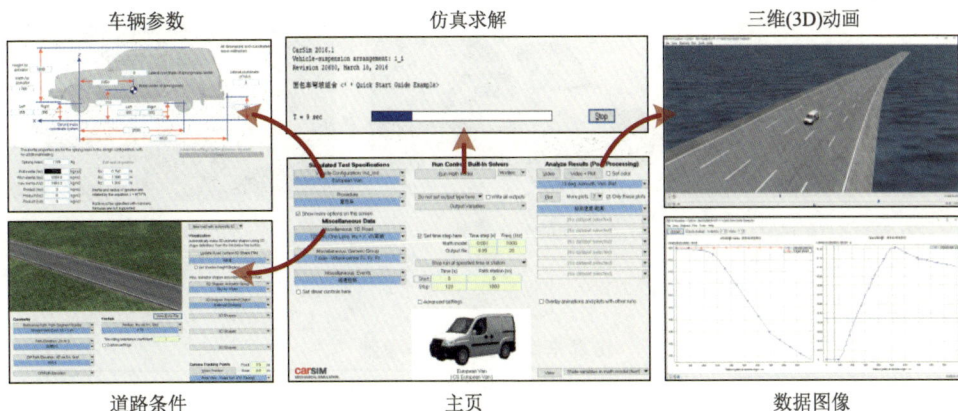

车辆参数　　仿真求解　　三维(3D)动画

道路条件　　主页　　数据图像

图 3-35　Carsim 仿真软件及其工作流程示意

3.4.3　车辆制动仿真模型与仿真工况设置

1)轻型车辆的整车动力学模型

轻型车辆主要包括小货车和小客车两类,其中小货车的常见车型有微卡和轻卡,小客车的常见车型有轿车、SUV、MPV、面包车和轻客等,如图 3-36 所示。在小货车类别中,轻卡占比最高且具有载重大、比功率较低、车辆质心偏高的特点。在小客车类别中,面包车配置低、动力弱、载客人数多,并且重心相对较高。因此,面包车和轻卡在高速条件下都容易发生侧向失稳事故,根据不利性原则选取这两种车型作为轻型车辆的代表性车型。此外,为了与轻型车辆进行对比,还选择了三桥重载货车进行制动仿真实验。

| a)微卡 | b)轻卡 | c)轻客 |

| d)轿车 | e)SUV | f)MPV | g)面包车 |

图 3-36　轻型车辆示意图

确定轻型车辆的仿真车型之后,在 Carsim 软件中选取面包车的整车动力学模型作为仿真车辆模型,在 Trucksim 软件中选取轻型货车和三桥重型货车的整车动力学模型作为仿真模型,如图 3-37 所示。根据本书第 2 章轻型车辆典型车型外廓尺寸和动力性能参数的调查结果,对车辆模型的主要技术参数进行设置,见表 3-12。

| a)轻型货车模型 | b)面包车模型 | c)三桥货车模型 |

图 3-37　轻型货车、面包车和三桥货车的仿真动力学模型

仿真车型的主要技术参数　　　　　　　　　　　　　　　　　　　　表 3-12

代表车型	车长 (mm)	车宽 (mm)	车高 (mm)	发动机 输出(kW)	总质量 (kg)	车身自重 (kg)	比功率 (W/kg)	挡位数 (挡)
轻型货车	5985	2200	2170	150	4500	2560	33.3	8
面包车	4425	1670	1860	75	1785	1120	42.0	5
三桥货车	9450	2550	3400	330	25000	12250	13.2	12

2）道路仿真模型

为了获得车辆在不同坡度下的制动距离，在 Carsim 软件和 Trucksim 软件中建立仿真道路的三维数字模型，仿真道路为同向双车道的单纵坡直线路段，坡度在 0% ～ -6% 范围内以步长 -1% 进行递减，模拟高速公路平坡和下坡路段，道路模型的坡长和路面摩阻系数根据仿真需求进行调整。

3）驾驶员模型

驾驶员模型能与车辆模型、道路模型相互耦合，形成"人-车-路"耦合仿真系统，Carsim 软件中的驾驶员模型包括转向控制、速度控制、制动控制、档位控制等主要控制模块，各模块之间相互配合模拟人类驾驶员在道路行驶过程中的驾驶决策和车辆操纵行为。

在转向控制模块的参数设置中，将车辆横向位置设置为向道路中心线右侧偏移 2m，这样能保证仿真过程中车辆在行车道内直线行驶。速度控制模块需要在仿真前设置期望速度，仿真过程中以期望速度为目标车速进行跟随，车辆在水平路段能够以期望速度行驶，车辆上坡路段行驶时会受到上坡阻力，当坡度非常大时由于车辆动力输出有限行驶速度会在期望速度的基础上发生衰减。制动控制模块主要用于下坡路段和弯道路段的速度控制，以下坡路段为例，车辆下坡行驶时会受到重力分量的作用导致车速会逐渐增加并且超过期望速度，当速度差超过阈值时制动控制模块发出指令制动踏板输入，制动主缸产生液压能并传递给制动轮缸以产生制动力。档位控制模块设置为自动换挡模式，更好地展现车辆在纵坡行驶过程中的运动学特性。

4）仿真工况设置

工况一：该工况用于计算面包车的制动距离和停车视距，面包车以 68km/h、85km/h、102km/h 和 119km/h 的运行速度在摩阻系数为 0.4、0.42、0.45 的路面上行驶，坡度变化范围为 0% ～ -6%，仿真过程中的坡度步长为 -1%。仿真过程中，当行驶距离达到 400m 后（保证车辆制动前速度稳定）给予制动主缸 8MPa 压力使车辆进行紧急制动。

工况二：该工况用于计算轻型货车的制动距离和停车视距，轻型货车以 68km/h、85km/h 和 102km/h 的运行速度在摩阻系数为 0.4、0.42、0.45 的单纵坡路面上行驶，坡度变化范围为 0% ～ -6%，仿真过程中的坡度步长为 -1%，当行驶距离达到 400m 时给予制动主缸 8MPa 压力使车辆进行紧急制动。

工况三：该工况用于计算三桥载重货车的制动距离和停车视距，三桥货车以 60km/h、70km/h、80km/h、90km/h 和 100km/h 的运行速度在摩阻系数为 0.3、0.4 和 0.55 的单纵坡路面上行驶，坡度变化范围为 0% ～ -6%，仿真过程中的坡度步长为 -2%，当行驶距离达到 400m 后给予制动主缸 8MPa 压力使车辆进行紧急制动。

3.4.4 重载货车制动行为特征

为检验停车视距简易计算公式的精度、可靠性和适用性，开展轻型车辆和重载货车的制动行为仿真，分析车型和载重对车辆制动距离的影响，其中重型货车为三桥货车（高速公路货车的代表性车型之一）。通过空载和满载条件下的制动仿真实验，得到不同初始速度、不同纵坡、不同路面状态组合条件下的制动距离,然后进一步计算包含反应时间行驶距离在内的停车视距。路面摩阻系数取 0.3、0.4 和 0.55 三种,其中 0.3 是参照《路线规范》行驶速度 80 ~ 120km/h 计算停车视距时的路面摩阻系数值,0.4 是作者近年来在多条高速公路沥青路面潮湿状态下的摩阻系数实测值,0.55 是沥青路面正常状态下的摩阻系数实测值。空载和满载条件下的三桥大货车制动距离和停车视距计算结果见表 3-13。从表 3-13 中可以看出,满载时的制动距离仿真结果远远超过《路线规范》中的停车视距值,表明规范中的停车视距值无法满足满载重型货车的安全行驶需求。

三桥大货车在不同道路条件下的制动距离和停车视距　　　　表 3-13

制动初始速度（km/h）	坡度变化（下坡）	路面摩阻系数	空载状态		满载状态	
			制动距离（m）	停车视距（m）	制动距离（m）	停车视距（m）
100	−6%	0.30	393.42	462.87	462.51	531.96
		0.40	286.36	355.81	355.21	424.66
		0.55	163.03	232.477	189.71	259.15
	−4%	0.30	335.48	404.93	383.08	452.52
		0.40	261.23	330.68	338.6	408.05
		0.55	154.22	223.67	171.97	241.42
	−2%	0.30	283.62	353.07	316.07	385.51
		0.40	236.23	305.68	288.3	357.75
		0.55	141.83	211.27	157.35	226.80
	0%	0.30	253.47	322.91	272.44	341.88
		0.40	215.3875	284.8325	248.525	317.97
		0.55	135.62	205.06	145.06	214.50
90	−6%	0.30	345.39	407.89	382.66	445.16
		0.40	253.83	316.33	279.31	341.81
		0.55	142.27	204.77	154.73	217.23
	−4%	0.30	284.57	347.07	317.15	379.65
		0.40	230.69	293.19	253.97	316.47
		0.55	130.52	193.02	140.09	202.59
	−2%	0.30	239.84	302.35	258.24	320.74
		0.40	189.32	251.82	201.36	263.86
		0.55	120.19	182.69	128.31	190.81
	0%	0.30	208.50	271.00	222.67	285.17
		0.40	176.33	238.83	186.39	248.89
		0.55	111.10	173.60	118.22	180.72

续上表

制动初始速度（km/h）	坡度变化（下坡）	路面摩阻系数	空载状态		满载状态	
			制动距离（m）	停车视距（m）	制动距离（m）	停车视距（m）
80	−6%	0.30	261.20	316.75	308.34	363.89
		0.40	197.65	253.2	236.54	292.09
		0.55	103.11	158.67	122.87	178.42
	−4%	0.30	219.83	275.39	256.93	312.48
		0.40	180.38	235.93	210.62	266.17
		0.55	99.38	154.93	111.13	166.69
	−2%	0.30	184.19	239.75	205.65	261.21
		0.40	151.52	207.07	173.29	228.84
		0.55	91.60	147.16	102.00	157.55
	0%	0.30	167.15	222.70	177.23	232.78
		0.40	143.18	198.73	155.21	210.76
		0.55	88.50	144.06	94.01	149.57
70	−6%	0.30	221.17	269.78	240.07	288.68
		0.40	172.13	220.74	189.29	237.9
		0.55	87.17	135.78	93.86	142.47
	−4%	0.30	176.93	225.54	201.02	249.63
		0.40	147.67	196.28	167.82	216.43
		0.55	79.71	128.32	85.38	133.99
	−2%	0.30	147.18	195.79	157.57	206.18
		0.40	126.31	174.92	133.22	181.83
		0.55	73.40	122.01	78.25	126.86
	0	0.30	128.25	176.86	135.76	184.37
		0.40	106.59	155.2	117.34	165.95
		0.55	68.03	116.64	72.17	120.78
60	−6%	0.30	168.50	210.17	181.71	223.38
		0.40	132.67	174.34	143.25	184.92
		0.55	64.37	106.03	69.14	110.81
	−4%	0.30	132.37	174.03	139.29	180.96
		0.40	108.36	150.03	112.34	154.01
		0.55	58.96	100.63	62.89	104.56
	−2%	0.30	109.04	150.70	116.45	158.12
		0.40	92.31	133.98	96.25	137.92
		0.55	54.34	96.01	57.72	99.38

制动初始速度 （km/h）	坡度变化 （下坡）	路面摩阻 系数	空载状态		满载状态	
			制动距离（m）	停车视距（m）	制动距离（m）	停车视距（m）
60	0	0.30	95.02	136.69	100.39	142.06
		0.40	83.66	125.33	88.13	129.8
		0.55	50.36	92.03	53.36	95.03

对表3-13中不同工况下的制动距离数据进行整理，得到空载和满载条件下的制动距离曲线，如图3-38所示。仿真时的路面摩阻系数为0.3。由图3-38a）可知，下坡路段坡度增加时，空载和满载的制动距离会显著增加，并且在每一种制动初始速度条件下，满载制动距离曲线均位于空载制动距离曲线上方，表明车辆满载后其制动距离会显著增加，即车辆载重对制动距离有显著影响。图3-38b）为同一种制动初始速度下满载制动距离与空载制动距离的差值曲线。可以看出制动初始速度会放大车辆载重的影响，即制动初始速度越大，满载制动距离与空载制动距离之间的差异性越大。《标准》中的停车视距计算公式未考虑车型和载重的影响。

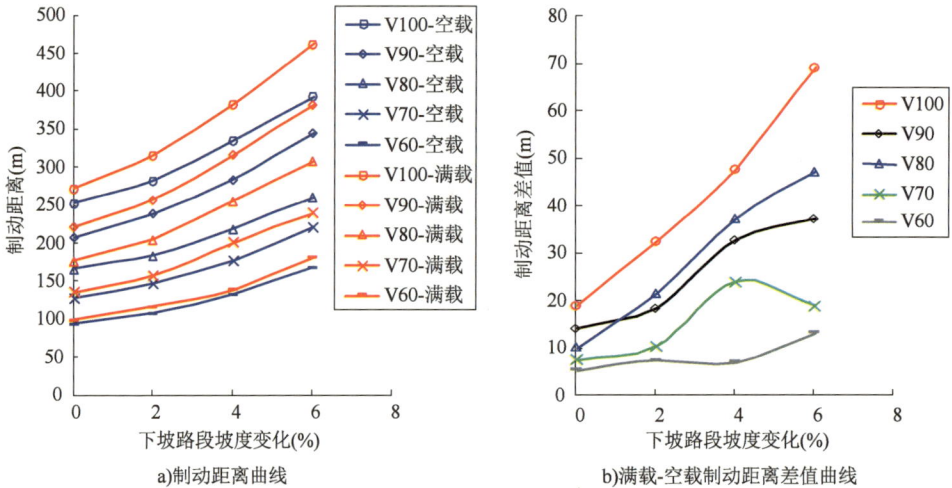

a）制动距离曲线   b）满载-空载制动距离差值曲线

图3-38 三桥货车满载和空载时的制动距离

3.4.5 轻型车辆制动行为特征

开展面包车和轻型货车（小货车）在不同道路条件下的制动行为仿真，从仿真结果中的行驶速度-行驶距离曲线提取不同道路条件下的面包车和轻型货车的制动距离，见表3-14和表3-15。表中的行驶速度为制动仿真时的车辆制动初始速度，行驶速度与设计速度之间的对应关系是依据《路线规范》进行设置。从表中可以看出在同一种坡度和制动初始速度下，路面摩阻系数越高，轻型车辆的制动距离越短，越有利于行驶安全。就两种车型相比较，同一种行驶工况下面包车的制动距离要低于轻型货车，这是轻型货车的载质量更大所致。与此同时，轻型货车的制动距离显著低于三桥重载货车，因此停车视距自然也显著低于重型货车。

不同工况的下坡路段面包车制动距离(m)　　　　表 3-14

路面摩阻系数	设计速度(km/h)	行驶速度(km/h)	坡度变化(%)						
			0	-1	-2	-3	-4	-5	-6
0.35	80	68	57.4	59.3	61.3	63	64.6	67.5	69.3
	100	85	88.2	91.4	93.8	97.6	100.7	104.1	108.4
	120	102	125.8	130.1	134.4	139	143.6	148.8	154.6
	140	119	169.3	175.1	180.7	186.9	193.3	200	207.5
0.40	80	68	49.9	51.3	53.3	54	55.4	57.5	59.5
	100	85	77.5	80.1	82.5	84.8	86.8	89.9	92.9
	120	102	110.7	114.6	118.2	121.4	125	129.2	133.5
	140	119	149.8	155.2	159.1	163.7	168.5	174.4	180.1
0.42	80	68	47.5	48.7	50	51.1	52.4	53.8	55.4
	100	85	73.7	75.9	78.3	80.2	82.3	84.7	87.7
	120	102	105.8	108.8	111.7	114.8	118.3	121.6	125.6
	140	119	142.7	146.7	151	155	159.4	164.5	170.1
0.45	80	68	44.2	45.3	46.4	47.3	48.4	49.6	50.9
	100	85	68.7	70.4	72.1	73.8	75.8	77.5	80.0
	120	102	98.2	101.0	103.5	106.2	108.7	112	115.3
	140	119	132.9	136.4	140	143.4	147.2	151.6	156.3

不同工况的下坡路段轻型货车制动距离(m)　　　　表 3-15

路面摩阻系数	设计速度(km/h)	行驶速度(km/h)	坡度变化(%)						
			0	-1	-2	-3	-4	-5	-6
0.35	80	68	63.4	65.7	68.2	70.8	73.8	75.8	79.1
	100	85	96.8	100.2	103.8	107.7	112.1	118.6	122.7
	120	102	135.7	140.3	145.2	150.6	156.3	162.4	168.2
0.40	80	68	55.5	57.2	59.0	61.0	63.3	64.5	66.8
	100	85	84.8	87.4	90.2	93.1	96.5	101.4	104.3
	120	102	119.3	122.8	126.6	130.6	134.8	139.4	143.4
0.42	80	68	52.8	54.3	55.9	57.8	59.8	60.9	63.0
	100	85	80.8	83.1	85.6	88.2	91.2	95.8	98.3
	120	102	113.7	116.9	120.3	123.9	127.7	131.8	135.4
0.45	80	68	49.2	50.6	51.9	53.5	55.3	56.1	57.9
	100	85	75.4	77.4	79.6	81.8	84.4	88.5	90.5
	120	102	106.2	109.0	112.0	115.1	118.4	121.8	124.9

图 3-39 给出了不同工况下的轻型车辆制动距离曲线。其中,[图 3-39a)]给出了摩阻系数 0.35 时坡度和制动初始速度对制动距离的影响,可以看出下坡路段纵坡值增加时面包车和轻型货车的制动距离有一定的增长趋势,制动初始速度为 100km/h 及以上时

增长趋势变得明显,而制动初始速度为 80km/h 时坡度对制动距离的影响不显著。图 3-39b)给出了路面摩阻系数和坡度对制动距离的影响,可以看出不管是面包车还是轻型货车,路面摩阻系数的增加能够明显缩短轻型车辆的制动距离。此外,从图 3-39b)中还能看出,制动初始速度为 100km/h 时,在坡度 4% 和 6% 的下坡路段上,轻型货车的制动距离要明显高于面包车,这表明坡度越陡,轻型货车和面包车的制动距离差异性越显著,即车辆载质量的影响越明显。

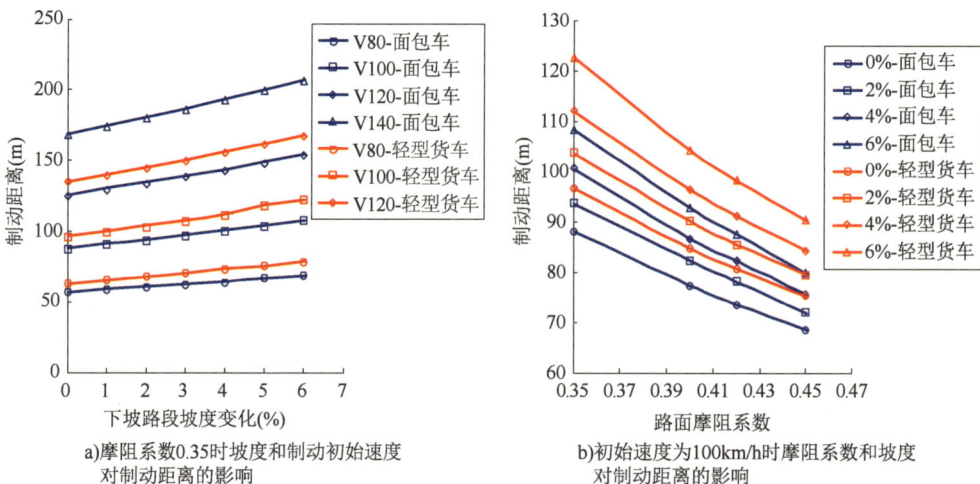

a)摩阻系数0.35时坡度和制动初始速度
对制动距离的影响

b)初始速度为100km/h时摩阻系数和坡度
对制动距离的影响

图 3-39　轻型车辆不同工况下的制动距离曲线

3.4.6　路面平整度对车辆制动行为的影响

路面平整度是指受道路施工工艺以及交通荷载等因素作用导致路面表面与理想平面之间的竖向偏差,是汽车运行震动的主要来源,对行车安全和行驶舒适性都有重要影响。受交通荷载的影响,高速公路路面在开放交通之后路面质量和平整度会逐渐下降。在高速行驶状态下路面平整度还会影响路面与轮胎的接触状态,影响到轮胎能够从路面获取的抓地力和车辆制动距离,具体表现为路面不平整会导致制动距离变长。在能源消耗方面,车辆在不平整路面上行驶会增加燃油或电量的消耗。因此,对于轻型高速公路而言,非常有必要分析路面平整性对轻型车辆制动行为的影响。常见的模拟不平整路面生成方法有谐波叠加法、傅立叶逆变换法、ARMA 模型法和白噪声激励法等,其中白噪声激励法是路面平整度模拟最为简单、普遍的方法。

本书考虑到路面施工工艺以及交通荷载作用导致路面不平整的影响,根据 ISO 8608:1995 及《机械振动　道路路面谱测量数据报告》(GB 7031—2005)(以下简称 GB 7031)的分类准则建立不平整路面模型,运用 Carsim 软件仿真分析路面不平度对轻型车辆制动距离的影响。

1)路面不平度统计特征

根据 GB 7031,使用功率谱密度 $G_q(n)$ 和路面不平度均方根值 q_{rms} 指标可将路面平整度分为 A ~ H 8 个等级,我国公路基本处于 A ~ C 3 个等级,其中高速公路路面基本属于 A 级路面,但一些交通荷载大、环境条件差、保养频率低的路段可能处于 B 级路面。本书以高速公路路面为研究对象,因此只生成 A 级和 B 级路面的数字模型提供给轻型车辆行驶。

路面功率谱密度常用于描述路面不平度的统计特性,ISO 8608:1995 和 GB 7031 均建议采用式(3-6)来拟合路面功率谱密度:

$$G_q(n) = G_q(n_0) \left(\frac{n}{n_0}\right)^{-W} \tag{3-6}$$

式中,$G_q(n)$ 为路面不平度空间功率谱密度,单位为 m^3;n 表示空间频率,为波长的倒数,单位为 m^{-1};$G_q(n_0)$ 为路面不平度系数,表示在参考空间频率 n_0 下的功率谱密度,其中 $n_0 = 0.1 m^{-1}$;W 为频率指数,也是双对数功率谱密度曲线的斜率,通常取 2。由于我国公路路面等级主要处于 A ~ C 级,表 3-16 给出了 A ~ C 级路面分类标准,对应路面等级的双对数功率谱密度曲线如图 3-40 所示。

A ~ C 级路面分类表 表 3-16

路面等级	路面平整度分级指标			
	$G_q(n_0)/10^{-6} m^3$,$n_0 = 0.1 m^{-1}$			$q_{rms}(mm)$
	下限	几何平均	上限	几何平均
A	8	16	32	3.81
B	32	64	128	7.61
C	128	256	512	15.23

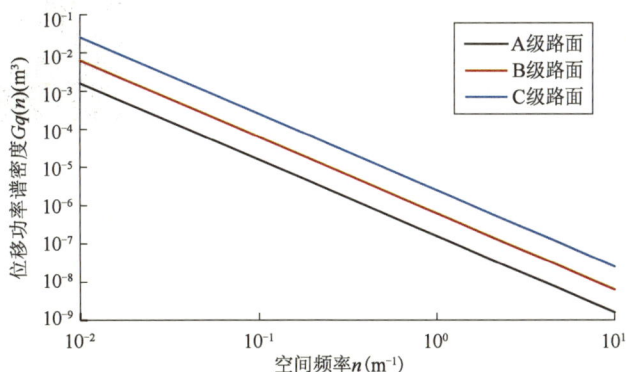

图 3-40   A ~ C 级路面的空间功率谱密度

2)不平整路面的模型生成

白噪声路面平整度生成原理是噪声信号理论,噪声信号是一种具有随机性和宽频特性的信号,其频率分布在整个频带内都是均匀的。本书运用白噪声激励法来建立路面不平度时域模型,白噪声激励法是指将单位白噪声经过滤波变化为激励进行输出的过程,该方法可在 Simulink 工具箱中实现,并且可借助 Simulink 与 Carsim/Trucksim 软件进行车辆动力学联合仿真,进一步分析车辆对于路面不平度的响应特性。

在搭建白噪声激励模型前,需先将空间功率谱密度转化为时间功率谱密度,实现与

Simulink 工具箱 Band-Limited White Noise 模块的频域统一。车辆以速度 v 驶过空间频率为 n 的路面,此时路面输入的时间频率为 f,三者满足式(3-7),由此可建立时间功率谱密度和空间功率谱密度的关系,见式(3-8)。基于滤波白噪声法可将式(3-8)转化为时域路面激励,见式(3-9)。

$$f = vn \tag{3-7}$$

$$G_q(f) = \frac{G_q(n)}{f} = G_q(n_0)n_0^2\frac{v}{f^2} \tag{3-8}$$

$$\dot{q}(t) = 2\pi n_0\sqrt{G_q(n_0)v}w(t) - 2\pi n_{00}vq(t) \tag{3-9}$$

式中,f 为时间频率,单位为 Hz;v 为车速,单位为 m/s;$G_q(f)$ 为时间功率谱密度,单位为 m^2s;$q(t)$ 为路面不平度输出,单位为 m;$w(t)$ 为单位白噪声;n_{00} 为路面下截止空间频率,取 0.01,单位为 m^{-1}。

依据式(3-9)在 Simulink 软件中搭建路面激励模型,如图 3-41 所示。该模型包括输入端、滤波白噪声子系统和输出端 3 个部分。输入端可以进行车速和不同等级路面不平度系数输入,路面不平度系数按不同等级路面几何平均值的十万倍进行输入;在滤波白噪声子系统内对输入的车速和不平度系数按式(3-9)转化为时域路面激励,其中白噪声功率设置为 1,采样时间为 0.001;最终由输出端的示波器进行展示并输出时域路面的高程模型。

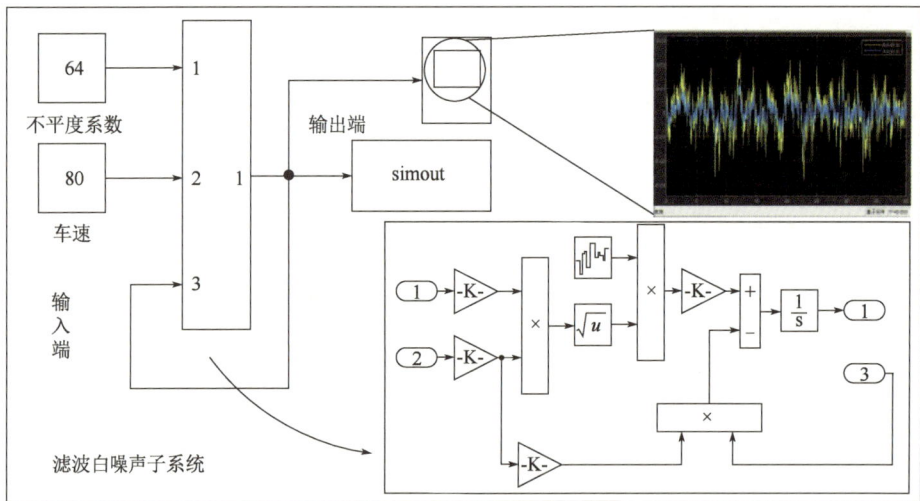

图 3-41 Simulink 工具箱中的路面激励模型

由白噪声激励模型生成 A 级和 B 级路面平整度时域曲线,如图 3-42 所示。由图 3-42 可知,A 级路面不平度最大幅值在 10mm 左右,计算其均方根值为 3.7mm;B 级路面不平度最大幅值在 20mm 左右,均方根值为 7.4mm。对路面平整度时域曲线进行频谱分析得到对应的位移频率谱密度,如图 3-43 所示。由图 3-43 可知,不同等级的仿真路面空间功率谱密度均位于其标准空间功率谱密度区间内。从均方根值和功率谱密度指标来看,由白噪声激励法生成 A 级和 B 级路面能较好地吻合 GB 7031 的路面分级。

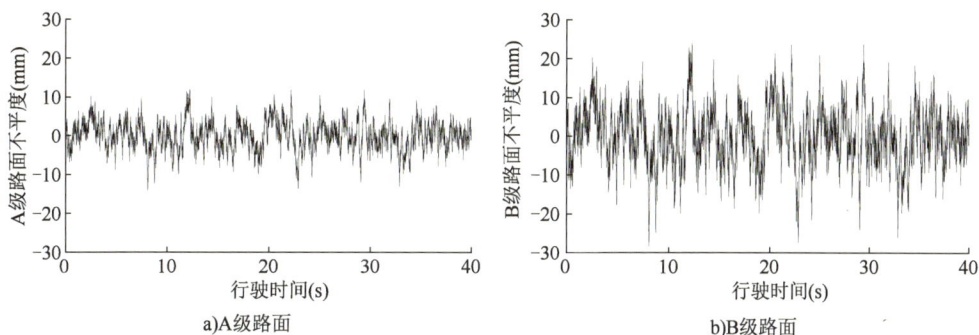

a)A级路面

b)B级路面

图 3-42 高速公路 A、B 级路面平整度时域曲线

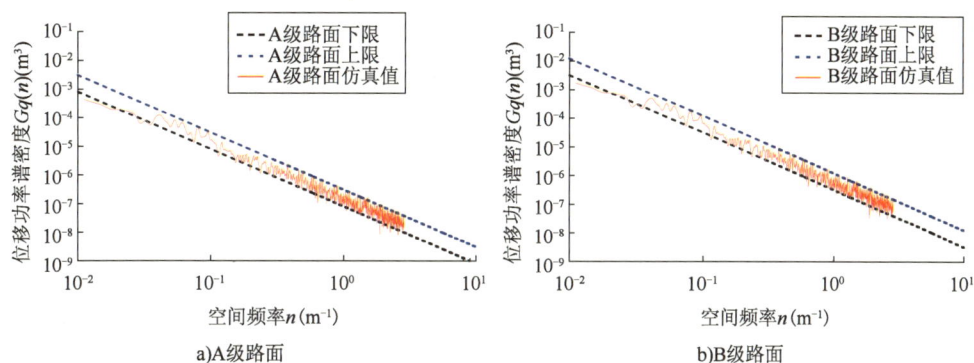

a)A级路面

b)B级路面

图 3-43 高速公路 A 级和 B 级路面的空间功率谱密度

3）路面平整度对轻型车辆制动距离的影响

通过在 Carism 软件环境下建立不同摩阻系数、不同平整度的三维路面模型,并设置不同的制动初始速度,形成 48 种行驶仿真工况。然后以小客车为仿真车型,开展不同工况下的制动行为仿真,得到了不同工况的车辆制动距离,见表 3-17。由表 3-17 可知,路面平整度对制动距离影响是多维度的,制动初始速度越大,路面平整度对制动距离的影响越大;摩阻系数越大,平整度对制动距离的影响越小。**从总体上来看,路面平整度(A/B 级路面)对制动距离的影响非常有限,在研究制动距离时均可将 A/B 级路面考虑为平整路面。**

不同路面类型制动距离（m）　　　　　　　表 3-17

制动初始速度 （km/h）	路面摩阻系数	车辆制动距离		
		平整路面	A 级路面	B 级路面
140	0.75	109.16	109.78	111.13
	0.55	147.20	148.15	149.01
	0.40	**200.63**	**201.65**	**202.13**
	0.35	231.66	232.47	233.13

续上表

制动初始速度 （km/h）	路面摩阻系数	车辆制动距离		
		平整路面	A 级路面	B 级路面
120	0.75	80.71	80.79	81.12
	0.55	109.15	109.13	109.45
	0.40	**149.33**	**150.18**	**150.6**
	0.35	172.78	172.95	173.29
100	0.75	56.46	56.58	56.84
	0.55	76.48	76.69	76.85
	0.40	**105.12**	**105.77**	**106.11**
	0.35	121.71	121.92	122.15
80	0.75	36.35	36.75	36.92
	0.55	49.34	49.65	49.95
	0.40	**67.23**	**67.72**	**68.02**
	0.35	78.84	79.10	79.28

此外，根据高速公路沥青路面的摩阻系数测量值，并考虑小客车整车质量轻、单位质量比制动力矩高的特点，制动时能够充分利用路面的附着性能形成较大的制动减速度，停车视距模型中摩阻系数 f 取 0.4 比较合理。表 3-18 是摩阻系数为 0.4 时，A 级和 B 级路面的停车视距与平整路面停车视距的差异。由表 3-18 中的数值可知，制动初始速度越大，路面平整性导致的停车视距差异越小，说明该条件下的停车视距取值越接近于平整路面。总体来看，A/B 级路面停车视距与平整路面之间的差值占比不超过 0.75%，因此计算停车视距时可将 A/B 级路面视为平整路面。

A/B 级路面停车视距与差值占比 表 3-18

制动初始速度 （km/h）	停车视距			差值占比（%）	
	平整路面 （m）	A 级路面 （m）	B 级路面 （m）	A 级路面	B 级路面
140	200.63	201.65	202.13	0.51	0.75
120	149.33	150.18	150.6	0.57	0.85
100	105.12	105.77	106.11	0.62	0.94
80	67.23	67.72	68.02	0.73	1.18

轻型高速公路横断面 关键技术指标

公路横断面设计对通行能力、工程规模和建设费用有重要影响。行车道宽度是最重要的横断面设计指标,若行车道过宽,相邻车道车辆之间的横向间隙过大,会降低驾驶员对车道保持的敏感度,还会诱发一些激进型驾驶员在车道内超车进而增加事故概率;过大的车道宽度冗余也会导致公路用地和工程资金的浪费。若行车道过窄,车辆的自由流速度将会明显降低,行驶舒适性和安全性也将变差。因此,行车道宽度将直接影响高速公路的通行能力、运行质量和风险水平。

轻型高速公路的服务对象为轻型车辆(专供小客车行驶,或者同时允许通行小货车),由于小客车宽度要比大型车窄0.7~0.8m,对行车道宽度的需求要低于大型车,可以对行车道的宽度进行缩减。轻型高速公路车道宽度的控制要素是什么,与常规高速公路相比车道宽度能够缩窄多少,该如何正向确定出行车道的宽度值,目前的研究成果尚无法回答这些问题。此外,行车道宽度降低之后,驾驶行为和车辆运行特征将如何改变,也需要明确。本章在分析车辆轨迹行为的基础上提出了车道侧向余宽指标,结合该指标以及第3章的轨迹横摆和轨迹偏移指标,提出了轻型高速公路行车道、路缘带、硬路肩等横断面关键组成要素的宽度推荐值。本章的研究成果能够为轻型高速公路横断面设计和运营管理提供理论指导和控制依据。

4.1 轻型高速公路横断面组成要素以及控制因素

高速公路不同路段类型具有不同的横断面形式,路基路段横断面包括行车道、中央分隔带、路肩,以及用地范围内的植树绿化、取土坑、边沟、边坡等与地面线所围成的整个断面。桥梁路段和隧道路段的横断面构成相对简单,显著区别于路基路段横断面。我国高速公路的右侧硬路肩在隧道洞口之前逐渐收窄然后在洞门处取消,导致横断面宽度和行驶空间突变,运行风险较为突出。对于山岭区高速公路,为了适应重载货车的低速行驶特性,横断面还包括爬坡车道、避险车道等。

轻型高速公路设置在地面层时,横断面构成与传统高速公路路基路段差异不大,只是无须设置爬坡车道。轻型高速公路为高架路时,车辆行驶通道为桥梁路段,采用整体式断面布局时,横断面组成要素包括中央分隔带、左侧路缘带、行车道、右侧硬路肩和护栏;当采用分离式断面时不设中央分隔带,左侧路缘带变为左侧硬路肩,其余组成要素保持不变。

当轻型高速公路采用高架层时,有多种不同的横断面组合方案可供选择,如左右分离式[图4-1a)]、上下分离式[图4-1b)]、整体式[图4-1c)]。采用整体式断面时,内侧车道的左侧安全余宽由左侧路缘带宽度和C值构成。采用分离式断面时左右两幅桥面完全分开[图4-2a)],桥梁护栏为金属梁柱式时迎撞面与桥面垂直,选用混凝土护栏时护栏迎撞面上部与底部的宽度差仅有10cm左右[图4-2b)],无法形成有效的C值宽度,左侧安全余宽本质上是由左侧硬路肩提供,即还是由桥面宽度提供。

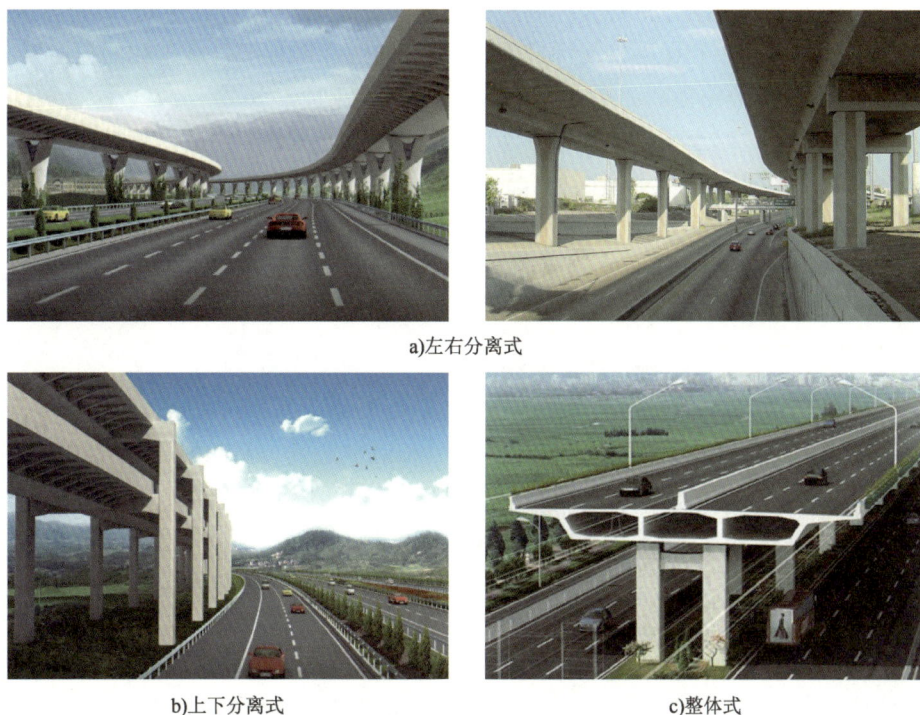

a)左右分离式

b)上下分离式　　　　　　　　　　　c)整体式

图 4-1　轻型高速公路为高架层时的横断面组合方案

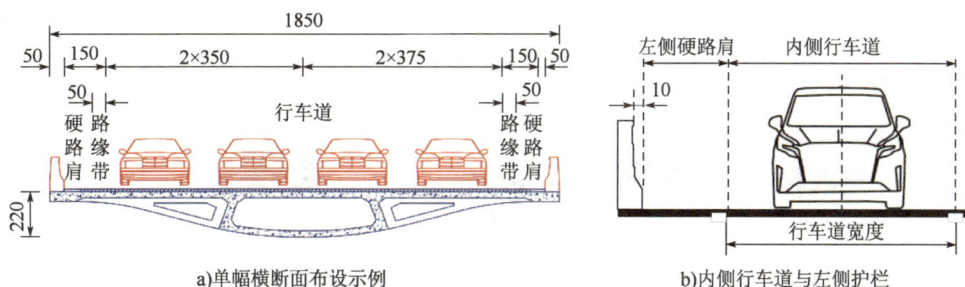

a)单幅横断面布设示例　　　　　　　　b)内侧行车道与左侧护栏

图 4-2　轻型高速公路单幅横断面示例(尺寸单位:cm)

在高速公路行驶环境下,每个行驶方向的车辆单独使用一个路幅,行车道宽度的影响因素有车身宽度、车辆高速行驶的轨迹行为特性、驾驶员对车道宽度的利用程度以及安全性等。基于轻型车辆技术参数和轨迹行为的深度分析,本章确定了适用于轻型高速公路的行车道宽度值,以及左侧路缘带、左侧硬路肩和右侧硬路肩等横断面要素的宽度值。

4.2　车道侧向余宽

以往公路技术标准/规范对横断面关键指标的规定大多是以大型车辆作为控制车型,如《标准》对高速公路车道宽度的规定是基于设计车辆最大宽度(重载货车宽 2.55m)、超车和车辆并行所必需的余宽进行考量,设计速度 80km/h 及以上时的车道宽度为 3.75m,其他主要国家对车道宽度给出的规定值也在 3.5 ~ 3.75m 范围内。

因此,若直接采用既有设计指标来控制轻型高速公路的几何设计将无法体现轻型车辆车身紧凑、外廓尺寸小和操控性能优异的特点。因此,深入理解轻型车辆的横向驾驶特性是建立轻型高速公路横断面关键技术指标体系的基础。

为此,本节通过对车辆轨迹数据的深度分析,提出了衡量车辆横向驾驶特征的车道侧向余宽指标,揭示了轻型车辆的横向驾驶行为特性和横向位置特征,明确了行驶速度、车道位置、道路设施和车辆类型对车道侧向余宽的影响,为轻型车高速公路行车道宽度、路缘带宽度和硬路肩宽度等横断面关键指标设计提供了基础数据支持和理论支撑。

4.2.1 车道侧向余宽的定义与计算

处于车道保持工况时车辆并不会严格按照车道中心线位置行驶,行驶轨迹存在周期性的横向摆动,车辆横向位置每时每刻都在发生变化,因此车辆轨迹与车道中心线之间总是存在一定的偏移,但总会与两侧的车道线保持有一定的距离,以保证行驶过程中的安全性。因此,可以用车道侧向余宽来描述车道保持阶段车辆轨迹与两侧车道线之间的横向位置关系,进而刻画驾驶员的横向驾驶行为特征,表征驾驶员对车辆横向安全性的感知和控制情况,如图4-3所示。通过分析车道位置和路侧环境对车道侧向余宽的影响,可以揭示驾驶行为的形成机理,为行车道宽度和路侧安全净距的设置提供参考依据。

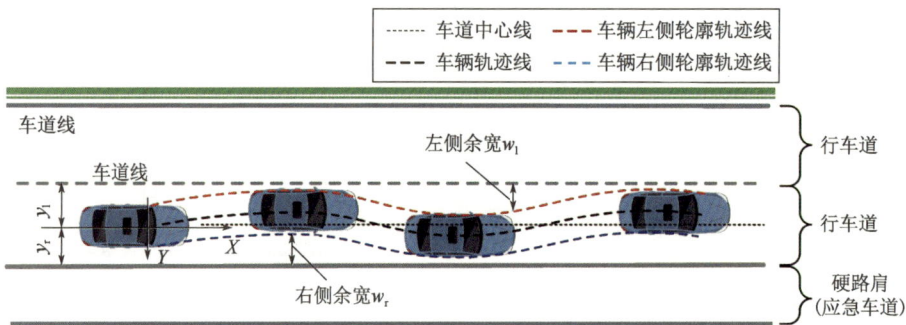

图4-3　车辆行驶轨迹和车道侧向余宽

1)车道侧向余宽

车道侧向余宽为车辆某一侧轮廓线与同侧车道线之间的横向距离,表示车道内行驶时行车道宽度的余量,包括左侧余宽和右侧余宽,二者之和加上车身宽度即为整个行车道宽度。根据轨迹数据集中的车辆位置和车身宽度数据,可以计算出车道侧向余宽(图4-4)。计算方法为车辆中心点(车辆形心)与某一侧车道线的横向距离减去半个车身宽度,如式(4-1)和式(4-2)所示。

$$w_l = \left| y_{l,i} \right| - 0.5\, w_b \tag{4-1}$$

$$w_r = \left| y_{r,i} \right| - 0.5\, w_b \tag{4-2}$$

式中,w_l和w_r分别为车道左侧余宽和车道右侧余宽,即车身两侧轮廓线与同侧车道标线中心线之间的横向距离;$y_{l,i}$为车辆左侧轮廓轨迹线的横向位置;$y_{r,i}$为车辆右侧轮廓轨迹线的横向位置；w_b 为车身宽度。根据本书第 2 章的调查结果，不同类别车辆的车身宽度也存在差异性，因此其对应的车道侧向余宽会存在明显的差别。

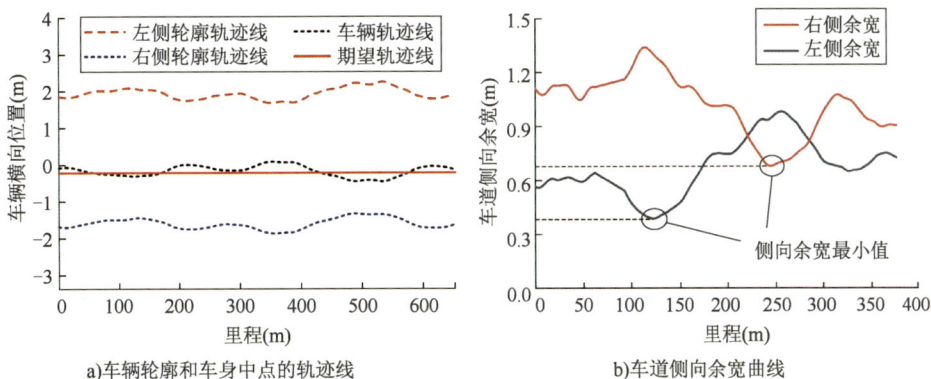

a)车辆轮廓和车身中点的轨迹线　　　　b)车道侧向余宽曲线

图 4-4　车道保持工况下的车辆行驶轨迹及轨迹行为指标提取

2）车道侧向最小余宽

在计算出车道左侧余宽和右侧余宽之（图 4-5）后，由于车道侧向余宽是动态变化的，在一个轨迹摆动周期内或者观测范围内的最小值为左侧最小余宽或右侧最小余宽，能够从安全的角度反映出驾驶员的轨迹行为特征，具体的计算方法如下：

$$W_{\text{left},n} = \min\{w_{li}\} \tag{4-3}$$

$$W_{\text{right},n} = \min\{w_{ri}\} \tag{4-4}$$

式中，$W_{\text{left},n}$ 为左侧最小余宽，即左侧轮廓线与左侧车道线间距的最小值；$W_{\text{right},n}$ 为右侧最小余宽，即右侧轮廓线与右侧车道线间距的最小值。

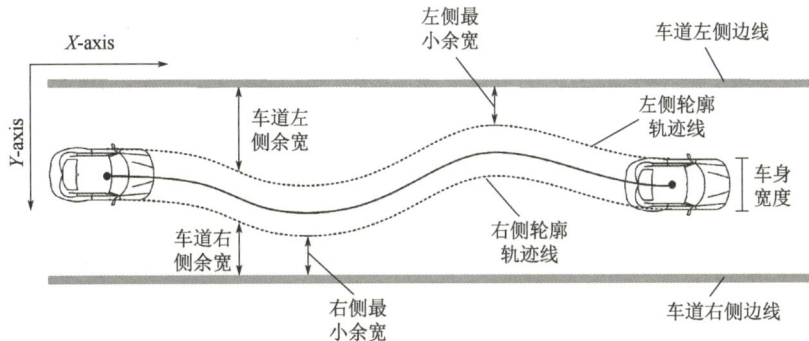

图 4-5　车辆行驶在车道内时的车道侧向余宽

3）侧向安全裕量

与此同时，本书提出了用侧向安全裕量指标来衡量驾驶员对行车道宽度的使用程度，如图 4-6 所示。分别选取行车道内所有车辆的车道左侧余宽和车道右侧余宽的15 分位值，二者相加之和为侧向安全裕量，即提供给行驶车辆避免并行车辆发生碰撞或者内侧车道碰撞中央分隔带设施的宽度，能够满足 85% 车辆的行驶摆动需求，如式（4-5）所示。

$$W_{\text{sum}} = P15_{\text{left}} + P15_{\text{right}} \tag{4-5}$$

式中，W_{sum}为侧向安全裕量；$P15_{left}$和$P15_{right}$分别为车道左侧和右侧余宽的 15 分位值。W_{sum}越低，说明车辆对车道宽度利用程度越高，反之越低。

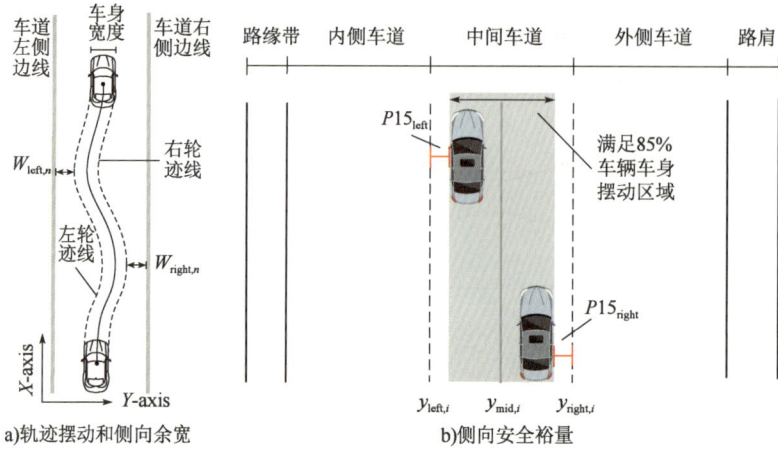

图 4-6　车道侧向余宽和侧向安全裕量计算示意图

4.2.2　车道侧向余宽分布特征

从轨迹数据集中提取车辆轨迹坐标和车身宽度信息，计算得到车道左侧余宽和车道右侧余宽数据，然后提取每个轨迹摆动周期内左侧余宽和右侧余宽的最小值，依此分析驾驶员对车辆横向位置的控制行为。图 4-7 为德国双向四车道高速公路车道左侧和右侧最小余宽值的累计频率曲线。从图 4-7 中可以看出，内侧车道的左侧余宽和右侧余宽均大于外侧车道。表 4-1 给出了车道侧向余宽的统计特征值，从表中可以看出外侧车道左侧和右侧余宽的 15 分位值（满足车道内 85% 车辆所需）分别为 0.14 和 0.23m，低于内侧车道两侧余宽的 0.36 和 0.39m，外侧车道的侧向安全裕量 W_{sum} 为 0.37，明显低于内侧车道 0.75m 的安全裕量，这是因为外侧车道货车所占比例居多，更宽的车身导致了更高的车道宽度使用率。

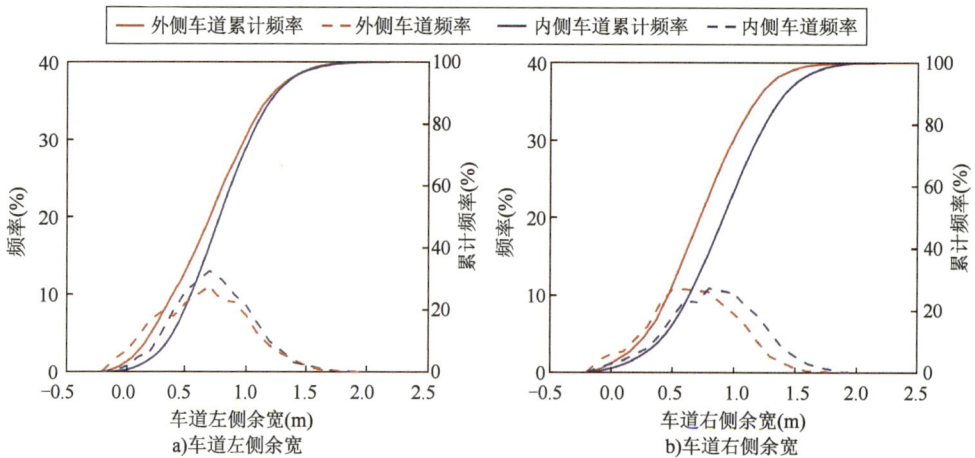

图 4-7　德国双向四车道高速公路车道侧向余宽分布

双向四车道高速公路车道侧向余宽统计特征值（m）　　表4-1

车道位置	平均速度（km/h）	样本数（个）	侧向余宽	平均值	标准差	中位数	15分位值	85分位值
外侧车道	85.14	4323	左侧	0.55	0.44	0.58	0.14	0.98
			右侧	0.60	0.38	0.61	0.23	0.99
内侧车道	139.76	6180	左侧	0.69	0.32	0.68	0.36	1.02
			右侧	0.77	0.40	0.79	0.39	1.17

　　双向六车道高速公路的车道侧向余宽频数分布曲线如图4-8所示。图4-8同时给出了德国和中国高速公路的统计结果。表4-2给出了左侧和右侧余宽的统计特征值。从图4-8a)中可以发现,德国高速公路外侧车道的左侧余宽高于内侧车道和中间车道,**说明对于六车道高速公路而言,车辆在外侧车道行驶过程中车身位置更靠右**。这是因为德国高速公路中间车道的宽度为3.5m,且混有一定比例的货车,外侧车道驾驶员会增加车道左侧余宽以保证与中间车道车辆之间的安全净距,即通过行驶在行车道中心线右侧来降低心理负荷。由于右侧硬路肩为外侧车道车辆提供了较宽的安全净距,一些驾驶员会把硬路肩当作额外的可行驶空间,导致一些外侧车道车辆碾轧路缘线行驶。内侧、中间和外侧车道的安全裕量分别为0.60m、0.36m和0.26m,造成此差异的原因是内侧车道主要通行轻型车辆,相较于以货车为主导车型的外侧车道存在更大的富余宽度。

双向六车道高速公路车道侧向余宽统计特征值（m）　　表4-2

车道位置	平均速度（km/h）	样本数（个）	侧向余宽	平均值	标准差	中位数	15分位值	85分位值
外侧车道	87.20	19075	左侧	0.67	0.45	0.70	0.21	1.12
			右侧	0.39	0.42	0.41	−0.05	0.82
中间车道	108.06	30120	左侧	0.49	0.38	0.51	0.12	0.85
			右侧	0.61	0.37	0.63	0.24	0.97
内侧车道	117.64	28104	左侧	0.44	0.34	0.45	0.12	0.78
			右侧	0.87	0.41	0.90	0.48	1.26

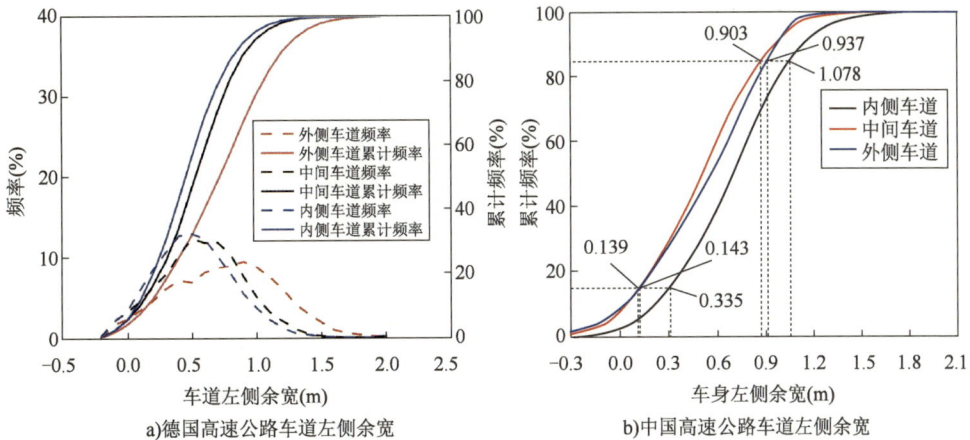

a)德国高速公路车道左侧余宽　　b)中国高速公路车道左侧余宽

图　4-8

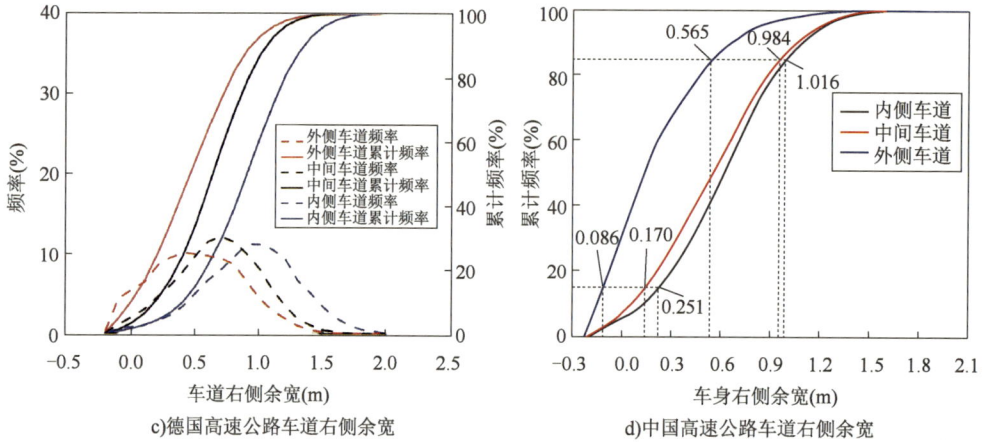

图 4-8 双向六车道高速公路的车道侧向余宽分布

对比德国与中国高速公路不同车道的左侧余宽,能发现德国高速公路外侧车道的左侧余宽值最大,内侧车道的左侧余宽值最小;而中国高速公路是内侧车道的左侧余宽值最大,中间车道左侧余宽值最小,即中国和德国高速公路的车道左侧余宽存在一定的差异性。导致这种差异的因素有以下几种:一是行车道宽度,中国高速公路内侧车道宽度是 3.75m,比德国宽 0.25m;二是中国高速公路拍摄路段的左侧路缘带宽度是 0.75m,但护栏迎撞面与路缘石齐平,内侧车道车辆的左侧安全净宽较小,驾驶员担心与护栏碰撞会留有较大的车道左侧余宽,相比之下德国高速公路拍摄路段的左侧路缘带宽度虽然也是 0.75m,但护栏与左侧路缘带左边沿之间还设置有 0.5m 的土路肩,实际上提供了 1.25m 的左侧安全宽度,驾驶员的心理安全裕量较大,因此可以更靠近车道左侧行驶,导致内侧车道的左侧余宽值较低。

4.2.3 行驶速度对车道侧向余宽的影响

1)德国高速公路的分析结果

在设计道路横断面尤其是确定行车道宽度值时,考虑侧向余宽的目的是保证路侧有一定的宽度,减小路侧设施(比如护栏)和相邻车道车辆对驾驶员的心理压力,同时降低碰撞事故的发生概率,因此,需要分析不同运行速度下轻型车辆驾驶员对车道侧向余宽的需求。为此,在 HighD 数据集中选择[100~140km/h]速度区间的轨迹数据进行抽样,计算出车道侧向余宽然后进行统计分析。由于车道左侧余宽和右侧余宽为相对关系,左侧余宽增加时右侧余宽必然减小,因此只给出行驶速度增加时左侧余宽的变化情况。

图 4-9 给出了德国双向四车道高速公路车道左侧余宽随行驶速度变化的箱线图。从图 4-9 中可知,外侧车道左侧余宽的 15、85 分位值和均值都是呈下降趋势,内侧车道左侧余宽的中位值和 15 分位值呈轻微上升趋势,**说明行驶速度增大会导致内侧车道车辆远离中央分隔带护栏,即驾驶员会通过增大横净距来远离路侧固定物以保证行驶安全;相比之下,外侧车道车辆则是远离外侧车道线,往路面中心位置行驶。**

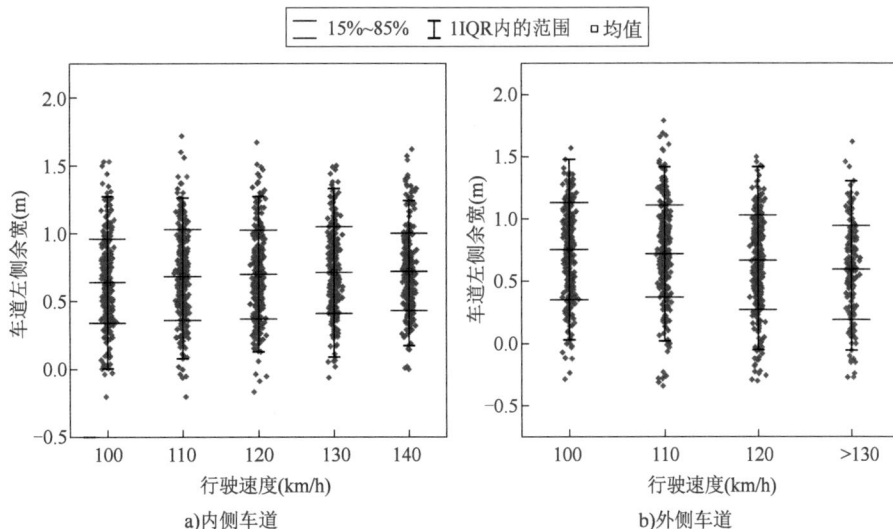

图 4-9 德国双向四车道高速公路行驶速度对车道左侧余宽的影响

德国双向六车道高速公路车道左侧余宽随行驶速度的变化趋势如图 4-10 所示。从图 4-10 中可以看出,当车速提高时,内侧车道左侧余宽均值和 15 分位值都是呈轻微上升趋势,中间车道的左侧余宽呈逐渐降低趋势,外侧车道左侧余宽呈现先短暂增大随后降低的趋势。**这表明速度增加后,内侧车道车辆会与中央分隔带防撞护栏保持更大的横向距离,即有远离中央分隔带的趋势;外侧车道的车辆质心位置往车道中心线靠拢,中间车道车辆更倾向于在车道中心线左侧行驶。**这是由于速度的提高会增加内侧车道车辆与护栏的碰撞可能性和事故发生的概率,驾驶员会操纵车辆远离护栏一侧;行驶在中间车道的车辆速度增加后,由于右侧车道主要是货车行驶,货车总质量更大,与其碰撞的事故风险和严重性要高于小型车,迫使驾驶员在提速过程中将车辆适度靠左以降低安全风险。

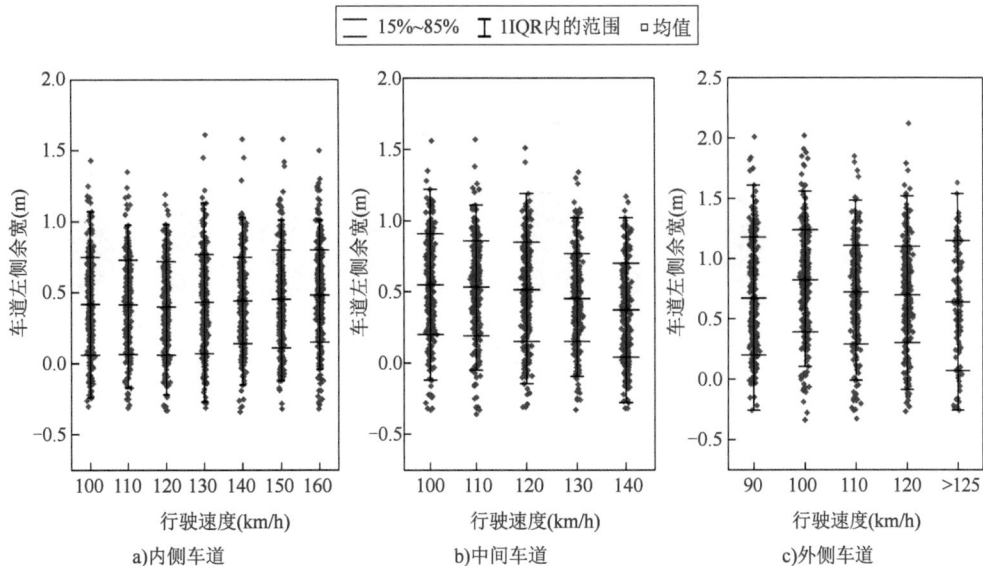

图 4-10 德国双向六车道高速公路左侧余宽随速度的变化趋势

2）中国高速公路的分析结果

在轨迹数据集 CQSkyEyeX 中选取不同速度的侧向余宽进行比对分析。由图 4-11 可知,小客车速度增加时内侧车道左侧余宽的均值和 85 分位值都是轻微增加,即速度增加后内侧车道车辆有远离中央分隔带护栏的趋势,即呈现了与德国高速公路类似的变化规律。**该现象表明,当设计速度提高后,左侧路缘带宽度需要适度增加。** 中间车道小客车速度增加时,车道左侧余宽的均值呈现震荡下降现象;而中间车道货车的左侧余宽是随速度增加而增大,这一现象可能是速度快的货车多为轻型货车,其车身更窄,因此剩余的宽度更大。外侧车道货车速度提高,车道左侧余宽先降低后稳定,这是由于货车车身更宽、更大,限制了横向位移。

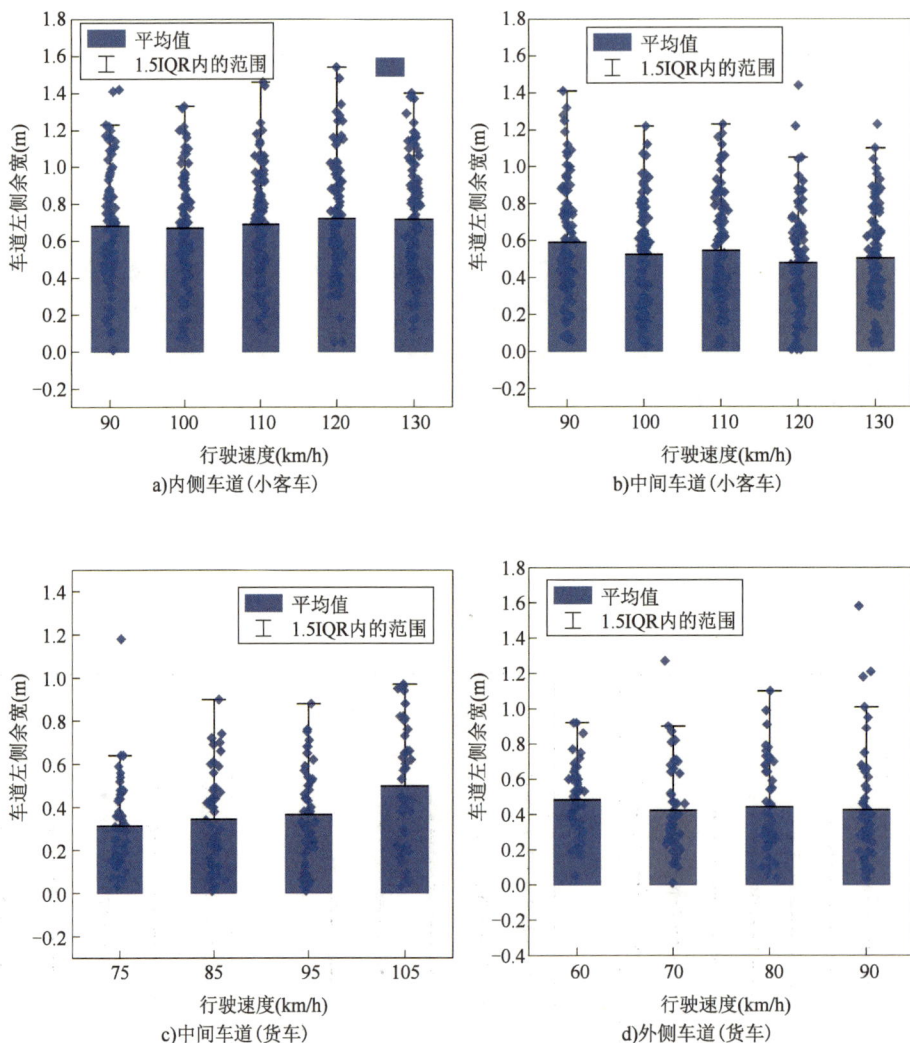

a)内侧车道(小客车)　　b)中间车道(小客车)

c)中间车道(货车)　　d)外侧车道(货车)

图 4-11　不同车道车辆行驶速度与车道左侧余宽的关系

4.2.4　车型对侧向余宽和安全裕量的影响

1）德国高速公路分析结果

为明确车型因素对车道侧向余宽和车道利用程度的影响,在 HighD 数据集中挑选具有类似交通组成和运行特征的双向四车道高速公路外侧车道和双向六车道高速公路中间车道作为研究对象,因为这两条车道都是大小车混行。图 4-12a）和 b）给出了双向四车道高速公路外侧车道的侧向余宽频率曲线。表 4-3 给出了外侧车道大型车和小型车的车道余宽特征值。可以发现同一车道下不同车型的车道侧向余宽存在显著差异,大型车的左侧、右侧余宽均值小于小型车,即大型车对车道幅面的利用情况大于小型车;满足 85% 大型车和小型车摆动需求的侧向安全裕量分别为 0.30m 和 0.70m。表明小型车驾驶员的轨迹控制行为与大型车驾驶员存在显著差异,也证实了 3.75m 的车道宽度对于轻型车辆而言确实可以缩减。

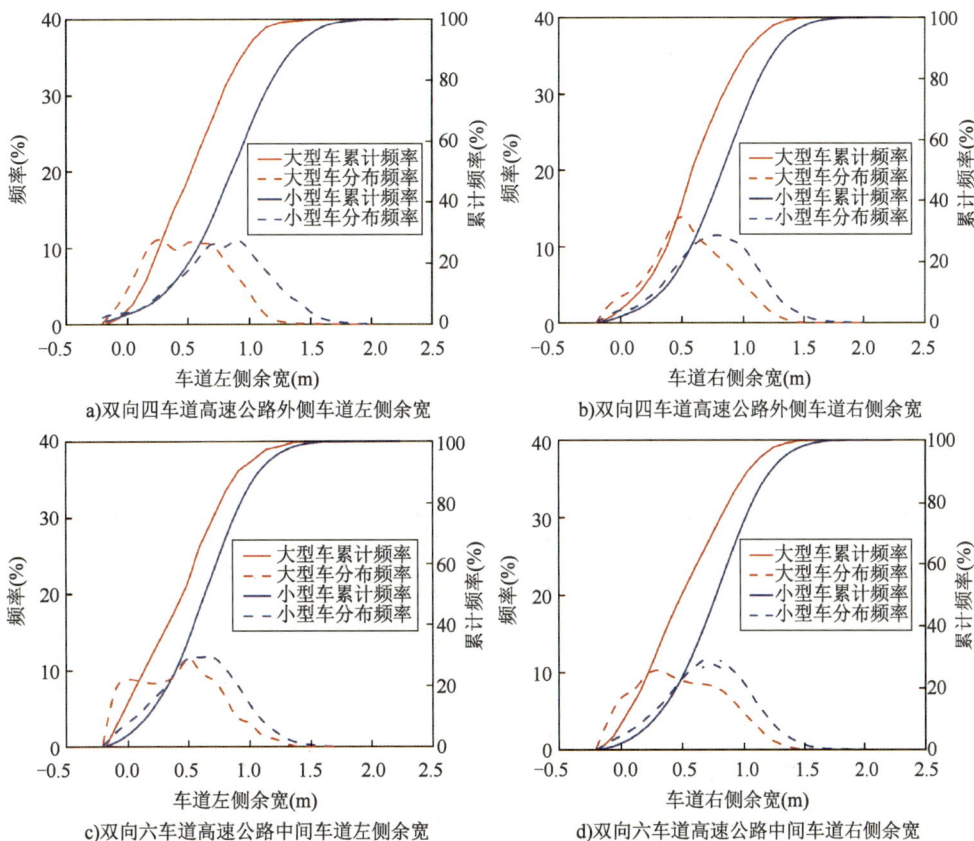

a）双向四车道高速公路外侧车道左侧余宽

b）双向四车道高速公路外侧车道右侧余宽

c）双向六车道高速公路中间车道左侧余宽

d）双向六车道高速公路中间车道右侧余宽

图 4-12　高速公路不同车型的车道侧向余宽频率曲线

图 4-12c）和 d）是双向六车道高速公路中间车道侧向余宽累计频率曲线,可以看出大型车在中间车道（3.5m 宽）的左侧余宽均值和 15 分位值均低于小型车,说明大型车对于 3.5m 的车道宽度利用程度更高,且基本没有富余的宽度,即适合大型车行驶的车

道宽度为 3.75m。对于 3.5m 宽的中间车道,大型车与小型车的车道侧向安全裕量分别为 0.08 和 0.495m,说明在此类行驶环境下,轻型车辆所需的行车道宽度在理论上可以比标准行车道宽度低 0.487m(即 0.495 与 0.008 的差值)。

双向四车道高速公路外侧车道和双向六车道高速公路中间车道侧向余宽统计特征值　表 4-3

侧向余宽 (m)	车型	平均值		中位数		15 分位值		85 分位值	
		四外	六中	四外	六中	四外	六中	四外	六中
车道左侧余宽	大型车	0.44	0.36	0.44	0.38	0.11	-0.03	0.78	0.72
	小型车	0.73	0.54	0.75	0.55	0.34	0.195	1.11	0.87
车道右侧余宽	大型车	0.51	0.43	0.49	0.41	0.19	0.05	0.84	0.82
	小型车	0.71	0.66	0.71	0.67	0.36	0.30	1.05	1.00

注:表中"四外"表示双向四车道高速公路外侧车道;"六中"表示双向六车道高速公路中间车道。

根据表 4-3 中的数据可以计算出两条车道的侧向安全裕量,双向六车道高速公路中间车道(宽 3.5m)与双向四车道高速外侧车道(宽 3.75m)相比,满足 85% 大型车驾驶员的侧向安全裕量从 0.30m 降低至 0.08m;满足 85% 小型车摆动的侧向安全裕量从 0.70m 降低至 0.495m,说明当行车道宽度从 3.75m 变化至 3.5m 时,不同车型的侧向安全裕量也随之降低,且降幅与车道缩减的宽度相近。

图 4-13 给出了不同车型横向位置的概率分布和累计频率曲线。从图 4-13 中无法直观地分辨出不同车型的轨迹横向位置是否存在明显差异。为此,对轨迹横向位置进行 t 检验,检验结果见表 4-4。在表 4-4 中双向四车道高速公路外侧车道和双向六车道高速公路中间车道的 Cohen's d 值分别为 0.081 和 0.334,因此,两类车型在同一车道的轨迹横向位置偏好的差异幅度较小。说明在同一行车道内,导致大型车和小型车侧向余宽差异的主要因素为两类车型的车身宽度,而非驾驶员的轨迹控制行为,即小型车对车道宽度的使用程度低于大型车是由于车身更窄所致。

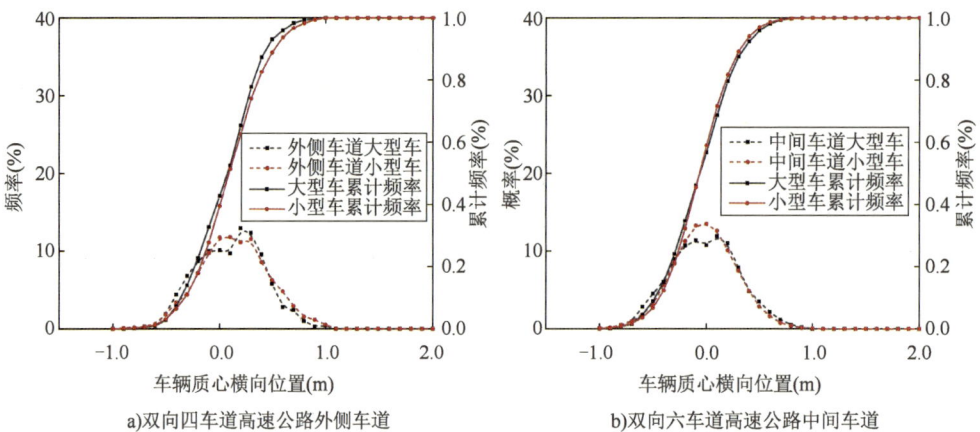

a)双向四车道高速公路外侧车道　　　　b)双向六车道高速公路中间车道

图 4-13　不同车型横向位置的概率分布和累计频率曲线

不同车型质心横向位置差异性检验　　　　表4-4

路段	双向四车道高速公路外侧车道	双向六车道高速公路中间车道
t 值	− 2.507	0.000 * * *
p 值	0.012 * *	− 10.351
Cohen's d 值	0.081	0.334

注：* * 表示 P 值小于0.01，即结果具有更高的显著性；* * * 表示 P 值小于0.001，即结果具有极高的显著性。

2) 中国高速公路分析结果

在轨迹数据集 CQSkyEyeX 中提取小客车和大型车的横向位置数据并计算车道侧向余宽，绘制了相对频率分布曲线和累计频率曲线，如图4-14所示。从图4-14中可以看出，小客车的左侧和右侧侧向余宽分布曲线形态比较类似，相比之下大型车左侧余宽大于右侧余宽，说明小客车倾向于居中行驶，大型车倾向于靠右侧行驶。表4-5是两种车型的车道侧向余宽统计特征值，能看出大型车的左侧、右侧余宽均值低于小客车，小客车和大型车的侧向安全裕量分别为0.98m和0.43m，其差值非常接近于两类车型的车身宽度差异，与德国高速公路的分析结果非常类似，表明导致大型车和小客车侧向余宽差异的主要因素为两类车型的车身宽度，即小客车对车道宽度的使用程度低于大型车主要是由于车身更窄所致。

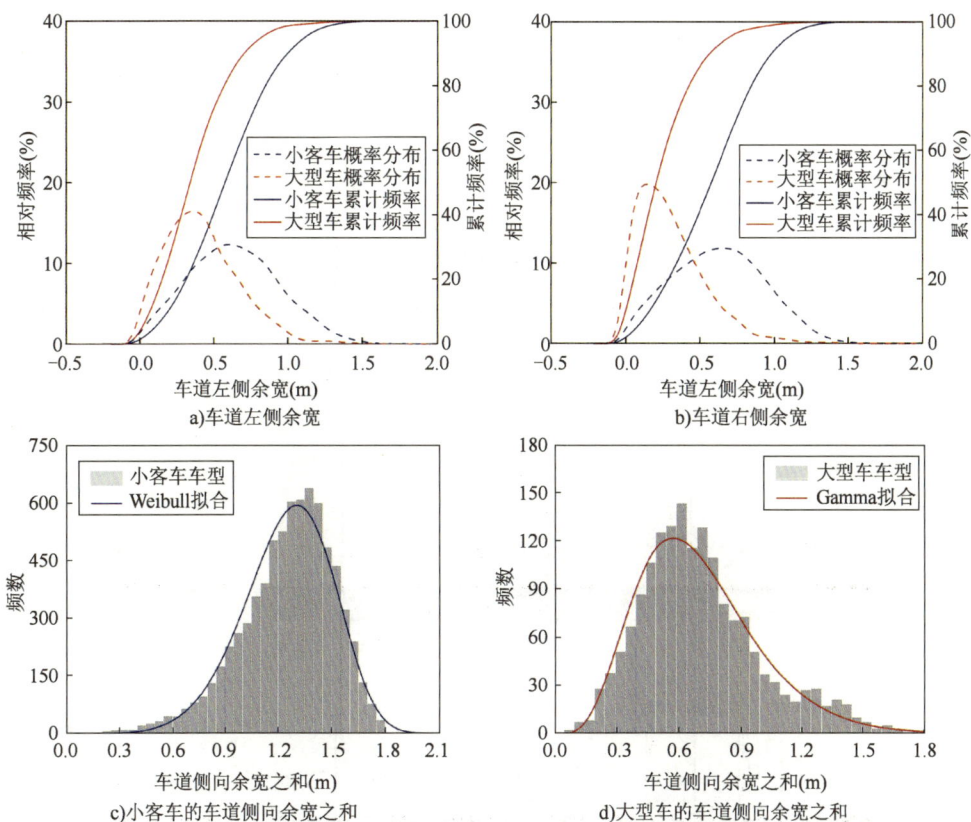

图4-14　高速公路车道不同类型车辆的车道侧向余宽频率分布

不同车辆类型的车道侧向余宽(m) 表 4-5

车辆类型	指标	统计特征值				
		均值	标准差	15 分位值	50 分位值	85 分位值
小客车	车道左侧余宽	0.63	0.30	0.31	0.62	0.95
	车道右侧余宽	0.61	0.30	0.28	0.62	0.94
	车道余宽之和	1.24	0.26	**0.98**	1.28	1.51
大型车	车道左侧余宽	0.41	0.24	0.16	0.38	0.66
	车道右侧余宽	0.29	0.22	0.08	0.24	0.52
	车道余宽之和	0.70	0.29	**0.43**	0.66	1.00

  图 4-15 给出了不同车道位置和车型相组合时对车道侧向余宽的影响。从图 4-15 中可以看出,同一车道位置不同车型的车道侧向余宽存在比较明显的差异,总体来看,大型车对车道幅面的利用情况要大于小客车。因此,相对于大型车,3.75m 的行车道宽度对小客车而言存在较大的剩余裕量。选取小客车和大型车的尺寸参数绘制车辆外廓,取每类车型的期望轨迹横向位置均值表示该车型在车道内的位置特征,绘制不同车型的车道内横向位置偏好示意图,如图 4-16 所示。从图 4-16 中可以看出,中间车道的大货车和内侧车道的小货车倾向于维持车道居中行驶,小客车的两侧剩余宽度均大于大型车。

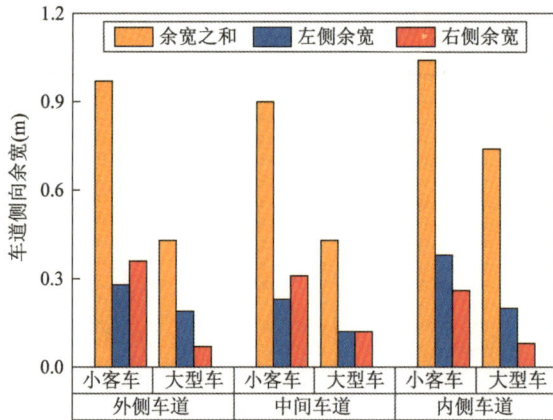

图 4-15　高速公路不同类型车辆的车道侧向余宽

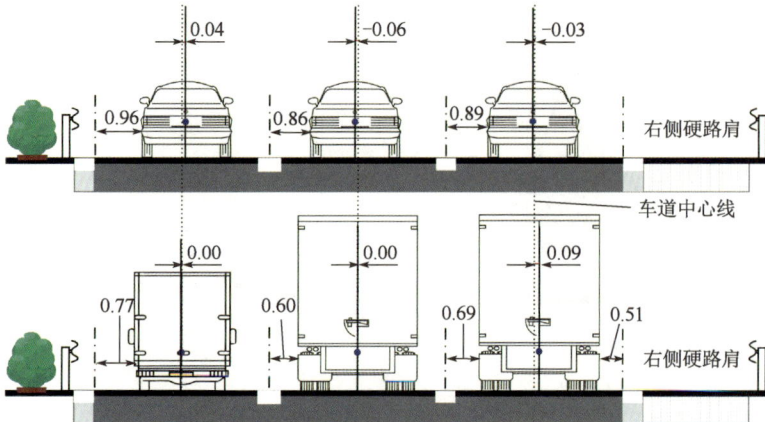

图 4-16　不同车型的轨迹偏好位置与车道侧向余宽(尺寸单位:m)

4.2.5　小结

（1）双向四车道高速公路外侧车道宽度的利用程度要大于内侧车道；双向六车道高速公路外侧车道的车辆更倾向于行驶在车道中心线右侧，对左侧空间利用程度低于中间车道和内侧车道。

（2）车辆行驶速度增加时，内侧车道车辆与中央分隔带护栏之间的横向距离有增加趋势，外侧车道车辆会远离车道右边线，中间车道车辆倾向于远离右侧车道线。因此，当设计速度提升后，左侧路缘带宽度应适当增加以满足内侧车道驾驶员对左侧安全净距的心理需求。

（3）当不同类型的车辆混行在同一条车道时，小客车的横向位置特征与大型车基本相同，导致两类车型车道侧向余宽差异的主要因素为车身宽度，即小客车对行车道宽度的使用程度低于大型车主要是由于车身更窄所致。

（4）不同车型的侧向余宽分布特征存在显著差异，大型车的侧向安全裕量低于小客车，根据两种车型侧向余宽和安全余量的差异性，小客车专用行车道宽度相较于客货混行车道可降低 0.4～0.5m。

（5）对于双向六车道高速公路，德国高速公路内侧车道的左侧余宽在同向 3 条车道中最小，而我国高速公路内侧车道的左侧余宽在 3 条车道中最大，这是由于我国左侧路缘带和安全净空较窄所致，驾驶员为了避免车辆与中央分隔带护栏发生碰撞，而留有较大的车道左侧余宽。

4.3　行车道宽度

高速公路行车道宽度的控制要素是车辆尺寸（宽度）、行车轨迹摆动和侧向余宽，如图 4-17 所示。我国高速公路的标准行车道宽度为 3.75m，对车道宽度起控制作用的是大型车辆（重型货车和大客车）外廓，其车身宽度最大值为 2.55m，而小客车宽度平均值为 1.85m，各种细分车型的宽度众数值均未超过 1.9m，比大型车窄 0.7m 左右。与此同时，车辆在车道内行驶时轨迹会发生横向偏移和周期性的横向摆动，小客车行驶速度虽然明显高于大型车，但小客车的轨迹横向摆动幅度与大型车几乎相同，未见显著性差异。根据前文的小型车轨迹摆幅和车道侧向余宽特征，在综合考虑车身宽度和侧向安全余量的基础上，可以确定轻型高速公路或者小客车专用车道的车道宽度值。

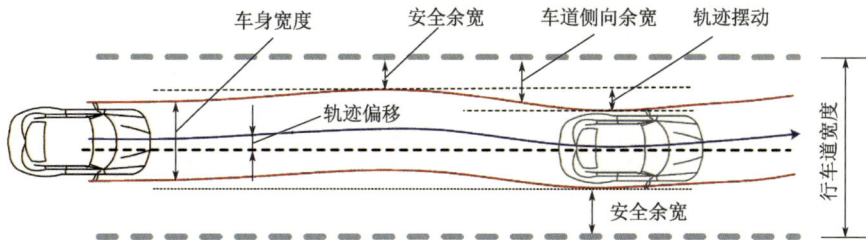

图 4-17　高速公路行车道宽度控制要素

4.3.1 车道宽度和交通组成对车速的影响

行车道宽度变化会影响车道侧向余宽,改变车辆运行的安全状态和驾驶员感知到的安全风险水平,进而影响驾驶员的心理预期和速度选择行为,最终影响到车道/道路的通行能力和服务水平,因此,需要分析缩窄行车道宽度对行驶速度的影响。此方面的相关研究包括:钟连德分析了上海快速路的实测数据,得到了不同车道宽度条件下的速度-流量数据以及趋势线,结果表明行车道宽度低于3.25m时,车道越窄,通行能力下降越明显,而行车道宽度在3.25m以上时,宽度增加不再对通行能力产生影响,即高架路行车道宽度取3.25m时可满足行驶需求。苏小青对干线道路的观测结果表明,车道宽度取3.75m和3.5m时不会对运行速度和通行能力产生影响。王雪松运用驾驶模拟器分析了隧道路段内侧车道宽度对车辆运行的影响,结果表明行车道宽度在3.5~3.75m范围内变化时不会对驾驶员的速度选择行为产生影响。美国得克萨斯州交通运输研究所Fitzpatrick等的观测结果表明,行车道宽度由3.4m增加至3.7m时平均车速会增加3.5km/h。同是来自得克萨斯州交通运输研究所的Thomas的实测研究表明,高度城市化地区的高速公路,由于交通组成主要是小客车,可以将行车道宽度缩窄至3.35m(11 ft),同时左侧硬路肩可以降低至1.22m(4 ft)甚至更小,而运行速度和通行能力并不受车道和左侧硬路肩变窄的影响。

本节运用车辆轨迹数据来分析车道宽度对速度的影响,车辆轨迹数据来源于德国的HighD数据集和中国的CQSkyEyeX数据集。HighD数据集的拍摄地点为德国科隆的双向六车道高速公路和双向四车道高速公路,双向四车道高速公路的车道宽度为3.75m,双向六车道高速公路内侧两条车道为3.5m,最右侧车道为3.75m;CQSkyEyeX数据集的拍摄地点为重庆绕城高速公路和渝蓉高速公路,为双向六车道,车道宽度均为3.75m,因此可以分析车道宽度变化和不同车道位置对车辆运行速度的影响。为此,从两个数据集中提取小客车速度数据,得到了不同车道位置的速度分布曲线,如图4-18所示,同时计算了不同车道的速度特征值,见表4-6。德国双向六车道高速公路内侧车道小客车行驶速度的中位值和85分位值分别为117.52km/h和132.15km/h,双向四车道高速公路内侧车道小客车行驶速度的中位值和85分位值分别为119.30km/h和137.08km/h,即车道宽度由3.75m降低至3.5m时,速度中位值降低了1.78km/h,速度85分位值降低了4.93km/h,这一研究结论与美国的观测结果类似。**基于此,就同一个国家类似的运行环境和交通组成而言,车道宽度降低0.25m,会导致行驶速度有所降低,但降幅非常微弱。**

对比中德两国双向六车道高速公路内侧车道的速度数据,中国重庆高速公路内侧车道小客车速度的中位值和85分位值分别为111.09和120.95km/h,德国同一车道位置的速度特征值为117.52和132.15km/h,即中国比德国分别低6.43km/h和11.2km/h。中国高速公路内侧车道的行车道宽度要比德国宽0.25m,但行驶速度却低于德国,即德国更窄的车道宽度却提供了更快的行驶速度,这主要是德国高速公路限速值更高甚至不限速所致;此外,德国高速公路内侧车道更大的左侧安全余宽也导致驾驶员选择更高的速度行驶。**这说明与车道宽度相比,有其他因素对驾驶员的速度选择行为影响更大,比如高速**

公路限速值、左侧路缘带和土路肩宽度等,因此,轻型车辆高速公路的行车道宽度缩窄以后,应该与较宽的左侧路缘带相搭配,以保证内侧车道的运行速度和驾驶舒适性。

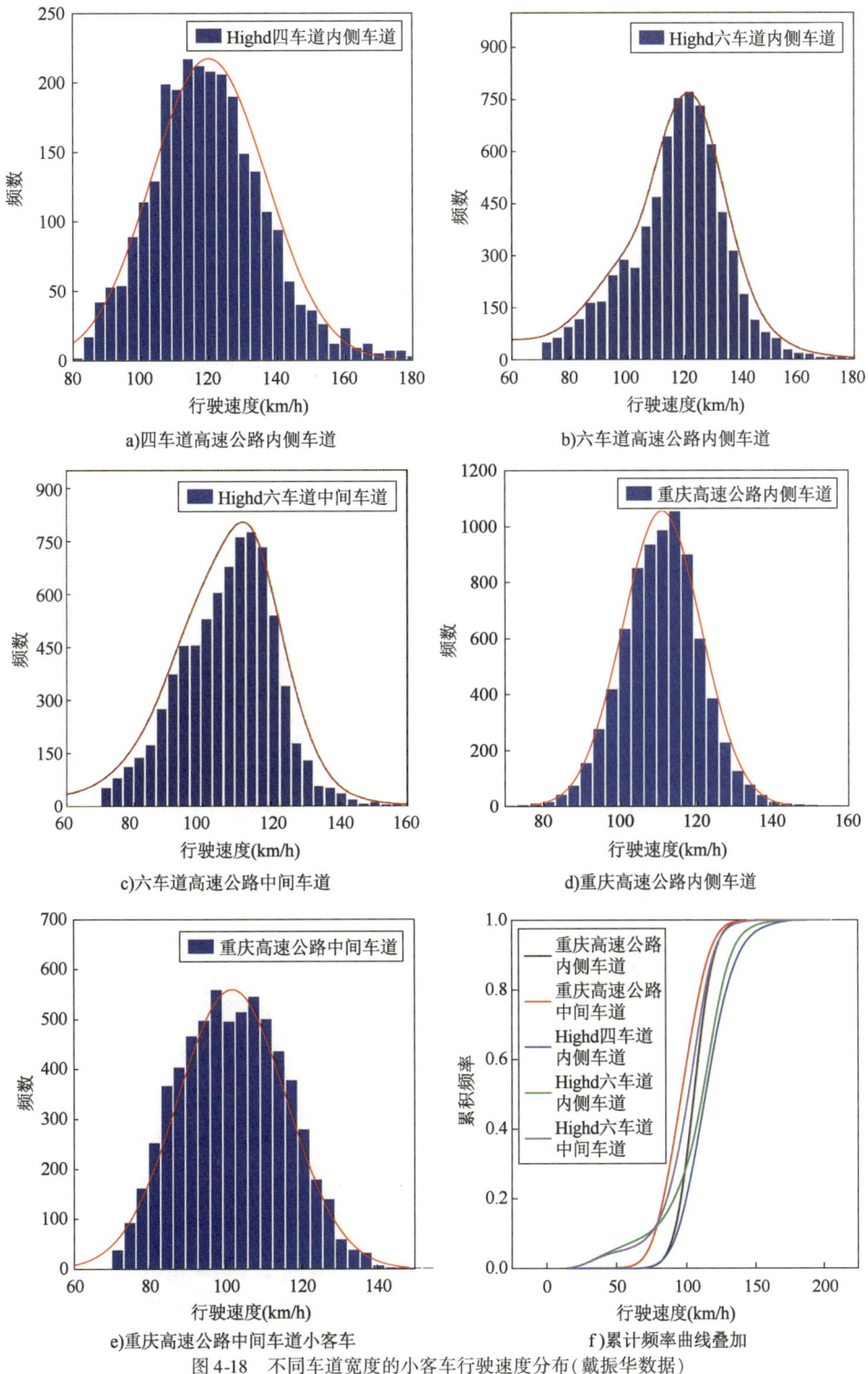

a)四车道高速公路内侧车道

b)六车道高速公路内侧车道

c)六车道高速公路中间车道

d)重庆高速公路内侧车道

e)重庆高速公路中间车道小客车

f)累计频率曲线叠加

图 4-18　不同车道宽度的小客车行驶速度分布(戴振华数据)

不同车道宽度的小客车行驶速度统计特征值（km/h） 表 4-6

车道位置	车道宽度（m）	样本数（个）	平均值	中位数	85 分位值	标准差
HighD 四车道内侧车道	3.75	2659	120.34	119.30	137.08	16.84
HighD 六车道内侧车道	3.50	7738	111.74	117.52	132.15	25.48
HighD 六车道中间车道	3.50	8109	103.39	107.53	120.16	20.64
重庆高速公路内侧车道	3.75	7880	110.91	111.09	120.95	10.31
重庆高速公路中间车道	3.75	6516	102.02	101.90	117.11	14.36

比较同一个国家高速公路不同车道位置的小客车速度差异，可以明确交通流组成以及运行环境对行驶速度的影响。根据图 4-18 和表 4-6，可以发现德国高速公路中间车道的速度中位值要比内侧车道低约 10km/h，85 分位速度要低约 12km/h。与此类似，中国重庆高速公路中间车道小客车速度均值要比内侧车道低约 9.2km/h，85 分位速度值则要低 3.84km/h，即不同车道位置的小客车速度存在比较明显的差异性，这是由以下几个方面的因素所导致：

一是交通流组成和车型因素的影响。根据车型统计结果，德国双向六车道高速公路内侧车道为单一的小客车交通流，中国高速公路内侧车道几乎都为小客车但偶有大货车驶入；相比之下，中间车道虽然也是以小客车交通量为主，但混有一定比例的大货车，并且外侧车道大货车借道超车时需要驶入中间车道，也要产生一定的货车比例，给小客车的运行带来较强的干扰，导致车道交通流的行驶速度降低。

二是车道两侧的运行环境差异导致的心理影响所致。内侧车道的左侧为中央分隔带，包括左侧路缘带、护栏和绿植，为静态固定物，右侧为以小客车为主的中间车道交通流；而中间车道的左侧为内侧车道的小客车交通流，右侧为大型车（以大货车为主）交通流。相比之下，右侧行驶的大货车会给中间车道车辆的驾驶员带来比较强的压迫感和心理压力，进而对驾驶员的速度选择意愿产生一定的抑制。

上述分析表明：客货混行会导致中间车道和外侧车道行驶速度降低，进而导致通行效率和服务水平降低，而轻型高速公路的不同车道位置均为单一的小客车交通流，没有大型车干扰，中间车道和外侧车道的行驶速度与客货混行相比，均会有明显的提高，从而显著提升驾驶员的驾驶体验和行驶质量。

4.3.2 轻型高速公路行车道宽度值

在确定行车道宽度时，轨迹横向摆幅的平均值可作为车道宽度理论最小值的确定依据；轨迹横向摆幅的 85 分位值满足了大多数驾驶员的驾驶习惯，可将其作为行车道宽度设计最小值的确定依据。车身横向摆动幅度再加上轻型车辆的车身宽度和车道两侧的余宽值，即可确定出轻型高速公路行车道宽度。根据中国高速公路轻型车辆轨迹横向摆动的研究结果，小客车轨迹横向摆幅的平均值为 0.57m，85 分位值的轨迹横向摆幅为 0.83m；小客车的车道左侧余宽 15 分位值为 0.31m，右侧余宽 15 分位值为 0.28m。

在设计车辆外廓即轻型高速公路设计车型的车身宽度方面，根据本书第 2 章的分析结果,小客车主要包含轿车、SUV、MPV、微客(面包车)和轻客5大品类,国内4800余款小客车的车身外廓尺寸统计结果表明,小客车宽度主要分布在1.65~2.05m,众数值为1.85m。根据小客车不同细分车型的外廓尺寸统计结果,以众数值作为细分车型外廓尺寸的特征值,轿车外廓为4.75m×1.825m×1.475m(长×宽×高,后同);SUV外廓为4.75m×1.875m×1.675m;MPV外廓尺寸为5.1m×1.875m×1.9m;面包车外廓为4.5m×1.69m×1.975m;轻客外廓尺寸为5.3m×1.9m×2.2m;因此轻客在5种车型中最宽,其次是SUV和MPV,面包车在5类车型中最窄,轿车的宽度大于面包车,比MPV和SUV略低。基于此,**根据不利原则和广泛性原则,用1.9m作为控制车型(代表性车型)的车身宽度。**

基于此,对于设计速度为100~120km/h的轻型高速公路行车道或者高速公路小客车专用车道(内侧车道),其宽度值按以下方法确定:

1)行车道宽度的理论最小值

根据前文的分析,轻型高速公路行车道或小客车专用车道的理论最小宽度构成要素为"设计车型车身宽度+轨迹横向摆幅平均值+车道左侧余宽+车道右侧余宽",即

1.9m+0.57m+0.31m+0.28=3.06m,取整后为3.0m。

考虑小客车尺寸和轨迹行为等因素,小客车行车道宽度在理论上可以降低到3m,能满足车辆中等摆动水平的行车道最小宽度,但3m的行车道会降低驾驶员的速度预期,驾驶人在这种宽度的行车道上虽能行驶,但安全性和舒适性较差,在设计实践中不宜采用。

2)行车道宽度的设计最小值

轻型高速公路行车道宽度或小客车专用行车道宽度一般值为"设计车型车身宽度+轨迹横向摆幅85分位值+车道左侧余宽+车道右侧余宽",即

1.9m+0.83m+0.31m+0.28=3.32m,根据我国目前的设计习惯,取整后为3.25m。

综合驾驶习惯、驾驶心理和行驶安全,3.25m的行车道宽度满足100~120km/h速度小客车的安全行驶需求,可以作为轻型高速公路行车道宽度的设计最小值,在设计速度100km/h时采用,或者设计速度120km/h但局部地形条件比较困难时采用。

3)行车道宽度的设计一般值

根据第3章的小客车轨迹行为分析结果,行驶速度在100~140km/h范围内变化时,轨迹横向摆动幅度的变化非常小,但车速提高时车道侧向余宽有轻微增加趋势,因此左右两侧再分别增加12.5cm的侧向安全余量,以满足驾驶人的心理需求。因此,对于设计速度为120km/h和140km/h的轻型高速公路,行车道宽度可以取3.5m,用于横断面设计时行车道宽度的一般值。

对于小货车占比较大的运输通道,轻型高速公路若同时通行小货车(总质量4.5t以下)和小客车,在确定行车道宽度时需要考虑小货车的外廓尺寸。表4-7是我国小货车(含轻卡和微卡)外廓尺寸的调查结果,车辆款式样本量超过5000款。根据表4-7中的外廓尺寸特征值,小货车宽度中位值为2m,85分位值宽度值为2.2m,对比小客车宽

度的特征分位值,小货车宽度要比小客车宽 0.2~0.25m 左右。因此,轻型高速公路为小客车和小货车共用时,考虑到小货车宽度要高于小客车,设计速度为 100km/h 和 120km/h 时,行车道宽度取 3.5m,即增加 0.25m。由于小货车的行驶速度区间明显低于小客车,设计速度 140km/h 的轻型高速公路不宜通行小货车。

小货车(含微卡和轻卡)外廓尺寸特征值　　　　　　　　表 4-7

外廓尺寸参数	样本总数(个)	尺寸特征值(m)						
		5 分位值	15 分位值	25 分位值	50 分位值	75 分位值	85 分位值	90 分位值	95 分位值
车身长度	5092	4.815	5.18	5.43	5.98	5.995	5.995	5.995	5.995
车身宽度	5092	1.61	1.75	1.84	2	2.2	2.22	2.3	2.4
车身高度	5084	1.983	2.08	2.15	2.42	2.9	3.12	3.17	3.3
轴距	5077	2.66	2.82	2.99	3.3	3.36	3.365	3.4	3.6

综上,在既有标准对比研究和车辆轨迹行为特征分析的基础上,考虑轻型车辆外廓尺寸、行驶轨迹摆动和车道侧向余宽等控制因素,轻型高速公路行车道宽度的推荐值见表 4-8。

轻型高速公路行车道宽度推荐值　　　　　　　　表 4-8

设计速度(km/h)			140	120	100
行车道宽度 (m)	小客车专用	一般值	3.5	3.5	3.5
		最小值	3.5	3.25	3.25
	小客车和 小货车共用	一般值	—	3.5	3.5
		最小值	—	3.5	3.5

4.3.3　小客车专用车道的设置原则和示例

从行驶安全的角度讲,可以适当缩窄行车道宽度,但应该保证足够的左侧硬路肩或左侧路缘带宽度,以提高左侧安全余宽和容错性,同时还可以保证行驶通道的幅宽,不降低行驶舒适性。我国高速公路左侧路缘带宽度普遍较窄并且明显低于欧美国家,导致内侧车道的左侧安全净空不足,同时也导致在相同车道数条件下路面幅宽窄于其他国家。对于双向四车道高速公路,单幅断面的路幅宽度较窄,驾驶员对期望速度的心理预期较低,行车道缩窄之后路幅宽度会进一步窄化,会影响行驶舒适性和驾驶员心理预期,所以双向四车道高速公路不宜设置窄化之后的小客车行车道。

基于此,从维持路面幅宽和驾驶员速度预期的角度,3.5m 宽度的小客车行车道建议设置在双向车道数在六车道及以上的高速公路,3.25m 的小客车行车道建议设置于双向八车道或者双向十车道的高速公路,如图 4-19 所示。当内侧车道设为 3.25m 的小客车行车道时,左侧路缘带宽度建议在 1.5m 以上,以满足内侧车道驾驶员对安全和舒适的心理需求。

左侧路缘带

侧向余宽0.25/0.375m

车宽1.9m

小客车专用道
3.25/3.50m

85分位值轨迹
摆幅0.85m

侧向余宽
0.25/0.375m

小客车专用道
3.25/3.50m

混行车道
3.75m

大型车行车道
3.75m

路肩

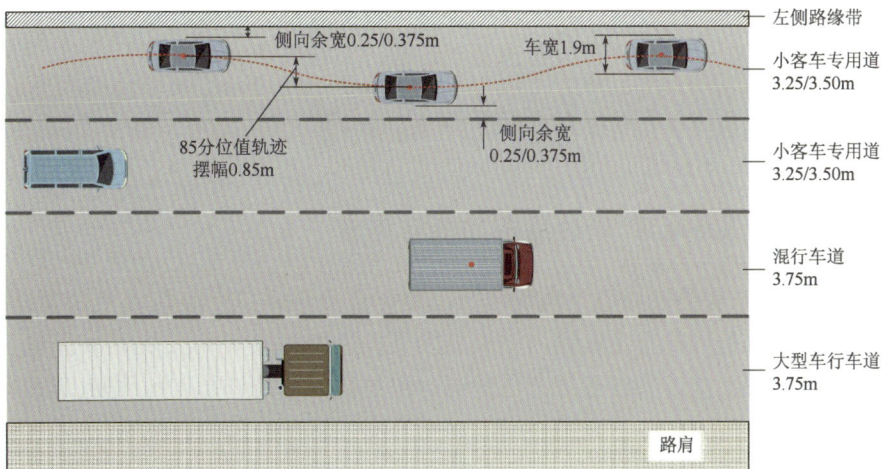

a)双向八车道高速公路内侧2条车道设为小客车专用车道

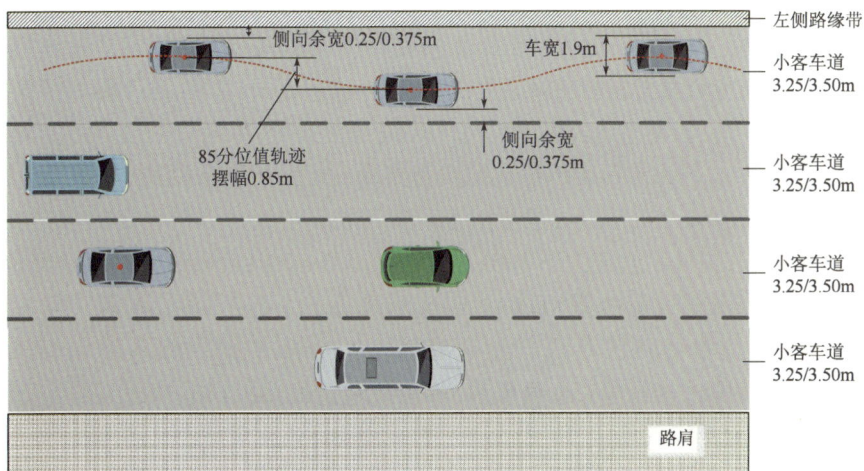

左侧路缘带

侧向余宽0.25/0.375m

车宽1.9m

小客车道
3.25/3.50m

85分位值轨迹
摆幅0.85m

侧向余宽
0.25/0.375m

小客车道
3.25/3.50m

小客车道
3.25/3.50m

小客车道
3.25/3.50m

路肩

b)双向八车道的轻型高速公路(小客车专用高速公路)

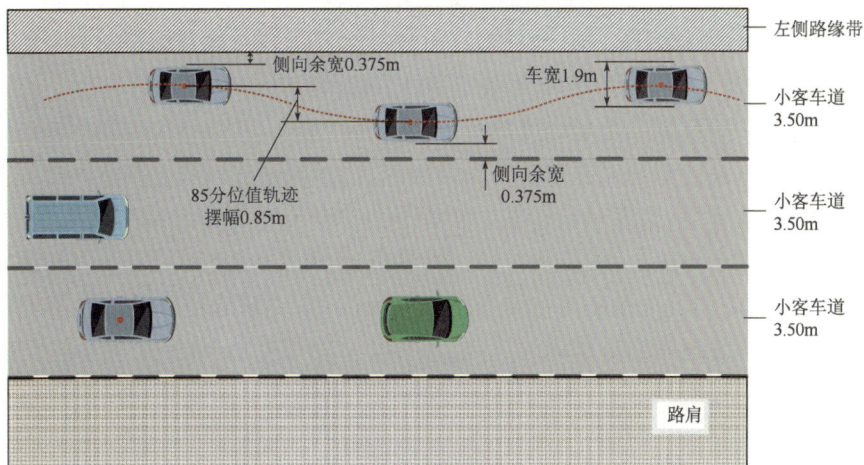

左侧路缘带

侧向余宽0.375m

车宽1.9m

小客车道
3.50m

85分位值轨迹
摆幅0.85m

侧向余宽
0.375m

小客车道
3.50m

小客车道
3.50m

路肩

c)双向六车道的轻型高速公路(小客车专用高速公路)

图4-19 小客车专用车道设置以及横断面布置示例

对于已经通车运营的高速公路,缩窄小客车行车道之后的结余宽度,可以用于加宽左侧路缘带或左侧硬路肩,用以改善内侧车道的行车视距和容错性。

4.4 左侧路缘带和左侧硬路肩宽度

4.4.1 左侧路缘带/硬路肩的功能与需求

左侧路缘带或左侧硬路肩为高速公路内侧车道车辆提供了左侧安全余宽,并起到以下作用:一是降低内侧车道车辆与中央分隔带护栏的碰撞概率;二是增加路幅宽度使路面变得更加宽阔,在改善行驶舒适性的同时也提高了驾驶员的速度预期,进而提高了行驶速度和道路通行能力;三是提供横向净距提高左转弯路段的通视性,改善驾驶员视线;四是当左侧硬路肩宽度取 2.5m 以上时可以为故障车辆或者事故车辆提供应急停放空间。

轻型高速公路采用分离式断面时,位于内侧行车道左侧的路面铺装部分称为左侧硬路肩,此时左侧安全余宽由左侧硬路肩提供;采用整体式断面时行车道左侧的路面铺装部分称为左侧路缘带。轻型高速公路使用整体式路基形式时,左侧安全余宽由左侧路缘带和 C 值构成,其中 C 值为波形梁护栏迎撞面与路缘石之间的横向距离,为中央分隔带宽度的组成部分,如图 4-20a) 所示,主要用于改善驾驶员视线并提供一定的容错性。《路线规范》要求 C 值在设计速度大于 100km/h 时为 0.5m。但大量的交通事故案例表明,中央分隔带设置路缘石(分水带)且护栏迎撞面退后于缘石立面时,车辆一旦失控并向左驶离车道时,轮胎会骑跨路缘石然后穿越中央分隔带护栏闯入对向行车道,如图 4-20b) 所示。因此,从行车安全角度讲,不建议通过设置护栏迎撞面与路缘石的相对位置(横向错位)来形成 C 值。当轻型高速公路采用整体式桥梁形式时,中央分隔带护栏通常为金属梁柱式或者混凝土连续墙,当选用金属梁柱式护栏时护栏迎撞面与桥面垂直,如图 4-20c);采用混凝土墙时护栏迎撞面上部与底部的宽度差仅有 10cm 左右,如图 4-20d) 所示。因此,对于采用高架桥形式的轻型高速公路,C 值本质上还是由桥面宽度提供。

左侧路缘带和左侧硬路肩尽管专业名词上的称呼不同,但二者都是位于内侧车道左侧,都是左侧安全余宽的主要构成部分。在路面构造上,左侧路缘带和左侧硬路肩存在一定的差别,但从使用功能和驾驶行为层面而言,左侧硬路肩和左侧路缘带并无本质区别,都是为内侧车道(最左侧行车道)车辆提供安全余宽。如果左侧余宽过窄,车辆与左侧护栏/路缘石等固定物的距离过近,驾驶员处于疲劳状态时极易与左侧固定物发生碰撞。过窄的左侧余宽也使得左转弯路段通视性变差,降低行车舒适性和驾驶员的速度预期,并会产生追尾前方车辆的风险。因此,从使用功能的角度,对于左侧路缘带和左侧硬路肩不应加以区别,即轻型高速公路的左侧路缘带和左侧硬路肩应该取相同的宽度值。

我国高速公路左侧路缘带/硬路肩的宽度值与德国和日本比较接近,但明显低于美国和其他欧洲国家。原因是我国早期的公路标准规范是从节约土地资源和建设资金的角度出发,给出的左侧路缘带/硬路肩宽度仅能满足最基本的侧向容错需要,未考虑曲线路段的通视性和故障车辆临时停靠等功能需求,也无法保证较小半径圆曲线路段内侧车道的停车视距需求,导致左转弯路段的交通事故频次显著高于右转弯,其中车辆碰撞护栏的事故频发。为此,建立科学合理的左侧路缘带/硬路肩宽度取值方法对于提升内侧车道安全高效运行尤为重要。

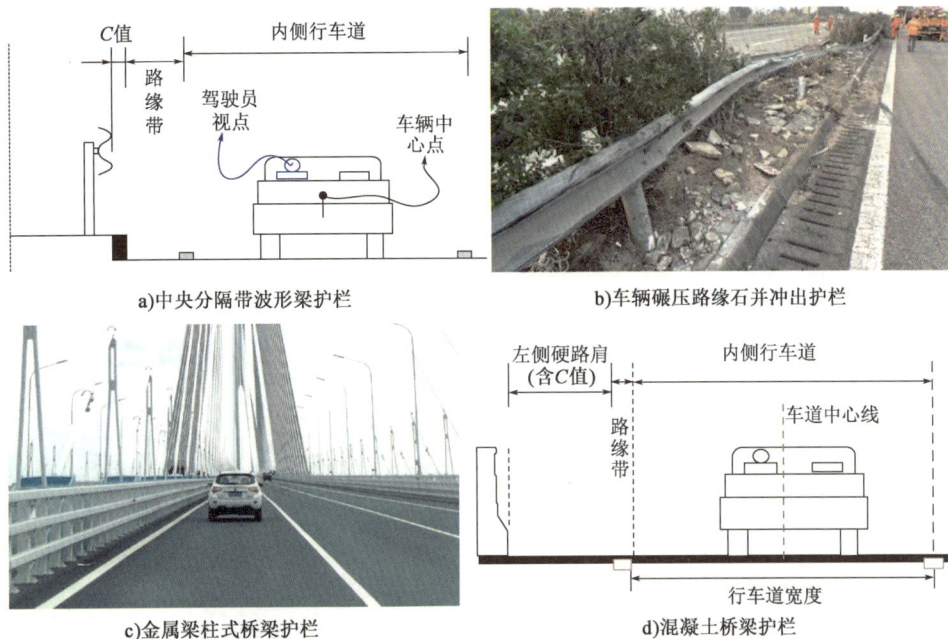

a)中央分隔带波形梁护栏　　　　　　　b)车辆碾压路缘石并冲出护栏

c)金属梁柱式桥梁护栏　　　　　　　d)混凝土桥梁护栏

图 4-20　桥梁路段内侧车道车辆左侧安全间距示意图

4.4.2　满足停车视距的左侧路缘带/硬路肩宽度

停车视距作为公路几何设计的控制性要素,是确保通视性和行驶安全的基本要求,左侧路缘带/硬路肩的一个主要作用是保证曲线路段的停车视距。当公路沿线地形条件复杂或者土地开发强度较高时,路线布设受限较多,圆曲线半径常采用规范中的一般值和极限值,因此,需要提出满足轻型车辆行驶特性和停车视距需求的左侧路缘带/硬路肩宽度值。

1)高速公路内侧车道的停车视距修正

高速公路内侧车道是小客车行车道,小客车具有载质量轻、比功率高和制动距离短的特点,《标准》和《路线规范》是通过改变不同速度条件和路面摩阻系数(潮湿状态)来确定停车视距长度,计算公式如下:

$$S = \frac{v}{3.6}t + \left[\frac{(v/3.6)^2}{2gf_1}\right] \tag{4-6}$$

式中,S 为停车视距;v 为行驶速度(设计速度的 85%),单位为 km/h;t 为反应时间,取 2.5s;g 为重力加速度;f_1 为路面摩阻系数。

《路线规范》停车视距计算公式中的路面摩阻系数是随设计速度 v 变化的,设计速度 100km/h 和 120km/h 时分别取 0.30 和 0.29,显著低于《公路养护技术标准》(JTG 5110—2023)和《公路技术状况评定标准》(JTG 5210—2018)对运营公路摩阻系数最低值 0.4 的要求,也低于沥青路面雨天潮湿状态下的摩阻系数实测值。随着近年来轮胎材料性能和路面材料抗滑性的提升,小客车的制动性能得到进一步改善。因此,现行规范的停车视距规定已经无法准确反映小客车的制动性能,需要依据实际情况进行修正。根据西南多条高速公路的摩阻系数采集值,潮湿或轻度积水状态下的沥青路面摩阻系数多在 0.41 以上。

停车视距计算的另一个关键参数为车辆行驶速度。作者用无人机采集了重庆绕城高速公路和渝蓉高速公路桥梁路段和路基路段的车辆运行视频,提取了车辆运行轨迹和行驶速度数据。图 4-21a)是拍摄路段内侧车道车辆速度分布的热力图,图中每个数据点为车辆在拍摄范围内的平均速度;图 4-21b)是速度数据的频数分布和累计频率曲线,车速的主要分布范围为 105～120km/h,平均值为 112.54km/h,85 分位值速度为 121.3km/h,略高于道路限速值,且内侧车道受驶入驶出车辆的影响最小。

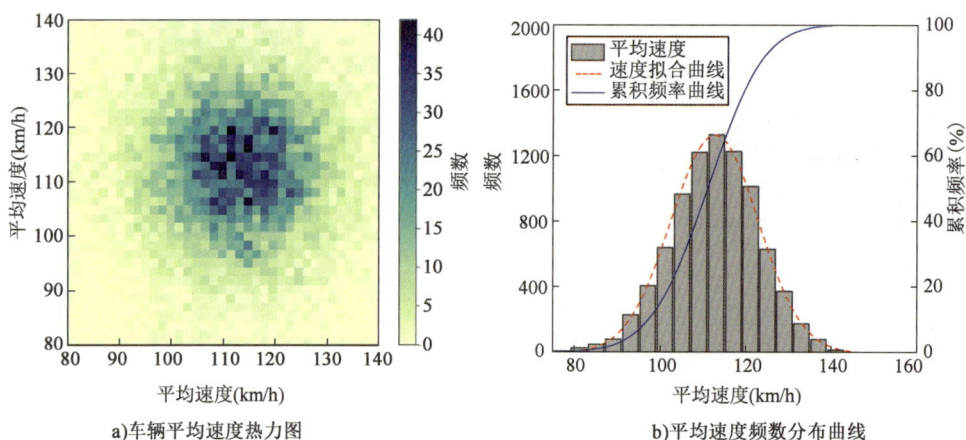

a)车辆平均速度热力图　　　　　　b)平均速度频数分布曲线

图 4-21　双向六车道高速公路内侧车道车辆运行速度分布

根据国内多条高速公路沥青路面潮湿或轻度积水状态下的摩阻系数实测结果,将式(4-5)的摩阻系数 f_1 设为 0.4,速度采用路段的 85 分位值,计算得到修正后的内侧车道小客车停车视距计算值,再根据设计习惯取整为 5 的倍数,设计速度 120km/h、100km/h 和 80km/h 时内侧车道的停车视距修正值为 175m、130m 和 95m。

2)考虑实际视点位置的横净距计算方法

高速公路曲线路段内侧车道的驾驶员视线易受到中央分隔带护栏和防眩设施遮挡,影响通视性和行驶安全。根据图 4-22a)所示的几何关系,曲线路段的通视性取决于圆曲线半径和横净距,横净距是驾驶员视点位置与护栏的横向距离,由车道内驾驶员视点与左侧车道线的横向距离、余宽 C 值以及左侧路缘带宽度三部分组成,如图 4-22b)所示。《路线规范》的横净距由于没有考虑我国左舵汽车的驾驶员实际视点,取值要大于实际的横净距,二者之间的差值为 D_{view}(车辆中心点与驾驶员视点的距离)。不同的设计速度对应不同的圆曲线最小半径,所需要的横净距值会发生变化。满足通视性所需的横净距与平曲线半径大小正相关,经过泰勒公式展开,横净距的计算公式如下:

$$h = R \left(1-\cos \frac{S}{2R} \right) \approx \frac{S^2}{8R} \tag{4-7}$$

式中,h 为横净距;R 为平曲线半径;S 为停车视距。

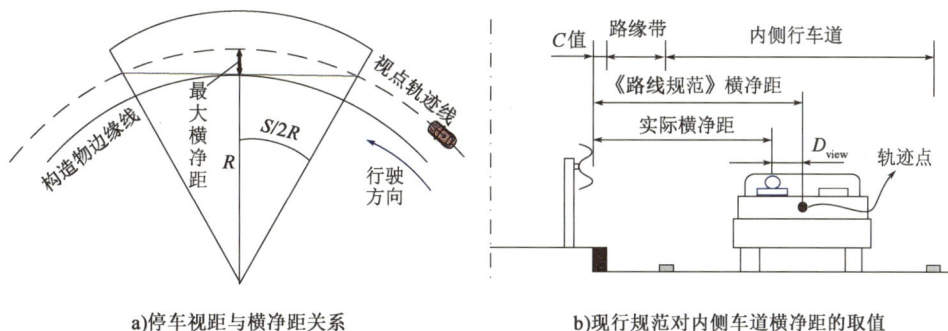

a)停车视距与横净距关系 b)现行规范对内侧车道横净距的取值

图4-22 曲线路段横净距与驾驶员视点位置

驾驶员视点位置与车辆轨迹的横向位置直接相关。我国高速公路的行车道宽度为3.75m,《路线规范》假定车辆始终保持在车道中心位置,并且假定驾驶员坐在车辆正中心,即内侧车道驾驶员视点位置为行车道中心线(距离左侧路缘线1.875m)。但如本书第3章所述,在实际的行驶环境中,驾驶员受到相邻车道车辆和路侧设施的影响,在车道保持阶段车辆轨迹会偏离车道中心线且存在稳定的轨迹选择偏好,表现为围绕期望轨迹左右摆动。内侧车道车辆的期望轨迹横向位置分布如图4-23所示,图中横坐标 $x = 0$ 所在的直线为行车道中心线,当车辆相较车道中线偏左行驶时期望轨迹为负,反之为正。

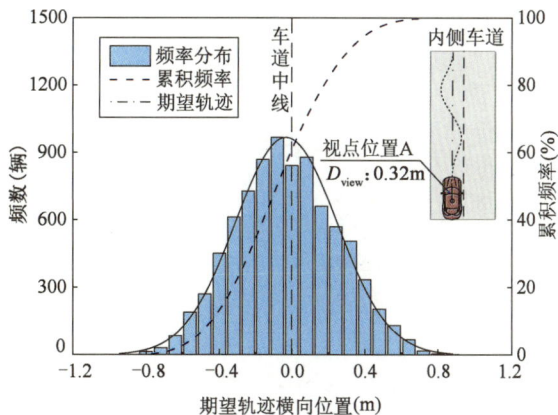

图4-23 内侧车道驾驶员实际视点位置分布

我国车辆为左舵车,驾驶员坐在汽车左侧,其头部和眼睛自然也位于汽车左侧,但现行规范并未考虑这一实际情况,因此在轨迹偏移的基础上还需考虑主驾驶位的横向位置,即驾驶员鼻梁与车辆中心点之间的距离,如图4-22b)中的横向距离 D_{view}。为了得到 D_{view} 值以获得更精确的横净距值,选取近两年中国乘用车市场SUV、轿车和MPV销量排行前十的车型,用驾驶位头枕的中心点来表示驾驶员视点的水平横向位置,获取

了每款车型的 D_{view} 值,经计算, D_{view} 的平均值为 0.32m。将期望轨迹分布的第 15 百分位值下的视点位置 A 作为停车视距横净距的计算位置,内侧车道期望轨迹与左侧路缘线横向位置的 15 分位值为 1.55m,减去 D_{view} 之后,驾驶员视点位置与左侧路缘线(内侧车道左侧车道线)之间的横向距离为 1.23m。

3)左侧路缘带/硬路肩宽度值

在式(4-5)中代入高速公路潮湿路面状态下的摩阻系数,得到停车视距的修正计算值,然后再代入到式(4-6)得到不同平曲线半径的横净距值,结果见表 4-9:在设计速度为 120km/h、圆曲线最小半径值为 1000m 时,左侧路缘带/硬路肩宽度为 2.09m,取整之后为 2.1m;设计速度为 100km/h、圆曲线最小半径值为 700m 时,左侧路缘带/硬路肩宽度为 1.54m,取整之后为 1.5m;设计速度为 80km/h、圆曲线最小半径值为 400m 时,左侧路缘带/硬路肩宽度取 1.33m,取整后为 1.30m。图 4-24 同时给出了本书左侧路缘带宽度建议值和《路线规范》的规定值,可以看出曲线路段的圆曲线半径取一般值时,若要保证曲线路段的通视性,左侧路缘带宽度的采用值需要采用大于现行规范的规定值;若使用现行规范左侧路缘带宽度,则需要增加平曲线半径。

考虑驾驶员视点位置的横净距宽度建议值(单位:m) 表 4-9

设计速度 (km/h)	圆曲线最小 半径一般值	①《路线规范》 定义横净距	②考虑实际 视点的横净距	③满足视距 所需横净距	③-②差值	左侧路缘带 建议取值
120	1000	3.13	2.49	3.83	1.34	2.10
100	700	2.88	2.23	3.02	0.79	1.50
80	400	2.63	1.99	2.82	0.83	1.30

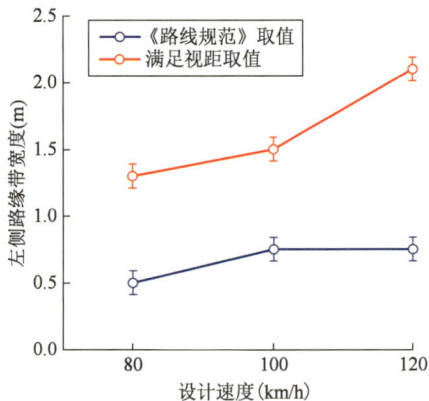

图 4-24 满足视距的左侧路缘带/硬路肩宽度

4.4.3 满足驾驶员心理需求的左侧路缘带/硬路肩宽度

除了提供横净距、改善行车视距和通视性之外,左侧路缘带/硬路肩还有一个重要功能即提供侧向容错空间,降低车辆撞击中央分隔带护栏的事故概率,提高行车时的安全性和舒适性。因此,需要了解驾驶员在不同行驶速度下对侧向安全距离的需求。国外学者对加利福尼亚州 37 条道路事故数据的分析结果表明,高速公路左侧路缘带(左侧硬路肩)提供的横净距低于停车视距要求的宽度时,事故并没有出现明显的增加趋势,但路缘带宽度继续降低并低于某个阈值时,车辆碰撞左侧设施的概率则会显著增加。

合适的路缘带/硬路肩宽度会缓解驾驶员在高速行驶时的心理紧张程度,提高驾驶员的速度预期和行驶舒适性。内侧车道驾驶员的心理可接受安全间距可反映为车身轮廓左侧与中央分隔带护栏之间的横向距离,即左侧安全间距。从 CQSkyEyeX 轨迹数据集中提取内侧车道左侧安全间距数据,得到左侧安全间距的频数分布曲线和累积频率曲线,如图 4-25 所示,符合正态分布,15 分位值和 85 分位值分位值分别为 1.69m 和 2.32m,即 2.32m 是满足内侧车道 85% 的驾驶员可接受的最小安全间距。

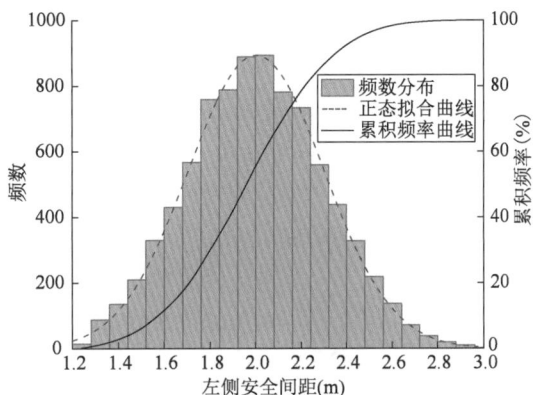

图 4-25　内侧车道车辆的左侧安全间距

车辆运动状态是影响驾驶风险感知程度的主要因素,行驶速度和加速度是衡量车辆运行状态的主要指标,本节用加速度指标来构建行驶工况,包括加速、匀速和减速等三种工况,其中车辆纵向加速度大于 $0.1m/s^2$ 时为加速工况,加速度绝对值小于 $0.1m/s^2$ 时为匀速工况,采用遍历算法对每条轨迹的行驶状态进行判断。由于减速工况下驾驶行为的随机性较大,本节不做探讨。图 4-26 为三种行驶工况运动学片段的数量。对每个运动学片段的车辆行驶速度进行算数平均,得到片段范围内的车辆平均速度,并以 10km/h 为速度间隔进行分组,图 4-27 给出了小客车左侧安全间距随车速(片段内平均速度)的变化。对每个速度分组内的左侧安全间距数据进行独立样本 t 检验,以分析不同群组数据的差异性。结果表明,速度 90km/h、100km/h 和 110km/h 的左侧安全间距没有统计性差异($t = 0.46, p = 0.644 > 0.05$),当速度大于 110km/h 时,左侧安全间距开始逐渐递增,检验组间差异性显著($t = -2.10, p = 0.037 < 0.05$),说明随着速度的增加,驾驶员的侧向心理可接受净距增大即车辆车身有远离左侧护栏的趋势。其中,速度由 100km/h 递次增加至 130km/h 时左侧安全间距 85 分位值分别为 2.21m、2.25m、2.27m 和 2.33m。

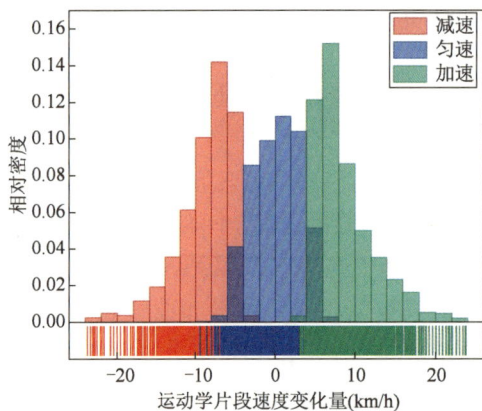

图 4-26　内侧车道不同运动学片段分布

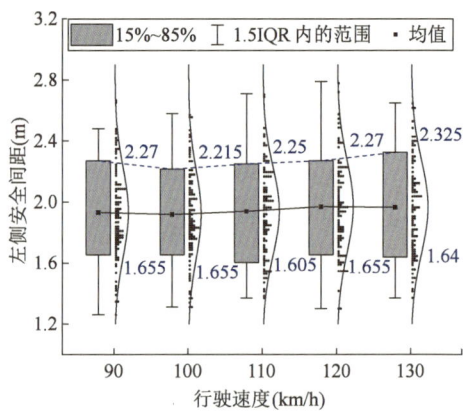

图 4-27　不同速度下左侧安全间距分布

为进一步明晰驾驶员在加速工况下的侧向安全间距变化特征，提取了车辆轨迹的加速运动学片段，用相同里程下的速度增量 Δv 来表示加速程度并对轨迹数据进行分组。图 4-28 对比了车辆速度增量为 5km/h、10km/h 和 15km/h 时，开始加速和加速结束两个时刻的左侧安全间距变化。从中能看到对于 3 组速度增量而言，车辆加速开始时刻的左侧安全间距均大于加速结束时刻；当速度增量为 15km/h 时左侧安全间距的

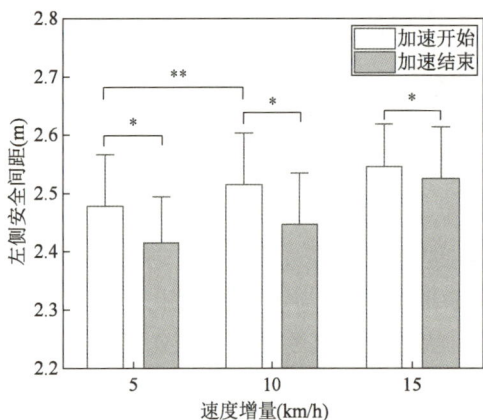

图 4-28　加速工况下速度增量与左侧安全间距关系

变化没有前两组明显，说明此时驾驶员对转向盘转向的掌控度更高，注意力更加集中，验证了林宣财等提出的内侧车道驾驶员高警惕性状态假设。表 4-10 给出了三组速度增量下加速前的左侧安全间距，其 85 分位值分别为 2.57m、2.63m、2.66m，表明驾驶员在执行加速动作前需要预留更大的侧向空间以满足心理安全距离，即车辆出现往车道中心线右偏的趋势。而当速度变化量增大时，加速所需要的侧向空间也越大；当加速结束前，车身会逐渐返回至行车道中心位置正常行驶。

加速开始时左侧安全间距值统计　　表 4-10

速度增量（km/h）	左侧安全间距（m）				
	均值	标准差	15 分位值	50 分位值	85 分位值
5	2.22	0.33	1.86	2.22	2.57
10	2.28	0.35	1.94	2.27	2.63
15	2.33	0.33	1.99	2.33	2.66

根据上述分析，不论是匀速还是加速工况下，平均车速和速度增量的增长都会导致驾驶员对左侧安全间距的需求增加，同时 CQSkyEyeX 数据集视频采集地点的左侧路缘带宽度值为 0.75m，从驾驶习惯和容错裕量角度考虑，建议左侧路缘带宽度较规范值增

加 0.25m,即设计速度 100km/h 时采用 1.00m,设计速度为 120km/h 和 140km/h 时,由于对侧向安全间距的需求更大,左侧路缘带分别提高至 1.25m 和 1.50m,见表 4-11。

轻型高速公路左侧路缘带宽度值(含 C 值)   表 4-11

设计速度(km/h)		140	120	100
左侧路缘带/硬路肩(m)	一般值	1.50	1.25	1.00
	最小值	1.25	1.25	1.00

4.5 右侧硬路肩宽度

高速公路由于运行速度快,车辆因为各种原因在行车道上停车会导致追尾、连环追尾以及紧急避让引发的翻车等事故。高速公路右侧硬路肩在通车运营之后可以作为应急车道使用,为故障车辆、事故车辆以及其他突发情况的车辆提供停靠空间,同时还可为救援车辆提供应急通道。应急车道宽度不够,车辆驻停时车身会侵占外侧行车道,增加碰撞事故风险;同时也会干扰外侧车道车辆的正常行驶,导致其行驶轨迹向左侧偏移。一些交通事故数据表明,采用 2.5m 右侧硬路肩的高速公路,涉及应急车道的交通事故较多,比如 G5021 石渝高速公路、G5515 张南高速公路南大梁段、G93 成渝环线高速公路宜宾至泸州段都发生了多起涉及硬路肩(应急车道)驻停车辆的重大交通事故,每起事故均存在驻停车辆侵入行车道的行为。

作为应急车道功能时,硬路肩宽度值应该包括三部分,分别是右侧安全距离、车辆宽度和左侧安全距离,如图 4-29 所示。其中,右侧安全距离的作用是方便乘员打开右侧车门下车,需要留有 0.5~0.6m 的宽度。左侧安全距离有两方面的作用,一是安全净距的作用,车辆停靠应急车道时车身左侧或者左轮如果压最外侧车道线(如图 4-30),事实上相当于路侧障碍物,外侧车道的驾驶员会选择降速通过并操纵车辆向左躲避,其正常行驶过程会受到干扰,如果留有 0.5m 左右的安全距离可以降低车辆碰撞风险也降低对外侧车道行驶车辆的影响;二是保证驾驶员能够安全地开门下车,并且开门时车门不侵

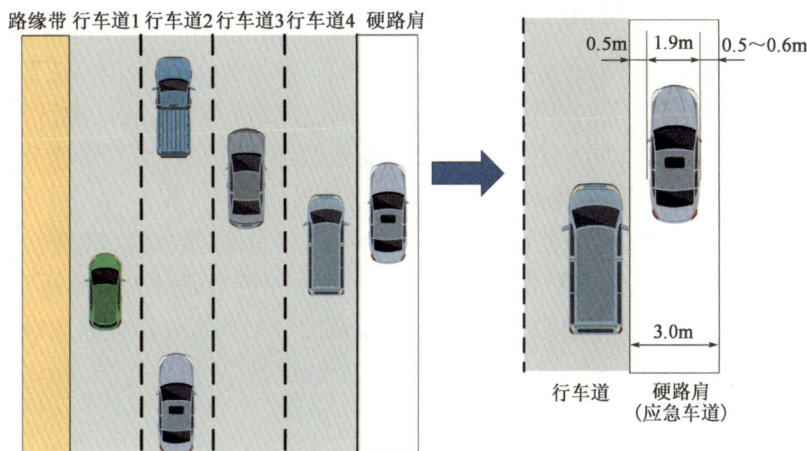

图 4-29 硬路肩作为应急车道时的安全宽度需求

界。根据本书第 2 章对小客车外廓尺寸的调查结果,小客车设计车辆的车身宽度取 1.9m,再加上左侧和右侧的安全距离,右侧硬路肩的宽度应为 2.9～3m,向上取整之后宽度为 3m。**基于此,轻型高速公路右侧硬路肩作为应急车道使用时,宽度需要 3.0m 方能满足小客车安全停靠的要求。**

图 4-30　小客车停靠 2.5m 右侧硬路肩

综上,轻型高速公路的右侧硬路肩宽度建议采用 3.0m;对于局部的受限路段,可采用 2.5m,但应做好安全警示并且不应长时间驻停。轻型高速公路设计速度采用 140km/h 时,建议主线路段全程取 3m。轻型高速公路右侧硬路肩宽度建议值见表 4-12。

轻型高速公路右侧硬路肩宽度建议值　　　　　　　　　　　　表 4-12

设计速度(km/h)		140	120	100
右侧硬路肩宽度 (m)	一般值	3.00	3.00	3.00
	最小值	3.00	2.50	2.50
土路肩宽度 (m)	一般值	0.75	0.75	0.75
	最小值	0.5	0.5	0.5

4.6　轻型高速公路横断面设置示例

高速公路主线路段一般有桥梁、路基和隧道等 3 种类型,由于轻型高速公路主要建设在交通繁忙、车流量巨大的廊道,这样的廊道多位于经济相对发达的地区,土地利用程度高、开发强度大、高度城市化。因此,轻型高速公路大都是在既有高速公路的基础上扩建得到,主要是采用高架桥形式。

在本章前五节的研究成果基础上,本节以桥梁路段为例,给出轻型高速公路横断面的设置示例,为读者提供借鉴和参考。路线设计的主要控制条件为双向八车道(单向四车道),单幅横断面总宽不超过 20m;单向三车道的轻型高速公路横断面设计可以采用类似的思路。

4.6.1　示例一

横断面布置方案:每个行驶方向设置 4 条行车道,每条车道宽 3.50m,左侧硬路肩宽 1.5m,右侧硬路肩宽 3.0m,路面总宽(净宽,不含路侧护栏)18.5m,总宽(含两侧护栏)19.5m,可供小客车行驶,若允许通行小货车,则建议小货车行驶在最右侧车道。该方案运行特点如下:

(1)横断面和行驶通道比较宽阔,能够满足高速行驶时驾驶员的心理预期,因此运营之后车辆运行速度较快,通行能力、服务水平和行驶舒适性较高。

(2)行车道宽度为 3.5m,与标准行车道相比宽度节约了 0.25m,小客车的运行速度与混行条件下 3.75m 标准车道宽度相比不会降低。

(3)左侧路缘带/硬路肩宽度 1.5m,比既有标准有一定的提升,曲线路段通视性和容错性较好,事故率较低;右侧硬路肩可作为应急车道,事故车辆和故障车辆可以停靠,安全性较好,事故风险和管理风险较低。

(4)仅通行小客车时车辆性能高度接近,构成同质交通流,消除了车辆动力性能差异导致的纵向干涉,交通冲突和事故严重性降低,安全性好;若同时通行小货车,小货车与小客车之间存在速度差,会增加交通运行紊乱性和事故频次。

(5)轻型高速公路仅通行小客车时,根据小客车外廓尺寸分析结果,最大车身高度为 2.8m,考虑一定的安全余量,建筑限界净高可取 3.5m,采用中小型消防车辆;如考虑未来拥堵分流需求和应急疏散需求,轻型高速公路隧道和上跨桥需要满足大型车通行需求,净高应取 5.0m。

单向四车道轻型高速公路横断面方案之一示意图如图 4-31 所示。

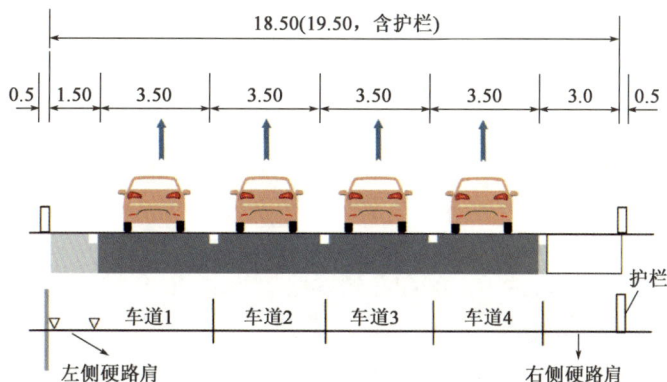

图 4-31 单向四车道横断面方案之一示意图(尺寸单位:m)

4.6.2 示例二

横断面布置方案:每个行驶方向设置 4 条行车道,内侧两条车道宽 3.50m,外侧两条车道宽 3.75m,左侧硬路肩宽 1.25m,右侧硬路肩宽 3.0m,总宽(含护栏)19.75m,4 条车道供小客车行驶,若通行小货车和中型客车,则建议小货车和中型客车行驶在最右侧车道。

该方案的左侧路缘带宽度 1.25m,比示例一小 0.25m,能够满足国内大多数(85%)驾驶员的驾驶习惯和心理预期,但半径较小的平曲线路段,尤其是左转弯路段的通视性降低,同时容错性和行驶舒适性降低,内侧车道安全性有一定的下降;右侧硬路肩可作为应急车道,宽度适宜,事故车辆和故障车辆可以停靠,安全性较好,事故风险和管理风险较低。外侧两条行车道可作为多功能车道,正常情况下供小客车行驶,在发生紧急情况需要应急救援和疏散时,或大型车辆误入轻型高速公路时,可供大型车辆通行,增加轻型高速公路的容错性和灵活性。

单向四车道轻型高速公路横断面方案之二示意图如图 4-32 所示。

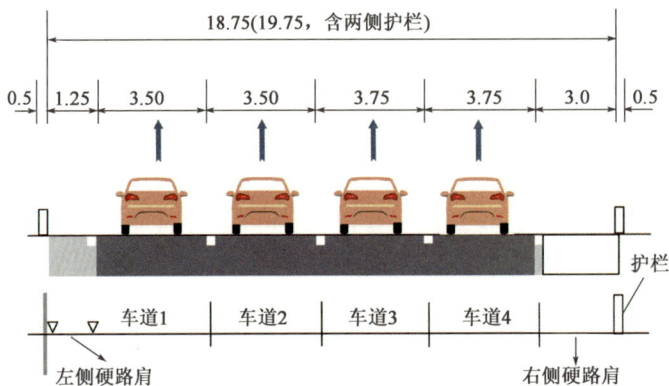

图 4-32　单向四车道轻型高速公路横断面方案之二示意图(尺寸单位:m)

4.6.3　示例三

横断面布置方案:每个行驶方向设置 4 条行车道,内侧车道(第 1 车道)和第 2、3 条车道宽 3.25m,最外侧车道(第 4 车道)宽 3.5m,左侧硬路肩宽 1.75m,右侧硬路肩宽 3.0m,断面总宽 19.0m,内侧 3 条车道专供小客车行驶,最外侧车道为混行车道,供小货车或者中型客车(类似考斯特的车型)行驶。与示例一和示例二相比,该方案运行特点如下:

(1)根据本书研究成果,行车道宽度取 3.25m 时能够满足设计速度 100～120km/h 时小客车的安全行驶需求;由于左侧和右侧硬路肩较宽,安全保证较好;由于整个路面的幅宽也比较宽阔(只比方案二低 0.25m),驾驶员会形成比较高的速度预期,因此也会达到比较高的行驶速度和通行能力。

(2)单幅横断面总宽比方案一和方案二分别降低 0.5m 和 0.25m,降低了工程造价;双幅路面节约 1m 的宽度,显著节约了工程用地。

(3)车道数较多,行车道宽度与客货混行的标准车道相比有一定程度的窄化,车速较 3.75m 宽度的行车道可能有一定的降低,但降幅不会显著(平均速度降幅预计≤10km/h)。

(4)左侧路缘带宽度 1.75m,曲线路段通视性和容错性较好,内侧车道的行驶安全性和舒适性较好。

(5)最外侧车道宽 3.5m,可用于通行小货车和中型巴士,该方案可以作为运营后期的横断面优化方案。

单向四车道轻型高速公路横断面方案之三示意图如图 4-33 所示。

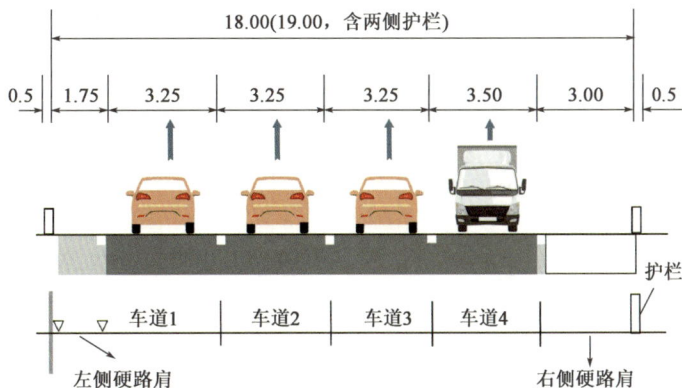

图4-33 单向四车道轻型高速公路横断面方案之三示意图(尺寸单位:m)

4.6.4 示例四

横断面布置方案:该方案每个行驶方向设置4条行车道,每条车道宽3.50m,左侧硬路肩宽1.5m,右侧硬路肩宽2.5m,断面总宽(含护栏)19.0m,4条车道都是专供小客车行驶,若通行小货车则建议小货车行驶在最右侧车道。与前面3个方案相比,该方案右侧硬路肩为2.5m,可作为应急车道,但宽度略显不够,停靠车辆会侵占行车道(驾乘人员需要从右侧下车,车身与右侧护栏之间会留有0.5~0.6m左右的宽度),存在正常行驶车辆撞击驻停车辆的事故风险,安全性较差,事故风险和管理风险较高,在运营中需要加强应急车道的巡查和驻停车辆的快速劝离。

单向四车道轻型高速公路横断面方案之四示意图如图4-34所示。

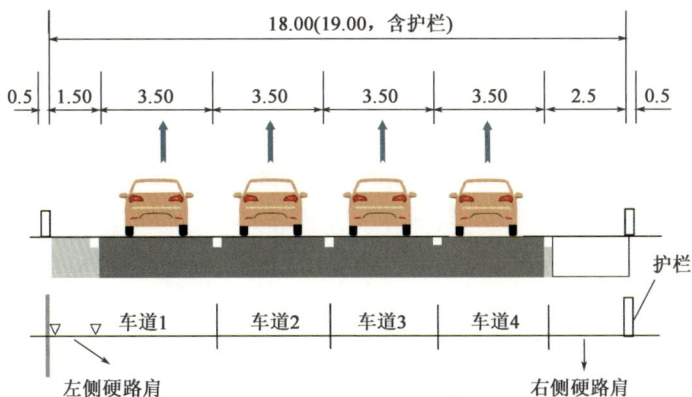

图4-34 单向四车道轻型高速公路横断面方案之四示意图(尺寸单位:m)

4.6.5 右侧硬路肩(应急车道)设置必要性以及宽度分析

轻型高速公路的通行车辆主要是小客车,在交通组成上与城市快速路尤其是高架快速路类似,我国的城市高架快速路通常不设置应急车道,城市化地区的高速公路在进行市政化改造之后,也通常将右侧硬路肩(应急车道)改为行车道。因此,在轻型高速公路的规划和设计阶段,建设方和设计方会遇到一些困惑,即轻型高速公路是不是一定要设置较宽的右侧硬路肩来提供应急车道功能,在用地紧张的廊道是否可以不设置应急车道?本节将对此问题进行阐释和明确。

轻型高速公路和城市快速路在交通运行上虽然都是小客车为主的连续交通流,并具有类似的道路通行条件,但二者在道路使用者构成特点、出行距离、驾驶心理和环境熟悉度等方面仍存在比较明显的区别。城市快速路不设置应急车道的考量主要是基于以下因素:

(1)城市快速路虽然也是小客车通行为主,但其使用者主要是城市当地居民,通行车辆几乎都是市域范围内的短途车辆,行驶距离短、故障率低,出行行为和运行特征显著区别于高速公路。相比之下,高速公路上长途车辆和过境车辆非常多,夜间行驶车辆也较多,车辆故障率远远高于城市快速路,对硬路肩(应急车道)的需求非常高。

(2)快速路交通量大、车辆密集,而且都是短途驾驶,行驶速度低于高速公路,路上行驶时驾驶员注意力也比较集中,发生事故率和二次事故率低;相比之下,高速公路平均出行距离和行驶时间远高于城市快速路,速度预期高、行驶速度快,长时间行车驾驶员注意力没那么集中,事故概率增加。

(3)快速路出入口密集,短则数百米长则一两公里设置一个出口,车辆或者驾驶员有突发情况时可以随时下道;相比之下,高速公路相邻互通的间距较长,驾驶员要行驶比较远才能遇到下一个出口,有突发情况时顺利驶出高速公路的概率较低,需要停在应急车道等待救援。

因此,与快速路相比,高速公路的驾驶员构成、出行特征、车辆行驶情况等与城市快速路有显著差异性,导致事故率和事故严重程度与快速路有显著差别,尤其是高速公路存在较大的夜间交通量并且行驶速度更快,这一点也显著区别于快速路,如不设置应急车道,故障车辆会停在右侧行车道或者任意行车道,严重干扰其他车辆的正常行驶,存在极大的碰撞事故风险,安全隐患较高。基于上述因素考虑,轻型高速公路需要设置右侧硬路肩,提供应急车道功能,应急车道的宽度值应该保证驻停车辆的停车安全以及外侧行车道正常行驶车辆的行驶安全,即驻停车辆的车身不能侵入行车道,根据本章的研究结论,应急车道宽度值应取3m方能保证驻停车辆和行车道正常行驶车辆的行车安全需求。

4.7 本章小结

(1)本章分析了轻型高速公路横断面设计的主要控制因素,基于车辆轨迹行为特征的深度分析,提出了车道侧向余宽指标,研究了车道侧向余宽的统计特征和变化规律,明确了车型、车速和车道位置对侧向余宽的影响。

(2)提出了轻型高速公路行车道宽度的计算方法,根据不同车型对车道宽度的使用情况和轨迹偏移程度,在考虑侧向安全余宽的基础上确定了满足车辆安全稳定运行和驾驶员习惯的最优车道宽度;以桥梁路段为例,给出了轻型高速公路横断面设置示例。

（3）阐述了左侧路缘带、左侧硬路肩和右侧硬路肩等技术指标的控制条件和影响因素,分析了轻型高速公路设置应急车道的必要性;基于车辆轨迹行为特征和行驶安全性/舒适性需求,建立了左侧路缘带、左侧硬路肩和右侧硬路肩的宽度计算方法并给出了推荐值,形成了轻型高速公路横断面技术指标体系。

轻型高速公路平面线形关键技术指标

平面线形指的是道路中线在水平面上的投影,平面线形应与地形地物相适应,满足汽车行驶动力学、驾驶员视觉和心理的需求,以保证车辆安全舒顺地行驶。与常规客货混行、大小车混行的高速公路相比,轻型高速公路主要为小客车提供通行服务,与重载货车和大客车等大型车辆相比,小客车加速性能好、行驶速度快,更容易出现横向失稳。并且,一些小客车车型比如面包车和轻客,重心相对较高,曲线路段也容易发生类似大货车和大巴车的侧翻事故。此外,小客车具有相对优异的制动性能,能够在较短的距离内快速停车,制动距离显著低于大货车尤其是重载货车。

轻型车辆的上述特点对轻型高速公路平面线形设计提出了新的需求,本章针对轻型车辆的运行特点明确了轻型高速公路平面线形指标的控制因素并给出指标参数的推荐值。

5.1 停车视距

停车视距是指车辆以一定速度行驶时,驾驶员自看到前方障碍物时起,至到达障碍物前安全停车为止所需要的最短行驶距离,停车视距是高速公路行车安全的重要保证。在轻型高速公路路线指标设计中,停车视距对平曲线半径、左侧路缘带宽度和竖曲线半径起控制性作用。

5.1.1 停车视距构成要素

根据实际中驾驶员发现障碍物后的决策判断和操作过程,可将停车视距分解为反应距离、制动距离和安全距离等 3 部分,其中,前两项是主要构成部分,在世界主要国家的相关技术标准中,停车视距也通常是只计算反应距离和制动距离。

1)反应距离

反应距离是驾驶员反应时间内车辆的行驶距离,是指当驾驶员发现前方的障碍物时起,经过判断决定采取制动措施,到制动器真正开始起作用那一瞬间的时间范围内汽车所行驶的距离。

2)制动距离

制动距离是指汽车从制动生效到完全停住这段时间内所行驶的距离。汽车制动时,给车轮施加以制动力 P 以阻止车辆前进。在紧急制动时取 P 的最大值,而最大的 P 取决于轮胎与路面之间的摩擦力。在摩阻系数较小的路面上,若制动力大于摩阻力,车轮将在路面上滑移,车辆在制动过程中将失去方向控制,存在甩尾、侧滑等事故风险。

3)安全距离

汽车完全停止后与障碍物应保持的最小安全距离,一般取 $5 \sim 10\text{m}$。因数值较小,计算时已考虑在反应距离中,一般不再单独计算。

停车视距的组成如图 5-1 所示。

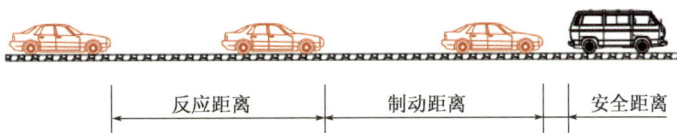

图 5-1　停车视距的组成

在停车视距的构成要素中,车辆制动距离与车辆技术性能高度相关。众所周知,大货车尤其是重载半挂车由于载质量大、制动效能低,制动距离显著高于小客车,导致载重货车所需的停车视距远远高于小客车。《标准》和《路线规范》中的停车视距主要是照顾大货车的实际性能,对于轻型车辆而言明显过大,因此有必要根据轻型车辆的行驶特点和制动行为,提出适用于轻型高速公路的停车视距计算方法和相关指标体系。

5.1.2　世界主要国家的停车视距计算模型

中国《标准》和《路线规范》的视距计算模型如式(5-1)所示。用此模型计算得到的停车视距包括两部分,其中,第一部分(加号左边的部分)为车辆在驾驶员反应时间的行驶距离,即反应距离;第二部分为制动系统起作用后车辆的行驶距离,即制动距离。该模型在本质上是通过改变行驶速度和与速度对应的路面摩阻系数(潮湿路面的摩阻系数)来调节视距长度。

$$S_t = \frac{v}{3.6}t_r + \frac{(v/3.6)^2}{2gf_1} \tag{5-1}$$

式中,S_t为停车视距(m);v为行驶速度(km/h);t_r为反应时间,取2.5s;g为重力加速度;f_1为路面摩阻系数,取值见表5-1,设计速度100km/h时$f_1 = 0.3$。

潮湿状态下的停车视距(公路路线设计规范)　　表5-1

设计速度(km/h)	行驶速度(km/h)	f_1	计算值(m)	规定值(m)
120	102	0.29	212.0	210
100	85	0.3	153.7	160
80	68	0.31	105.9	110
60	54	0.33	73.2	75

《路线规范》的主要局限是不论大型车还是小型车都是使用同一个公式来计算停车视距。在高速公路行驶过程中,小客车质量较轻,使用盘式制动器,能够充分利用路面摩阻系数和路面抗滑性能,紧急制动条件下的最大制动减速度几乎等同于f_1g。相比之下,大货车尤其是三轴以上的重型货车,由于整车质量和载质量大,单位质量比制动力低,每轴分配得到的制动力远低于最大限度利用路面摩阻系数的制动力临界值,即路面抗滑性能没有得到充分利用,制动减速度明显低于小客车,因此制动距离也远大于小客车。

在其他国家中,日本《道路构造令》中的停车视距也是采用式(5-1)来计算,其中驾驶员反应时间也是取2.5s,利用设计速度、假定的行驶速度(设计速度80~120km/h取85%,设计速度40~60km/h取90%)和路面摩阻系数来计算停车视距,经比较,中国现行的停车视距计算思路和方法与日本完全相同。

美国绿皮书中的制动视距计算公式如式(5-2)所示。利用车辆制动减速度、设计速度和道路坡度计算出制动距离,然后进一步得到停车视距。该方法的优点是同时兼顾了汽车性能和纵坡的影响,比较贴近车辆尤其是载重货车的实际运行特点。

$$S_t = \frac{vt_r}{3.6} + \frac{v^2}{254(a_x/g \pm s_g/100)} \tag{5-2}$$

式中,v 为车辆行驶速度(km/h);a_x 为车辆纵向减速度(m/s^2);s_g 为道路纵坡(%);g 为重力加速度;t_r 为驾驶员反应时间,取 2.5s。

法国《公路设计指南》(ARP)使用与美国绿皮书类似的思路来计算停车视距,如式(5-3)所示,式中 a_{xm} 为车辆均值制动减速度;s_g 为坡度的代数值。该模型考虑了车辆制动性能和道路纵坡的影响,模型中的驾驶员反应时间分为 2.0s(速度小于 100km/h)和 1.8s(速度大于 100km/h)两种情况,充分体现了行驶速度对驾驶员反应能力的影响。同时,规定当道路半径小于 $5v$(v 为设计车速)时,制动距离增加 25%。

$$S_t = \frac{vt_r}{3.6} + \frac{v^2}{25.92(a_{xm} + s_g)} \tag{5-3}$$

通过比较不同国家的停车视距计算模型发现,法国和美国的停车视距计算公式虽然表现形式有一定的差异性,但模型自变量都包含了车辆减速度和道路纵坡,其根本逻辑是在处于正常养护水平的路面条件下,对车辆制动距离和停车视距起控制作用的是车辆减速度,而非路面摩阻系数,这是因为正常路面条件下大型车辆在减速时的制动力要明显低于路面能够提供的最大附着力,对应的制动减速度要低于极限制动状态的制动减速度(即 f_vg);在停车视距计算公式中带入道路坡度后可以得到下坡路段的停车视距值,能够反映道路纵坡对车辆制动距离的影响,实用性和适用性均较强。

5.1.3 轻型车辆制动仿真以及停车视距计算

我国既有技术标准的停车视距计算模型从功能转换的角度出发,将车辆制动过程看成一个单刚体滑动过程,该模型未考虑车型、载重和道路纵坡的影响,与车辆在高速公路上的实际制动过程存在较大差异。作者在轻型车辆中选择制动性能相对较弱的面包车和小货车作为仿真车型,如图 5-2 所示,运用 Carsim 和 Trucksim 软件开展车辆制动仿真来获得仿真车型的制动距离,然后再加上驾驶员反应距离得到轻型车辆的停车视距。此种方法能充分体现车型、道路纵坡和 ABS 防抱死系统对制动距离的影响,计算结果更符合实际情况。

a)面包车模型　　　　　　　　　　　b)轻型货车模型

图 5-2　面包车和小货车的动力学仿真模型

在 Carsim 和 Trucksim 软件中建立单纵坡直线路段的三维数字路面模型,坡度在 0% ~ -6% 范围内以步长 -1% 进行递减,坡长根据仿真需求进行调整。根据《公路养护技术标准》(JTG 5110—2023)对路面功能的技术要求,结合高速公路沥青路面摩阻系数实测结果,将路面摩阻系数设为 0.35、0.4 和 0.45,模拟降雨天气沥青路面湿滑情况。面包车仿真模型自重 1120kg、载重 665kg,载客后的总质量 1785kg,比功率为 42.0W/kg;轻型货车自重 2600kg、载重 1900kg,载货后的总质量 4500kg,比功率为 33.3W/kg。

面包车以 68km/h、85km/h、102km/h 和 119km/h 的行驶速度(分别对应 80km/h、100km/h、120km/h 和 140km/h 的设计速度)驶入单纵坡路段,行驶距离达到 400m 后(保证车辆制动前行驶速度稳定)给予制动主缸 8MPa 压力使车辆进行制动。仿真结束之后从行驶速度-距离变化曲线中提取每次仿真的制动距离,再加上反应时间内的车辆行驶距离,即可得到面包车的停车视距,见表 5-2。在同一路面摩擦系数条件下,基于 Carsim 软件车辆制动仿真的制动距离仿真结果要高于式(5-1)右侧第二项的计算结果,这是由于 ABS 防抱死系统为了避免制动过程行驶方向失控,在制动过程中控制车轮不能抱死,保留有一定的横向附着力来避免轮胎与路面之间发生侧向滑移,以维持横向稳定性和循迹性,但制动距离会略有增加,进而导致停车视距仿真值要略高于停车视距简易公式的计算值。

基于 Carsim 软件制动仿真的面包车停车视距值(m)　　　　表 5-2

摩阻系数	设计速度(km/h)	行驶速度(km/h)	反应距离(m)	停车视距(m)						
				0	-1%	-2%	-3%	-4%	-5%	-6%
0.35	80	68	47.2	104.6	106.5	108.5	110.2	111.8	114.7	116.5
	100	85	59.0	147.2	150.4	152.8	156.6	159.7	163.1	167.4
	120	102	70.8	196.6	200.9	205.2	209.8	214.4	219.6	225.4
	140	119	82.6	251.9	257.7	263.3	269.5	275.9	282.6	290.1
0.40	80	68	47.2	97.1	98.5	100.5	101.2	102.6	104.7	106.7
	100	85	59.0	136.5	139.1	141.5	143.8	145.8	148.9	151.9
	120	102	70.8	181.5	185.4	189.0	192.2	195.8	200.0	204.3
	140	119	82.6	232.4	237.8	241.7	246.3	251.1	257.0	262.7
0.45	80	68	47.2	91.4	92.5	93.6	94.5	95.6	96.8	98.1
	100	85	59.0	127.7	129.4	131.1	132.8	134.8	136.5	139.0
	120	102	70.8	169.0	171.8	174.3	177.0	179.5	182.8	186.1
	140	119	82.6	215.5	219.0	222.6	226.0	229.8	234.2	238.9

轻型高速公路允许同时通行小客车和小货车时,停车视距需要考虑小货车制动性能的影响。小货车包含微卡和轻卡,轻卡的载质量较大,需要更长的停车视距。本书开展了不同初始速度的轻型货车制动仿真,对应的设计速度分别为 80km/h、100km/h 和 120km/h。仿真结束之后从行驶速度-距离变化曲线中提取车辆制动距离,在制动距离的基础上进一步得到了停车视距,如表 5-3 所示。从表 5-3 中可以看出在相同速度、路面摩阻系数和纵坡的条件下,轻型货车的制动距离和停车视距要高于小客车。

基于 Trucksim 软件制动仿真的小货车停车视距值(m)　　　　表 5-3

摩阻系数	设计速度(km/h)	初速度(km/h)	反应距离(m)	停车视距(m)						
				0	-1%	-2%	-3%	-4%	-5%	-6%
0.35	80	68	47.2	110.6	112.9	115.4	118.0	121.0	123.0	126.3
	100	85	59.0	155.8	159.2	162.8	166.7	171.1	177.6	181.7
	120	102	70.8	206.5	211.1	216.0	221.4	227.1	233.2	239.0
0.40	80	68	47.2	102.7	104.4	106.2	108.2	110.5	111.7	114.0
	100	85	59.0	143.8	146.4	149.2	152.1	155.5	160.4	163.3
	120	102	70.8	190.1	193.6	197.4	201.2	205.6	210.2	214.2
0.45	80	68	47.2	96.4	97.8	99.1	100.7	102.5	103.3	105.1
	100	85	59.0	134.4	136.4	138.6	140.8	143.4	147.5	149.5
	120	102	70.8	177.0	179.8	182.8	185.9	189.2	192.6	195.7

　　为了分析坡度、载重和速度对停车视距的影响,根据表 5-2 和 5-3 中的数据绘制了 100km/h 和 120km/h 速度工况时停车视距随路面摩阻系数变化的曲线,如图 5-3 所示。从图 5-3 中可以看出不同车型的停车视距有一定的差别,载质量大的轻型货车,其停车视距要比面包车更长;路面摩阻系数降低时停车视距显著增加;当路面摩阻系数维持不变时,下坡路段坡度越陡停车视距越长,并且小货车停车视距的增幅要高于小客车。基于此,为了保证高速行驶环境下的车辆行驶安全,轻型高速公路路面需要提供足够的抗滑性能,以避免车辆与前方障碍物碰撞的事故发生。

　　与此同时,根据《公路养护技术标准》(JTG 5110—2023)和《公路技术状况评定标准》(JTG 5210—2018),高速公路和一级公路的抗滑能力不足($SFC < 40$)的路段,应采用加铺罩面层等措施来提高路表面的抗滑能力,以保证行驶安全性。结合仿真结果和相关技术规范的要求,轻型高速公路路表面抗滑能力应满足:$SFC > 40$,或者路面摩阻系数 $f_1 > 0.4$。

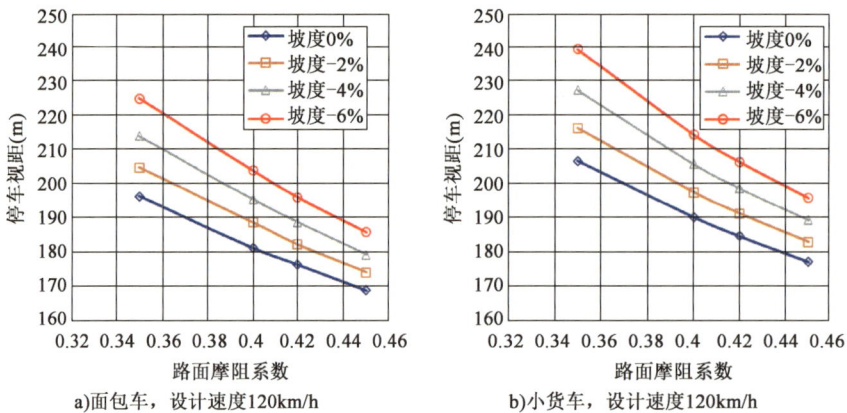

a)面包车,设计速度120km/h　　　　b)小货车,设计速度120km/h

图　5-3

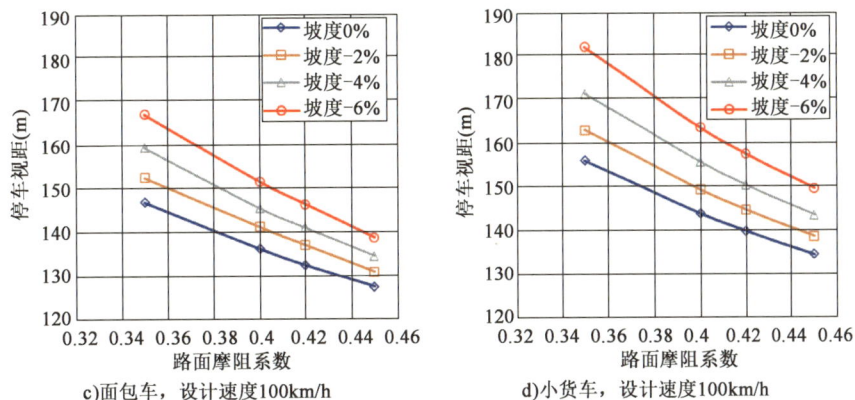

c)面包车，设计速度100km/h

d)小货车，设计速度100km/h

图5-3 坡度和路面摩阻系数对轻型车辆制动距离的影响

5.1.4 轻型高速公路停车视距推荐值

根据面包车和轻型货车这两种典型轻型车辆的制动行为仿真计算结果，得到轻型高速公路不同设计速度下的停车视距建议值，见表5-4。当轻型高速公路同时通行小客车和小货车时，小货车的主要类型为轻卡，下坡路段的坡度会对制动距离产生影响，在满载轻型货车下坡路段制动距离的基础上，得到了轻型货车下坡路段的停车视距，见表5-5。

轻型高速公路停车视距 表5-4

设计速度（km/h）		140	120	100
停车视距（m）	小客车专用	240	185	140
	小客车和小货车共用	—	200	150

下坡路段小货车停车视距（m） 表5-5

设计速度（km/h）		120	100
纵坡坡度（%）	0	200	150
	3	202	153
	4	206	156
	5	211	161

5.2 横向力系数

横向力系数是汽车行驶在曲线路段时横向受力与竖向力的比值，能够衡量车辆弯道行驶的稳定性和舒适性，其极限值为路面与轮胎之间的横向摩阻系数。在道路设计中，横向力系数是确定曲线路段曲率半径和超高率的主要控制参数，决定了曲线路段的几何形貌和行驶质量。

5.2.1 既有规范的相关规定

弯道行驶时车辆横向力系数越大，驾乘人员的横向舒适性和汽车横向稳定性越差。

交通运输部公路科学研究院在考虑驾乘人员心理、生理条件下将乘车舒适性分为A、B、C、D四个等级,研究了C级舒适性条件下小客车、大客车、货车行驶速度与横向力系数的对应关系,如图5-4所示。

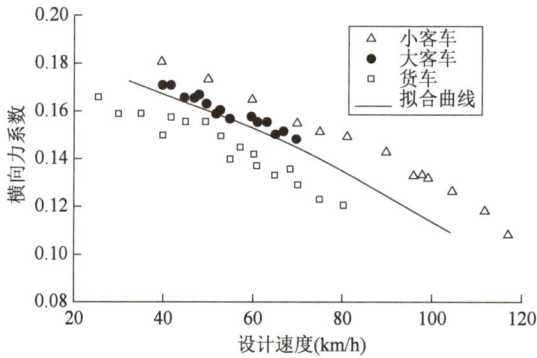

图5-4   中国横向力系数研究成果

美国AASHTO开展了一系列的道路行驶舒适性研究工作,不同阶段的研究成果如图5-5所示,包括研究者Meyer和Bonnerson提出的横向力系数值,以及亚利桑那州交通部的推荐值,并以此确定了高速公路横向力系数阈值范围;日本《道路构造令》引用AASHTO的研究成果提出了符合自身情况的横向力系数最大取值;德国高速公路设计指南(RAA)用切向摩擦系数的比例来表示乘员的舒适度,该值会根据道路超高、道路功能等因素的不同而变化。

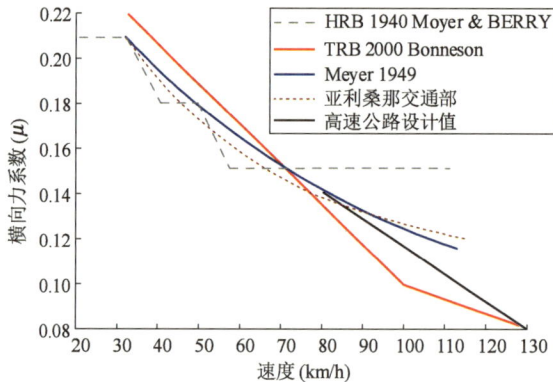

图5-5   绿皮书横向力系数研究成果

各国根据自身的实际道路情况,结合行驶舒适性和安全性研究成果确定了不同设计速度的横向力系数阈值,如图5-6所示。从图5-6中可以看出,在设计速度较低(小于60km/h)时,美国绿皮书与其他国家技术规范的差异较大,横向力系数值明显大于其他设计标准。在高速范围内(大于80km/h)各国的横向力系数值差异不大。美国绿皮书和德国RAA给出了设计速度130km/h对应的横向力系数,但其他国家的规范未给出设计速度120km/h以上(不含120km/h)的横向力系数。

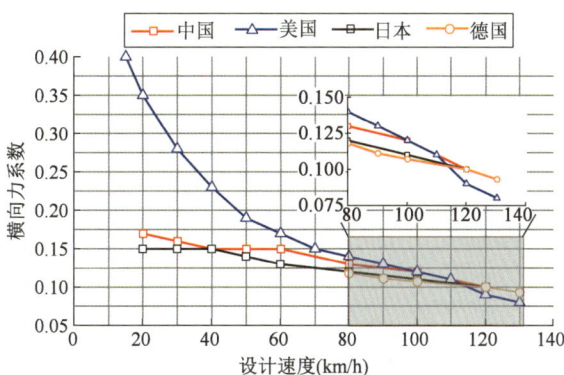

图 5-6　各国横向力系数取值图

5.2.2　横向力系数计算模型验证

在确定道路几何线形指标时,横向力系数是用来控制平曲线半径和超高率这两个指标的组合设计。目前圆曲线半径计算模型有质点-刚体模型(Mass Point-Rigid Body Model,简称 MPR 模型)和质点-悬挂模型(Mass Point-Suspension Model,简称 MPS 模型),如图 5-7 所示。由于模型的自变量中包含横向力系数,对模型进行变换即可得到横向力系数计算模型。

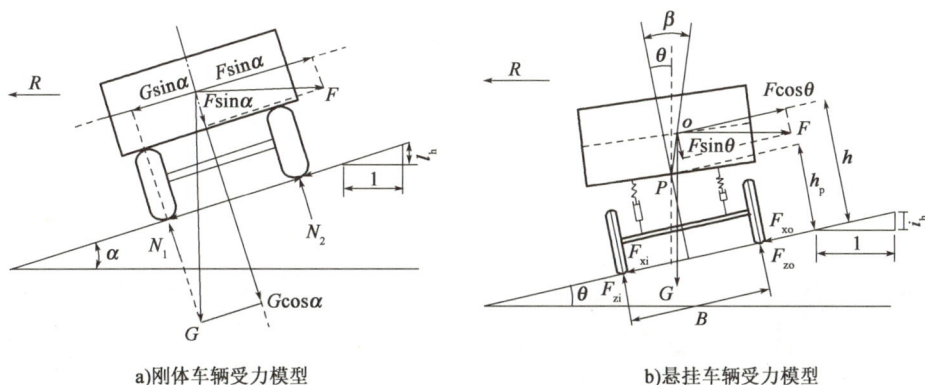

a)刚体车辆受力模型　　　　　　　　　　b)悬挂车辆受力模型

图 5-7　车辆在曲线路段行驶时的受力分析

1)MPR 模型(《路线规范》采用模型)

MPR 横向力系数模型将车辆看作为刚体,根据车辆在曲线路段的受力情况建立受力平衡方程来计算圆曲线最小半径,见式(5-4)。我国《标准》和《路线规范》正是采用 MPR 模型来计算圆曲线最小半径,对模型进行变换可得到曲线路段横向力系数计算公式,见式(5-5)。

$$R = \frac{v^2}{127(\mu + i_h)} \tag{5-4}$$

$$\mu = \frac{v^2}{127R} - i_h \tag{5-5}$$

式中,R 为圆曲线半径(m);v 为车辆速度(km/h);μ 为横向力系数;i_h 为道路超高。

2）MPS 模型

MPS 横向力系数模型考虑了弯道行驶时车辆两侧悬挂系统形变差异性对车辆重心偏移的影响,使用车辆重心偏移状态下的受力平衡方程来计算圆曲线半径。不同学者在建立 MPS 模型时对过程变量处理方式不尽相同,构建的 MPS 模型也存在差异性。潘兵宏等建立的小客车 MPS 模型见式(5-6),记为 MPS1 模型,转换后的横向力系数模型见式(5-7);王佐等建立的 MPS 模型见式(5-8),记为 MPS2 模型,转换后的横向力系数模型见式(5-9)。

$$R = \frac{v^2}{120(\mu + i_h)} \tag{5-6}$$

$$\mu = \frac{v^2}{120R} - i_h \tag{5-7}$$

$$R = \frac{v^2(\delta - i_h)}{127(\mu + i_h)} \tag{5-8}$$

$$\mu = \frac{v^2(\delta - i_h)}{127R} - i_h \tag{5-9}$$

式中,δ 为车型系数,小客车取 1.06。

3）计算模型精确度检验

为了验证上述曲线路段横向力系数计算模型的精确度,运用车辆动力学仿真软件 Carsim 和 TruckSim 开展轻型车辆在三维曲线路段上的"人车路"系统闭环行驶动力学仿真,仿真车辆为面包车和小货车,弯道行驶过程结束后得到横向力系数的仿真值(标记为 SVS,即 Simulation value of sideway force coefficient)。由于 Carsim 和 TruckSim 软件中的整车动力学模型包括完整的悬架结构,能够充分描述悬架变形对曲线路段车辆运动学行为和车身姿态的影响。将横向力系数仿真值(SVS)与式(5-5)、式(5-7)和式(5-9)得到的计算值进行比较,能够判断各简易模型的计算精度。仿真过程的行驶画面如图 5-8 所示。

图 5-8　轻型车辆在曲线路段的行驶画面

在仿真工况设置中,目标车速的范围设置为 $100 \sim 140\text{km/h}$,速度间隔为 10km/h,行驶过程中目标速度为恒定值,行驶路径控制为预瞄跟随,以道路中心线为目标路径。圆曲线半径范围设置为 $200 \sim 1400\text{m}$,半径的间隔值为 200m,超高率设置为 $0\% \sim 8\%$,设置间隔为 2%。通过仿真参数的组合,共有 175 种仿真工况,在剔除 4 种非正常工况(车辆发生侧滑无法安全过弯)后,得到 171 种正常工况下的横向力系数值,如图 5-9 所示。

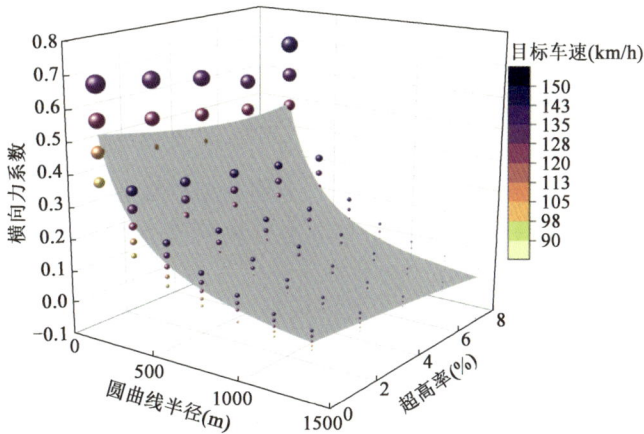

图 5-9　车辆横向力系数仿真值

选取 100km/h 和 140km/h 两种速度工况,进行车辆动力学仿真结果(SVS)与三种简易模型计算结果的对比,如图 5-10 所示。图中 MPR 模型为质点-刚体模型,没有考虑车辆悬架的影响,即《标准》使用的横向力计算模型;MPS1 和 MPS2 为质点-悬挂模型,考虑了悬架变形对车辆横向运动学行为的影响;SVS 为运用 Carsim 和 TruckSim 软件开展"人-车-路"系统动力学仿真的横向力系数计算结果。由图 5-10 中可以看出,在三种简易计算模型中,虽然 MPS1 和 MPS2 模型考虑了悬架变形的影响,但 MPR 模型的计算值却是最接近 SVS 仿真结果,即《标准》采用模型的计算精度最高。同时还发现平曲线半径越小,行驶速度越高,MPS 模型计算值误差(以 SVS 为标准)越大。

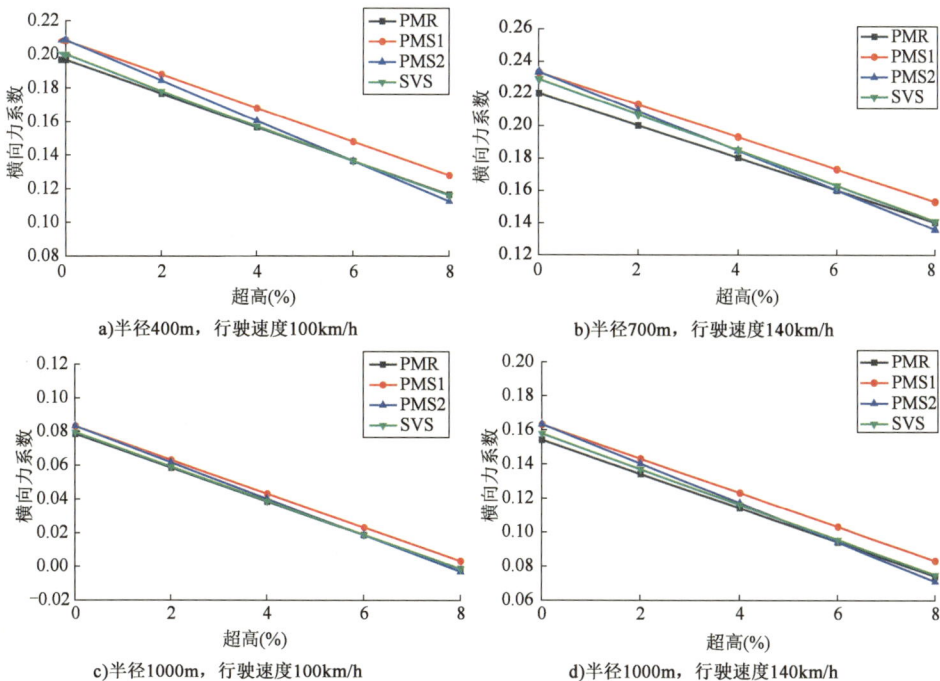

a)半径400m,行驶速度100km/h

b)半径700m,行驶速度140km/h

c)半径1000m,行驶速度100km/h

d)半径1000m,行驶速度140km/h

图 5-10　车辆动力学模拟结果与简易模型的对比

5.2.3 轻型高速公路横向力系数

曲线路段几何线形指标的确定需要考虑行驶舒适性和安全性,但这两方面都与车辆横向受力有关,高速公路主线曲线路段的横向力系数在达到安全性阈值前会先触发舒适性阈值,因此主线路段的横向力系数本质上是控制离心力、保证行驶舒适性。由于舒适性的临界值较小,不涉及车辆侧向失稳的事故形态,因此横向力系数值与车型无关。

根据我国高速公路实测速度数据的分析结果,设计速度越低,车辆超速比例越高,设计速度100km/h和80km/h的高速公路车辆超速比例较大,而设计速度120km/h的高速公路车辆超速比例明显下降。车辆超速行驶时,实际的横向力系数值要高于设计值。相比之下,轻型高速公路设计速度为140km/h时,行驶环境和限速值已经达到绝大多数驾驶员的预期,车辆行驶速度与设计速度(也是限速值)之间存在较高的一致性,超速比例将显著低于设计速度为120km/h及以下的高速公路,横向力系数实测值与设计值相比将非常接近。

上一节已经证明《标准》中的横向力系数模型非常接近真实车辆结构的车辆受力状态,且用于高速公路主线指标设计时横向力系数与车型无关,因此可以沿用既有标准对横向力系数的规定。轻型高速公路的设计速度为100km/h和120km/h时,横向力系数分别取0.12和0.10。由于轻型高速公路可以采用140km/h的设计速度,需要明确该设计速度对应的横向力系数值。

图5-11给出了不同设计速度(20~120km/h)的横向力系数的设计值,对7对数据点进行趋势线拟合,其中线性和多项式拟合精度最高,将140km/h带入趋势线关系式,线性和多项式两种趋势线的计算值分别为0.0975和0.0795,取整后分别为0.1和0.08。考虑高速行驶工况,车辆以140km/h速度行驶时横向稳定性需求会进一步增加,以提高车辆运行安全性。综上,设计速度140km/h时,横向力系数设计值建议取0.08(表5-6)。

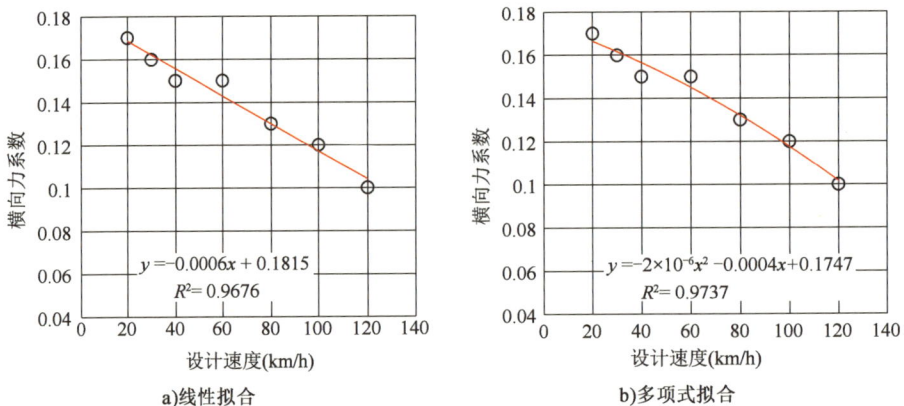

a)线性拟合 — $y = -0.0006x + 0.1815$, $R^2 = 0.9676$

b)多项式拟合 — $y = -2 \times 10^{-6} x^2 - 0.0004x + 0.1747$, $R^2 = 0.9737$

图5-11 横向力系数拟合

| 轻型高速公路横向力系数设计值 | | | 表 5-6 |

设计速度(km/h)	140	120	100
横向力系数	0.08	0.1	0.12

5.3　圆曲线最小半径

　　就平面线形设计而言,山区国省道公路曲线路段和高速公路互通立交匝道平曲线半径的控制原则主要是安全性(横向稳定性),而高速公路主线路段是基于行驶舒适性的原则来控制平曲线半径,这是因为保证横向舒适性对应的横向力系数临界值远低于车辆发生侧向失稳的横向力系数值。

　　根据国内多条高速公路的实车驾驶试验数据的分析结果,我国高速公路主线平曲线区段车辆横向加速度值处于较低水平,曲线路段的行驶舒适性总体较好。略感不舒适的路段主要集中在早期建设的山区高速公路小半径曲线范围内,主要是半径低于600m的曲线路段。近年来建设的山区高速公路,平曲线半径普遍高于700m,行驶舒适性得到显著提升。

　　在式(5-4)中带入设计速度和超高率,可以计算出对应的平曲线最小半径值,见表5-7。计算轻型高速公路平曲线最小半径极限值时,设计速度120km/h对应的横向力系数取0.10;设计速度140km/h对应的横向力系数取0.08。计算平曲线半径一般值时,横向力系数要有所减小,以提高曲线路段行驶时的舒适性和安全性。《路线规范》确定平曲线半径一般值时横向力系数建议取0.05 ~ 0.06,本书取0.05。

轻型高速公路圆曲线最小半径				表 5-7
设计速度(km/h)		140	120	100
圆曲线最小半径(一般值)(m)		1400	1000	700
圆曲线最小半径 (极限值)(m)	最大超高率4%	1300	810	500
	最大超高率6%	1100	710	440
	最大超高率8%	1000	650	400

5.4　平曲线超高率

　　平曲线超高率用于平衡曲线路段车辆行驶时的离心力,降低车辆承受的横向加速度,合理的超高率对改善曲线行驶时的横向舒适性和安全性、提高操纵轻便性有重要作用。超高率不足(欠超高),曲线路段横向舒适性和安全性的改善效果非常有限;超高率过大(过超高)将起到反作用,对于大货车的安全行驶非常不利,尤其是上坡曲线路段大货车行驶缓慢,过大的超高率将导致大货车侧翻。

　　轻型高速公路项目建设于我国东部沿海省份时,气候往往多雨且多有大风天气,超高值过大容易导致雨天行驶轨迹控制困难,路基路段最大超高不宜超过8%;桥梁路段由于路侧危险度高、容易受横风影响,最大超高不宜超过6%。对于积雪冰冻地区的轻型高速公路,冬季路面光滑,车辆行驶速度较低,为了避免曲线路段车辆向曲线内侧滑移,最大超高率为6%。

小客车比功率高、行驶速度快,轻型高速公路的运行速度可能会高于设计速度,需要根据车辆的行驶安全性和舒适性来确定平曲线超高率。根据表5-7中最小圆曲线半径的推荐值,设计速度140km/h、横向力系数0.08时,极限最小半径为1100m,超高率取6%。反过来进行舒适性检验,在超高率6%、最小半径一般值为1400m时,行驶速度140km/h的横向力系数为0.05,行驶舒适性处于较高水平。当设计速度120km/h、超高率6%,圆曲线半径取极限值710m的情况下,车辆以140km/h时速通过曲线路段时,横向力系数为0.157,根据作者关于山区公路横向舒适性的研究成果(文献[54]),仍在舒适性的范围内。

5.5 缓和曲线与超高渐变率

5.5.1 缓和曲线最小长度

缓和曲线主要用于直线段和圆曲线段之间的平面曲率过渡,为驾驶员提供调整转向盘转角的区间,同时也为直线段路拱度向平曲线超高段变化提供路面横坡率的过渡区间;并且在视觉上,缓和曲线的使用也使平面线形组合更加舒顺和柔美。

作者梳理不同国家的公路设计规范发现,缓和曲线最小长度的控制因素有驾驶员转向盘操作调整时间、横向加速度变化率和超高变化率。我国现行规范在此方面的考量是驾驶员转向操作调整的时间,即缓和曲线最小长度为3s的设计速度行程长度。但在实际的路线设计中,缓和曲线长度受超高渐变率影响较大,尤其是在设计速度较高、路面较宽的条件下,超高渐变率过小会导致缓和曲线太长并导致路面排水不畅;而超高渐变率过大会造成车辆在缓和曲线范围内行驶不舒适甚至不稳定,因为驶入缓和曲线时的曲率增加会导致车辆横摆角度和横向加速度增加,车辆侧倾角也会随着路面横坡的变化而改变。对于大货车,车辆侧倾角变化过快还会导致车身不稳定。

从近些年我国高速公路的设计实践来看,实际使用的缓和曲线长度都是在200m以上,远高于现行相关设计规范的最低值,作为专供小客车行驶的轻型高速公路,遵从其规定即可。轻型高速公路缓和曲线最小长度见表5-8。

轻型高速公路缓和曲线最小长度   表5-8

设计速度(km/h)	140	120	100
缓和曲线最小长度(m)	125	100	85

5.5.2 最大超高渐变率

在现行规范中,最大超高渐变率控制要素是重心较高的大型车,以边线为旋转轴时,设计速度120km/h对应的超高渐变率为1/200,此时弯道外侧边线的纵坡为0.5%,

已经是满足排水要求的极限最小纵坡,如果再减小超高渐变率会导致超高渐变段纵坡过小,造成路面排水困难雨天容易形成积水。

基于此,轻型高速公路设计速度采用 140km/h 时,超高渐变率仍可以取 1/200,因为如果再继续提高至 1/225,那么曲线路段外边缘线的纵向坡度已经降低至 0.44%,进一步恶化了曲线路段的路面排水情况,给车辆安全行驶带来严重隐患。设计速度为 120km/h 和 100km/h 时,超高渐变率可沿用《路线规范》的规定值。轻型高速公路的超高渐变率见表 5-9。

轻型高速公路的超高渐变率   表 5-9

设计速度(km/h)	超高旋转轴位置	
	中线	边线
140	1/250	1/200
120	1/250	1/200
100	1/225	1/175

5.5.3 不设超高的最小圆曲线半径

不设超高的最小圆曲线半径值本质上是由横向力系数控制,即平曲线半径取该临界值时横向力已经非常小,不会引起驾乘人员的横向不舒适。横向舒适性可以用横向力系数来表征,在此类超大半径曲线段行驶时,车辆受到的横向力由两部分构成,一是曲线行驶时的离心力,二是路拱形成的反超高所产生的侧向力。根据《标准》,路拱横坡为 2% 时,横向力系数控制在 0.04,然后用曲线最小半径计算公式推算出设计速度 140km/h 时不设超高的圆曲线最小半径,具体算式如下:

$$R = \frac{v^2}{127(\mu + i)} = \frac{v^2}{127(0.04 - 0.02)} = \frac{v^2}{2.54} \tag{5-10}$$

《标准》还规定,当路拱横坡度超过 2% 时,横向力系数可以有一定程度的提高,可以在 0.04~0.05 范围内取用。为了加速降雨天气时的路面排水,路拱横坡可设置为 2.5%,如果横向力系数值取 0.04,那么速度为 140km/h 时,不设超高的最小圆曲线半径将超过 10000m,设置如此大的曲线半径对公路驾驶而言毫无意义,还不如直接拉成直线;横向力系数如果取 0.045,不设超高的圆曲线最小半径值计算结果与 2% 横坡计算结果相同,为此横向力系数取用 0.044。具体算式如下:

$$R = \frac{v^2}{127(\mu + i)} = \frac{v^2}{127(0.044 - 0.025)} = \frac{v^2}{2.413} \tag{5-11}$$

类似地,当路拱横坡为 3% 时,计算不设超高最小半径时的横向力系数取 0.048,对计算结果进行就近取整,速度 140km/h、120km/h 和 100km/h 对应的不设超高最小半径分别为 8500m、6500m 和 4400m(表 5-10)。

不设超高的最小圆曲线半径(m)　　　　　　表 5-10

	设计速度(km/h)	140	120	100
不设超高 最小半径(m)	路拱 2%($\mu=0.04$) (路拱≤2%,$\mu=0.035\sim0.04$)	7500	5500	4000
	路拱 2.5%($\mu=0.044$) (路拱≥2%,$\mu=0.04\sim0.05$)	8000	6000	4200
	路拱 3%($\mu=0.048$) (路拱≥2%,$\mu=0.04\sim0.05$)	8500	6500	4400

5.6 平曲线长度和最小偏角

平曲线转角过小会使道路在转角处呈现扭转和突然转折的错觉,如图 5-12 所示,容易导致驾驶员采取错误的驾驶操作,使车辆偏离预期行驶路线并发生交通事故,因此,需要对平曲线最小容许转角进行限定。各国对于最小平曲线转角的规定不尽相同,中国和日本是 7°,德国为 6°多一点,美国为 5°。因此,平曲线最小长度通常是指曲线偏角为 7°时的平曲线长度。

图 5-12　小偏角曲线的视错觉效应

《路线规范》对平曲线最短长度的规定又细分为一般值和最小值(极限值),其中最小值为 2 倍的缓和曲线长度,即车辆以设计速度行驶时 6s 的行程距离,一般值为最小值的 3 倍。

平曲线最小偏角和最短长度主要是从驾驶员视觉和操纵行为的角度进行规定,目前的取值更多的是经验性的。针对轻型高速公路,对于偏角为 7°时的平曲线长度,速度 100km/h 和 120km/h 时可以沿用《路线规范》中的规定;速度 140km/h 时,根据《路线规范》中的控制原则,最小值取 250m,即 2 倍的缓和曲线长度(单侧);一般值为最小值的 3 倍,即 750m(表 5-11)。

轻型高速公路平曲线最小长度　　　　　　表 5-11

	设计速度(km/h)	140	120	100
平曲线最小长度 (m)	一般值	750	600	500
	最小值	250	200	170

对于山区沿河（沿江、沿溪）公路，微丘/浅丘和平原地区公路，线位总体走向顺直，在线位布设时曲线转角常常会低于7°（尤其是平曲线半径较大时），当转角更小时平曲线扭转的现象更为严重，所以需要适当增加平曲线长度来缓解。《路线规范》对转角低于7°的平曲线最短长度也进行了规定，包括最小值和一般值，其中最小值没有变化，仍维持偏角为7°时的平曲线最小值长度，一般值为经验性取值。本书推荐值沿用《路线规范》的规定值和控制思路，如表5-12所示，表中 Δ 为平曲线的转角，单位为°。

转角小于7°时的平曲线最小长度

表5-12

设计速度（km/h）		140	120	100
平曲线最小长度（m）	一般值	1600/Δ	1400/Δ	1200/Δ
	最小值	250	200	170

5.7 本章小结

（1）比较了世界主要国家停车视距计算原理和计算方法的差异性，分析了中国现行标准规范停车视距计算方法的特点，以小货车和面包车为代表性车型开展了轻型车辆在平坡和下坡的制动仿真试验，得到了不同载重/载客人数和不同坡度下的制动距离，并在此基础上确定了轻型高速公路不同设计速度的停车视距推荐值，对现行标准的相关技术指标进行了修正。

（2）横向力系数与速度的关系是平面线形设计的基础，本章比较了世界主要国家"横向力系数-速度"关系曲线的差异性，在 Carsim 和 Trucksim 软件环境下开展了曲线路段车辆动力学仿真，核验了不同横向力计算模型的精度，最后，结合轻型车辆运行特点和区域气候条件提出了不同设计速度对应的横向力系数值。

（3）分析了平面线形主要技术指标取值的控制条件和影响因素，给出了轻型高速公路圆曲线最小半径、平曲线超高率、超高渐变率、缓和曲线长度以及平曲线长度等指标的推荐值。

轻型高速公路纵断面关键技术指标

公路纵断面是沿公路中心线纵向垂直剖切的一个立面,表达了公路沿行驶里程起伏变化的情况。纵断面线形由直线和竖曲线组成,线形设计应保证汽车以一定的车速安全顺畅通过,并满足行车视距和雨天排水的需求。我国已建成的高速公路都是大小型车混行,最大纵坡、最大坡长等纵断面指标大都是以重型货车作为控制对象。但对于质量轻、动力性强、机动性好的轻型车辆尤其是小客车而言,既有规范的纵断面指标存在相当大的冗余,因此与传统高速公路相比,轻型高速公路在设计建设时可采用"轻型化"设计指标,减少传统高速公路以重型货车行驶性能作为纵断面设计控制因素带来的设计冗余,在保证轻型车辆安全快速行驶的同时,实现降低工程规模、节约建设资源、保护环境生态的目的。

国内外有关纵坡参数的研究都以大货车为对象,涉及轻型高速公路主线纵断面指标研究较少。此外,在过去十余年中,我国小客车的细分车型占比、能源方式和技术性能已经发生较大变化,需要根据最新的车辆类型和动力性能调查结果对纵坡指标进行进一步优化。

6.1 直坡路段车辆爬坡运动特性分析

本章运用车辆动力学仿真软件 Carsim 和 Trucksim,开展轻型高速公路纵坡路段和弯坡组合路段的车辆行驶仿真,设置不同的坡度、车辆载重、驶入速度等组合工况,探究轻型车辆的爬坡速度特性以及影响因素,明确纵断面设计的控制车型并确定出轻型高速公路主线路段的纵断面参数,为轻型高速公路设计和建设提供依据。

6.1.1 代表性车辆选取以及仿真工况

1)车辆动力学模型及参数

根据本书第 2 章轻型车辆细分车型技术性能参数的研究成果,基于普遍性和不利性原则,选择三厢小轿车、SUV、面包车和小货车作为仿真车型开展纵坡路段和弯坡组合路段的上坡行驶仿真,其中,轿车和 SUV 是高速公路最常见的车型,二者在小客车(一类客车)中的占比合计超过 90%。相比之下,面包车和小货车的动力性能较弱、重心相对较高,事故发生率较高且事故后果相对更严重。在 Carsim 和 Trucksim 软件中建立的小轿车、SUV、面包车和小货车的整车动力学模型,如图 6-1 所示。本书为了使仿真结果更符合我国小客车的运动学特性,根据国内小客车质量和比功率参数调查数据的分析结果,对车辆动力学模型的关键参数进行设置和标定,如表 6-1 所示,表中未提到的参数保持默认值。

a)三厢轿车仿真模型   b)SUV仿真模型

图   6-1

c)面包车仿真模型　　　　　　　　d)小货车(微卡)仿真模型

图 6-1　代表性车型以及整车动力学模型

不同仿真车型参数设置　　　　　　　　　　表 6-1

参数	面包车取值	SUV 取值	三厢轿车取值	小货车
车身长度(m)	4.425	4.575	4.87	5.5995
车身宽度(m)	1.670	1.842	1.855	2.42
车身高度(m)	1.860	1.685	1.455	2.47
总重量(kg)	1800/1900/2000/2100	1850	2070	4500/6000
质心高度(m)	0.71	0.65	0.53	0.8
轮距(mm)	1290	1600	1628	1665
轴距(mm)	2500	2700	2848	3308
发动机最大输出(kW)	75	150	150	150
比功率(W/kg)	42/39.5/37.5/35.7	65.4	58.1	33.3/25
最大扭矩(N·m)	155	310	310	310
档位数(档)	5	6	6	6

2)道路仿真条件

在 Carsim 和 Trucksim 软件环境中建立单向四车道的三维路面模型,行车道宽
3.5m、左侧硬路肩宽 1.0m、右侧硬路肩宽 3m,模拟双向八车道高速公路单幅行驶情
况。路面模型的坡度和竖曲线根据《路线规范》中的相关规定进行设置,坡长根据仿真
结果进行调整,如图 6-2a)所示。路面类型选用沥青路面,路面摩阻系数取 0.6,道路模
型以及仿真效果如图 6-2b)所示。

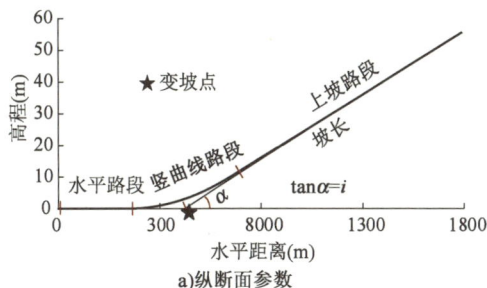

a)纵断面参数　　　　　　　　　b)路面模型以及仿真效果

图 6-2　道路纵断面参数及仿真效果示意图

3)仿真条件设置

根据车辆实际载客人数和限载质量,在仿真软件中对车辆动力学模型进行载重设
置,其中,三厢轿车和 SUV 搭载 5 人,面包车搭载 7 人,每位乘员的体重设置为 75kg;然

后进行三种车型的期望速度设置,期望速度设置为变量以模拟不同的速度工况,包括100km/h、120km/h、130km/h、140km/h 和 150km/h 等 5 种车速;让车辆在长 1200m 的单纵坡路段上爬坡行驶,坡度在 4% ~9% 范围内变化,分析不同车型在不同纵坡爬坡时的运动学特性。小货车的仿真车型为轻型货车,车辆自重为 2600kg,总质量设为4500kg(满载)和 6000kg(超载)两种工况,目标速度设置为 100km/h 和 120km/h,坡度范围设置为 2% ~6% ,坡度间隔为 1% 。

6.1.2 轻型车辆上坡路段速度衰减特性

1)三厢轿车速度衰减特性

图 6-3 是三厢轿车以不同速度驶入不同纵坡时的爬坡速度变化曲线,搭载乘员之后的三厢轿车比功率为 58.1W/kg,驶入速度为 100km/h 时不同坡度的爬坡速度曲线由于完全重合就没有给出。从图 6-3a)中可以看出,三厢轿车以 120km/h 的速度通过不同纵坡路段的速度曲线几乎完全重合,意味着驶入速度不超过 120km/h 时车辆的动力储备充足,对坡度变化不敏感。从图 6-3b) ~ c)中可以看出,车辆以 130km/h 和140km/h 速度驶入时,仅在 9% 的纵坡路段出现速度衰减,这表明在驶入速度不超过140km/h 时,三厢轿车能够保持驶入速度通过纵坡为 8% 的上坡路段。从图 6-3d)中可以看出,当驶入速度达到 150km/h 时,三厢轿车在通过 5% 及以上的纵坡路段时难以维持驶入速度,会发生速度衰减;坡度在 6% 及以上时速度衰减非常明显。当速度衰减10km/h 左右时,车辆会降低档位,提高动力输出以维持车辆的驶入速度。

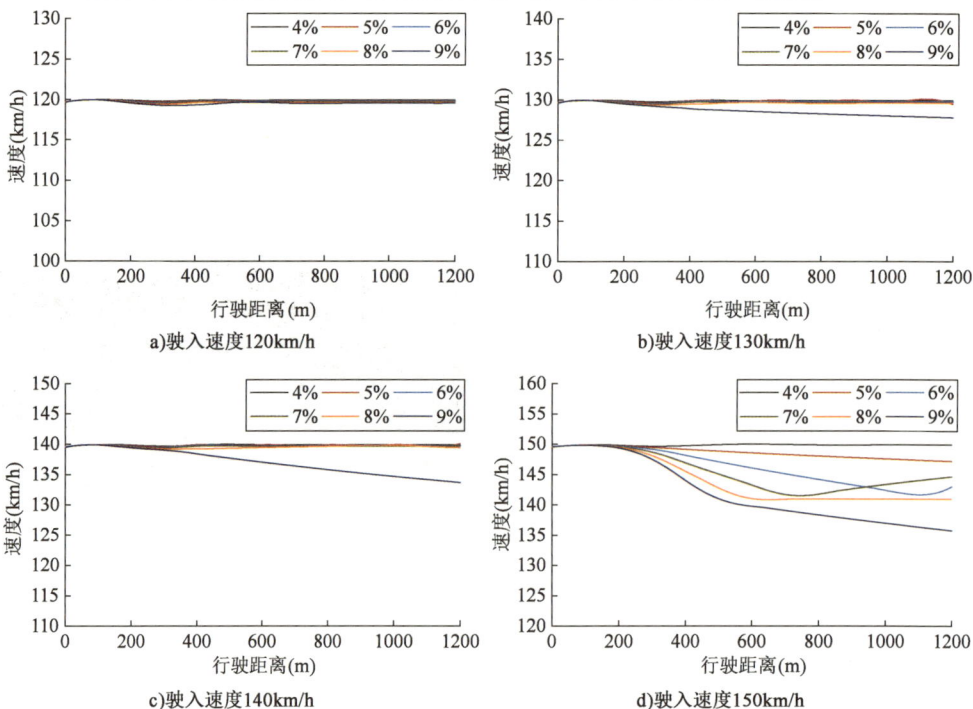

a)驶入速度120km/h

b)驶入速度130km/h

c)驶入速度140km/h

d)驶入速度150km/h

图 6-3 不同期望速度下三厢轿车速度变化曲线

因此可得出如下结论：驶入速度越高，车辆进入上坡路段的速度变化对坡度越敏感。

2）SUV 速度衰减特性

SUV 以不同速度驶入不同纵坡时的爬坡速度变化曲线如图 6-4 所示，比功率为 65.4W/kg。SUV 以 100km/h、120km/h 和 130km/h 驶入不同坡度的爬坡速度曲线都是完全重合，都能够维持驶入速度通过纵坡路段，因此只给出了驶入速度为 140km/h 和 150km/h 时的仿真结果。从图 6-4a）中可以看出，不同坡度的爬坡速度曲线几乎重合，并且行驶速度没有出现下降，这表明驶入速度不超过 140km/h 时 SUV 能够平稳的通过纵坡 4%～9% 的上坡路段，行驶速度不会发生衰减。这是因为与三厢小轿车相比，SUV 车型由于动力强劲，比功率值普遍更高，即驶入速度相同时，SUV 可以克服更大的纵坡。需要说明的是，图 6-4a）中速度曲线的小幅度波动是由换挡导致节气门开度变化造成的。

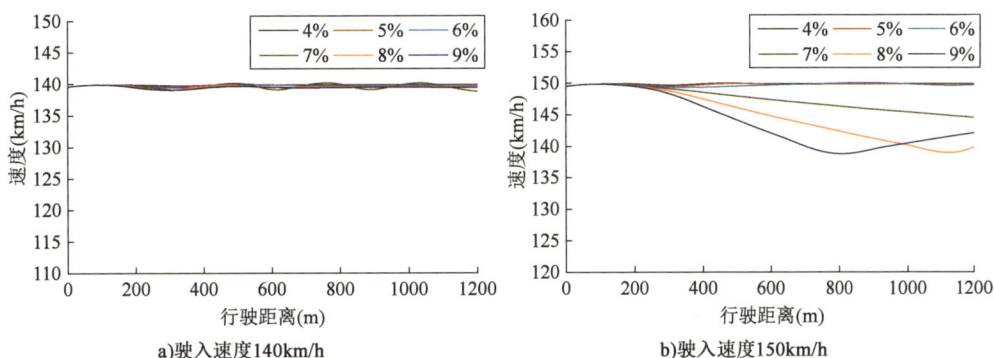

a）驶入速度140km/h　　　　　　　b）驶入速度150km/h

图 6-4　不同期望速度下 SUV 速度变化曲线

相比之下，在图 6-4b）中当 SUV 以 150km/h 的驶入速度通过 7% 及以上坡度时会发生速度衰减，坡度越大衰减越明显。

3）面包车速度衰减特性

面包车在 4 种驶入速度下爬坡时的速度变化曲线如图 6-5 所示，比功率为 42W/kg。当驶入速度为 100km/h 时，9% 纵坡的爬坡速度有 2～3km/h 的小幅衰减，而其余 5 个坡度的爬坡速度没有衰减并且几乎重合。当驶入速度 120km/h 时，面包车在坡度大于或等于 7% 的道路条件下无法维持驶入速度，车速会逐渐衰减。当速度衰减 15km/h 时，面包车将降低档位，提高动力输出，但也难以将速度维持到驶入速度 120km/h。当驶入速度为 130km/h 时，面包车仅能维持 5% 坡度条件下的恒速行驶。当驶入速度增加至 140km/h 时，5% 及以上的上坡都会出现速度衰减。因此，轻型高速公路设计速度 120km/h 且以面包车为控制车型时，最大纵坡不宜超过 6%，若采用更高的设计速度比如 140km/h，最大纵坡不宜超过 5%。

通过调查车辆实际使用情况发现，面包车在使用过程中存在比较普遍的客货混搭以及超载/超重现象，因此需要分析面包车不同载重情况下的爬坡特性，进而确定轻型高速公路纵断面参数。调查发现我国不同品牌面包车的额定载重范围为 0.5～0.7t，考虑到超员和客货混拉情况,在开展面包车上坡仿真时将面包车的载重设置为变量,变化范围为0.5~0.8t,间隔为0.1t,分析面包车以100km/h、120km/h和140km/h的驶入速度通过坡度为4%、5%、6%路段的速度特性。图6-6为面包车以100km/h驶入不同纵坡路段的爬坡速度曲线,通过设置不同的载重实现比功率的变化,载重0.5~0.8t时每一组仿真的速度曲线(坡度不同)均是高度重叠,说明行驶速度为100km/h时,面包车在正常载重和有一定超载的情况下,动力性能能够克服6%的纵坡,爬坡速度不会发生衰减。

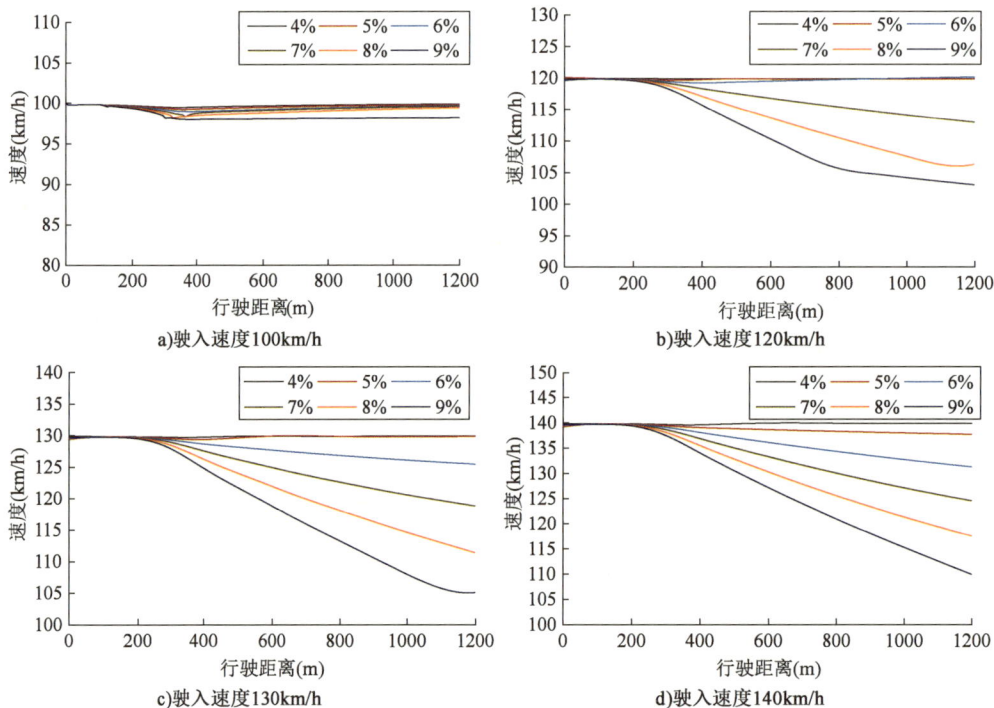

a)驶入速度100km/h

b)驶入速度120km/h

c)驶入速度130km/h

d)驶入速度140km/h

图6-5 不同期望速度下面包车速度变化曲线

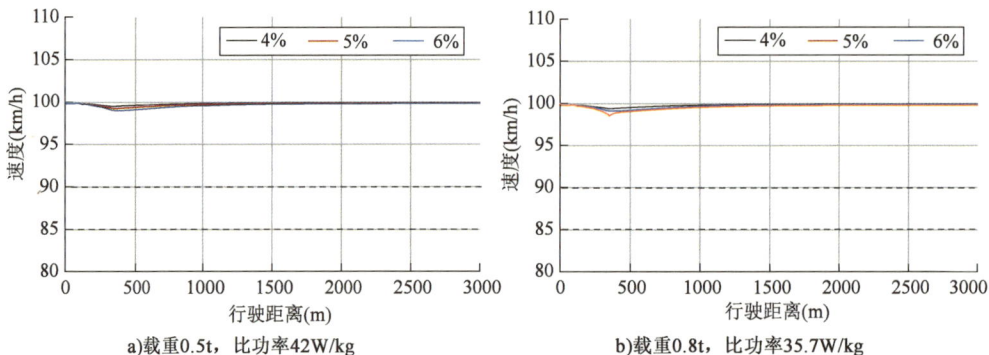

a)载重0.5t,比功率42W/kg

b)载重0.8t,比功率35.7W/kg

图6-6 面包车100km/h驶入上坡路段的速度衰减

不同载重的面包车以120km/h驶入上坡路段的速度曲线如图6-7所示。载重0.5t时爬坡速度没有衰减并且不同坡度的速度曲线完全重合;载重0.6t时,在纵坡6%的路段,速度曲线有小幅衰减;载重0.7t(额定载重)时,在纵坡6%的路段,行驶速度出现明显的衰减,行驶距离3000m时,速度降幅接近10km/h;当面包车载重0.8t(超载)时,在纵坡6%的路段,行驶距离1675m时,速度衰减达到10km/h,行驶距离2500m时的速度衰减接近15km/h。

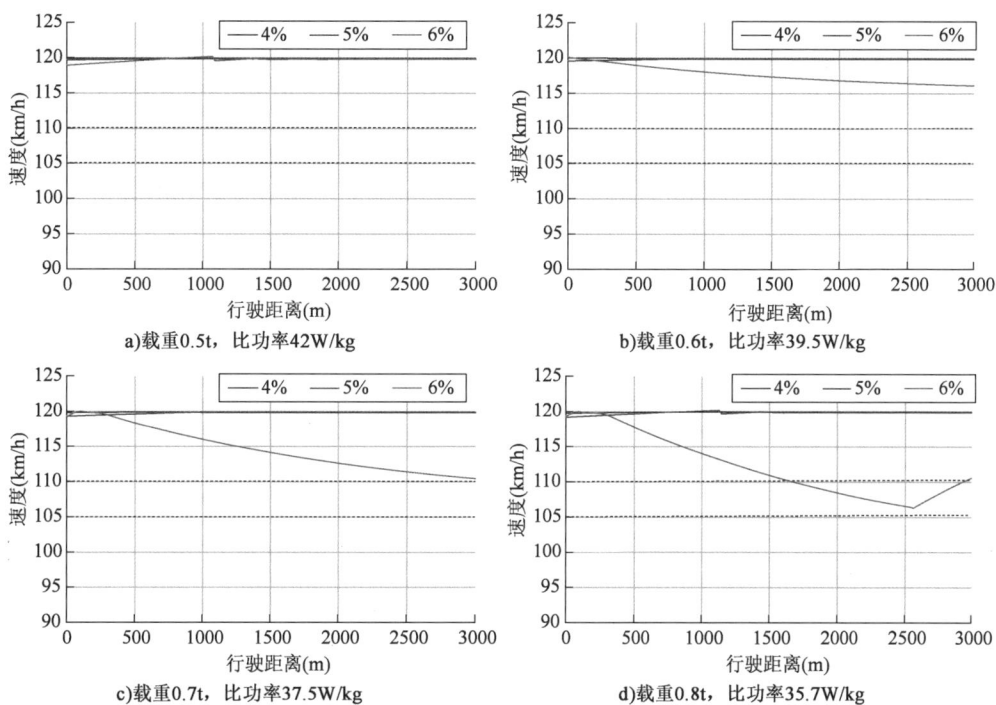

a)载重0.5t,比功率42W/kg　　　　b)载重0.6t,比功率39.5W/kg

c)载重0.7t,比功率37.5W/kg　　　　d)载重0.8t,比功率35.7W/kg

图6-7　面包车120km/h驶入上坡路段的速度衰减

面包车在不同载重条件下以140km/h的速度驶入纵坡路段的速度曲线如图6-8所示。可以看出每一种载重都发生了明显的速度衰减。对比前两种驶入速度的爬坡速度曲线,可以认为驶入速度越高,爬坡速度对纵坡越敏感。面包车在6%的坡度、载重0.5t、3000m行驶距离内的条件下,其速度衰减会超过15km/h,而在5%的坡度条件下,载重0.8t时速度衰减才会达到15km/h。《指南》中对于设计速度140km/h的轻型高速公路其最大纵坡为6%,但在图6-8d)中,面包车在6%的纵坡上速度衰减严重,6%若作为140km/h的最大纵坡明显偏大。

4)小货车速度衰减特性

比功率为33.3W/kg的小货车驶入上坡路段的速度曲线如图6-9所示。目标速度为100km/h时,小货车通过纵坡4%的上坡路段其速度不会衰减;纵坡6%时,在1200m的行驶距离内速度降低了10km/h。当目标车速为120km/h时,小货车在坡道上无法维持目标车速,甚至在2%坡度这种接近水平的路段都会发生明显的速度衰减。

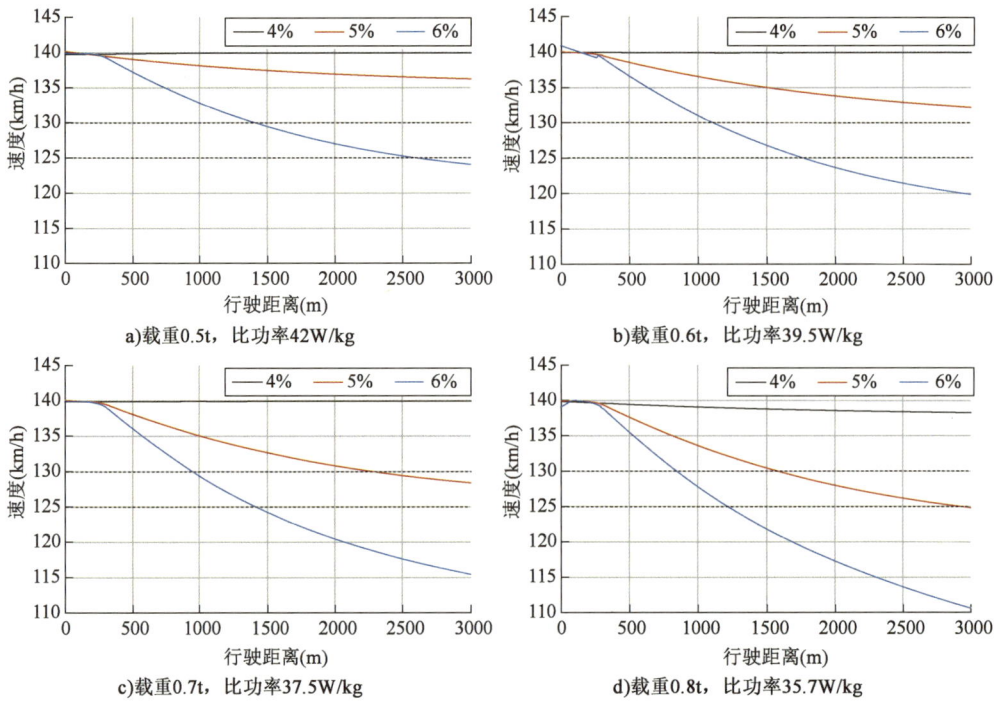

a)载重0.5t，比功率42W/kg

b)载重0.6t，比功率39.5W/kg

c)载重0.7t，比功率37.5W/kg

d)载重0.8t，比功率35.7W/kg

图6-8　面包车140km/h驶入上坡路段的速度衰减

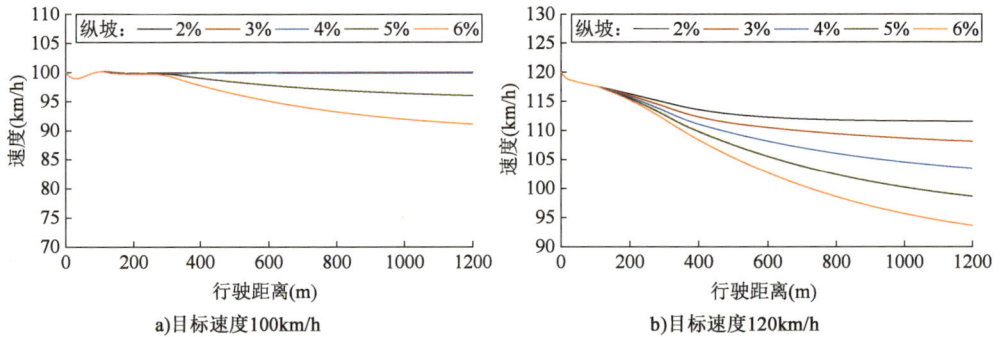

a)目标速度100km/h

b)目标速度120km/h

图6-9　小货车单纵坡速度曲线

因此，当轻型高速公路设计速度为100km/h时，如果允许小货车上路通行，则最大纵坡可以设置为4%～5%；而对于设计速度120km/h及以上的轻型高速公路，由于小货车在上坡路段有严重的速度衰减，不建议通行小货车，或者限制小货车行驶在最外侧车道，以降低小货车与小客车之间的纵向干涉。

根据上述对三厢轿车、SUV、面包车和轻型货车上坡路段爬坡速度曲线特征的分析，可得到以下结论：

（1）驶入速度（可看作是设计速度）越大，上坡路段车辆行驶速度越容易衰减，即驶入速度越高，车速对坡度变化越敏感，这是由于驶入速度越高，汽车的动力储备越小，克服上坡阻力的能力越弱。因此，对于不同设计速度的轻型高速公路来讲，需要规定与之相适应的纵断面指标。

（2）比功率越低，车辆越容易发生速度衰减。在小客车类别中，面包车的比功率最低，相同坡度条件下速度降幅最大，轻型高速公路仅通行小客车时，纵断面设计宜以面包车为控制车型。

（3）坡度越大，单位距离内速度衰减幅度越大，速度衰减发生的越早。因此，确定合理的纵坡指标有利于提高道路的通行能力和交通安全水平。以面包车作为设计车辆时，设计速度为120km/h和140km/h的轻型高速公路，一般路段的最大纵坡分别为6%和5%。

（4）车辆在爬坡时能通过降低档位来提高车辆动力输出，不同车辆降低档位维持车速的能力不同，在降低档位之前速度就已经发生了较大衰减，应以速度的最低点作为速度衰减的衡量标准。

（5）小货车的比功率要低于面包车，建议设计速度120km/h的轻型高速公路不通行小货车；当轻型高速公路设计速度为100km/h时，如果允许小货车上路通行，最大纵坡可设置为4%～5%。

6.1.3 上坡路段节气门开度分析

节气门是汽车控制空气进入发动机的一道阀门，通过控制空气（氧气）的进入量来控制发动机的动力输出。节气门开度一般有两种控制方式，一是将节气门用机械拉线与加速踏板直接相连；二是使用电子节气门系统，通过传感器和电控单元来实现加速踏板的压力反馈，进而控制节气门开度。现代汽车多用电子节气门系统。节气门开度反映了发动机动力输出的变化，节气门全开时，说明到达了发动机在某挡位下的动力输出极限，驾驶员通常会采取降低挡位来获取更大的动力输出，若降低挡位后节气门还处于全开状态，说明发动机无法维持车辆现有速度，车速会发生衰减。

1）三厢轿车和SUV的节气门开度

三厢轿车上坡行驶时的节气门开度曲线如图6-10a）和b）所示。驶入速度为120km/h时，节气门最大开度为95%，发生在纵坡9%坡度的路段，纵坡8%时车辆爬坡过程中的节气门开度为60%左右，纵坡坡度低于7%时节气门开度先是在坡底快速增加，增加至60%之后又快速下降，然后维持在一个稳定值（50%以下），表明对于120km/h的驶入速度而言，9%的纵坡需要驾驶员操纵加速踏板来保持节气门近乎全开，因此9%已经是120km/h速度能够行驶的坡度极限；而坡度小于或等于7%时，节气门开度在50%以下，留有较多的动力储备。驶入速度为140km/h时，节气门最大开度为100%，发生在8%和9%坡度的纵坡路段。

SUV在上坡路段行驶过程中的节气门开度曲线如图6-10c）和d）所示。驶入速度120km/h时的节气门最大开度为65%，发生在坡度7%及以上的纵坡路段。驶入同样坡度的上坡，SUV的节气门开度要低于三厢轿车，这是由于SUV是运动型多用途汽车，发动机功率普遍高于三厢轿车。驶入速度140km/h时的节气门最大开度为85%左右，发生在7%及以上坡度的上坡路段，但最大节气门开度仅出现较短时间，车辆在挡位降低后节气门开度会减小。图 6-10 中坡度为 7% 时节气门开度曲线呈波浪状波动是挡位反复切换造成。

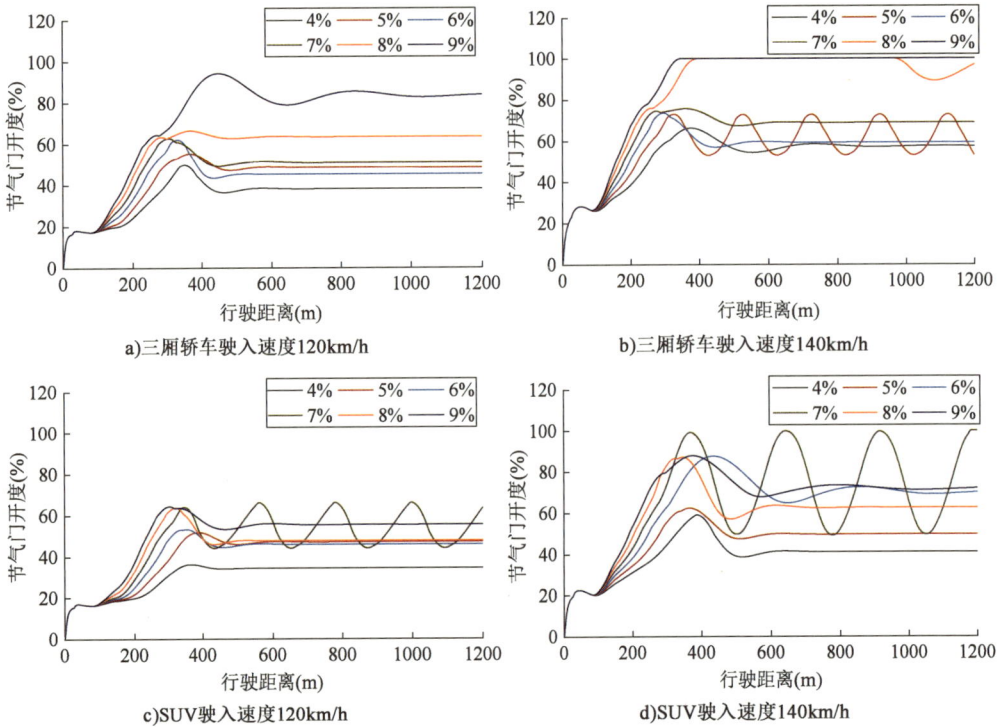

a)三厢轿车驶入速度120km/h

b)三厢轿车驶入速度140km/h

c)SUV驶入速度120km/h

d)SUV驶入速度140km/h

图 6-10　三厢轿车和 SUV 纵坡路段行驶时的节气门开度

2）面包车的节气门开度

面包车在上坡路段行驶时的节气门开度曲线如图 6-11 所示。驶入速度为 100km/h 时,9% 纵坡路段的节气门为全开状态,8% 纵坡路段的节气门开度为 72%,坡度 7% 和 6% 时的节气门开度为 60%。驶入速度为 120km/h 时,坡度 6% 及以上的纵坡路段的节气门开度已经达到 100%,因此,以面包车为控制车型时,轻型高速公路 120km/h 设计速度对应的最大纵坡宜取 5%。驶入速度为 140km/h 时,节气门最大开度 100% 对应的最小纵坡为 5%,即面包车以 140km/h 驶入 5%（含）以上的纵坡时,必须维持节气门全开。

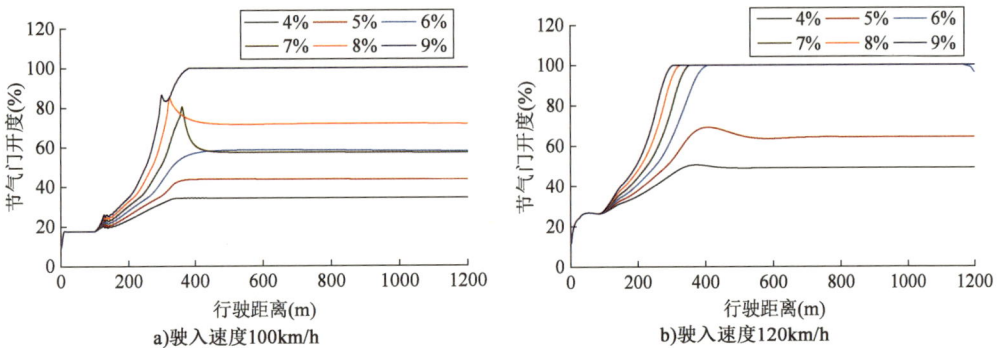

a)驶入速度100km/h

b)驶入速度120km/h

图 6-11　不同驶入速度下小货车节气门开度

3）小货车的节气门开度

小货车在上坡路段爬坡时的节气门开度曲线如图 6-12 所示。驶入速度为 100km/h 时，坡度 4% 及以上纵坡的节气门开度已经达到 100%，即节气门处于全开状态。驶入速度为 120km/h 时，2% ~6% 范围内的纵坡，节气门开度都是 100%，这表明小货车无法维持 120km/h 的速度。

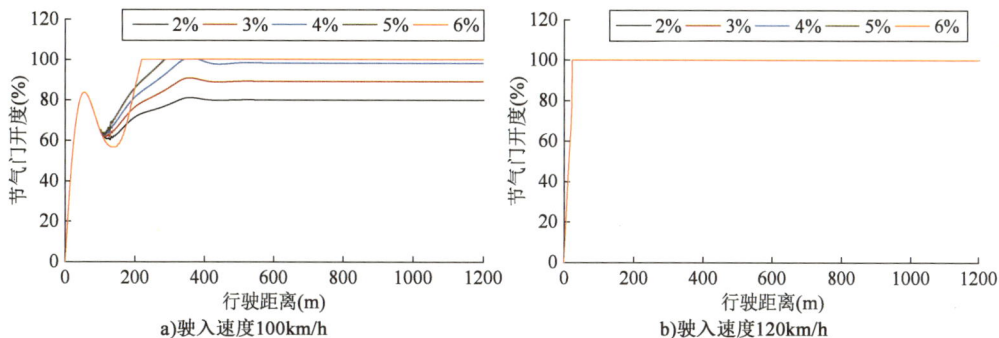

图 6-12　不同驶入速度下小货车节气门开度变化曲线

综合上述 4 种轻型车辆以不同驶入速度爬坡时的节气门开度变化特征，可得到以下结论：

（1）驾驶员在爬坡时为了维持驶入速度会增大节气门开度，纵坡越大，节气门开度的峰值出现得越早；驶入速度越高，纵坡路段的节气门开度越大。

（2）驶入速度 100km/h 时，面包车的动力能够满足 7% 坡度以下纵坡的爬坡需求；驶入速度为 120km/h 时能满足 6% 坡度以下纵坡的爬坡需求，驶入速度为 140km/h 时能满足 5% 坡度以下纵坡的爬坡动力需求。

（3）面包车是 3 种小客车车型中坡度通过性最差的车型，小货车的爬坡性能还要低于面包车，因此轻型高速公路仅通行小客车时纵断面指标设计时应重点考虑面包车的坡度通过性。

6.2　弯坡路段车辆爬坡运动特性分析

由于轻型车辆行驶速度较快，轻型高速公路宜采用较高的设计速度。车辆在高速条件下的动力储备相对较低，在弯坡组合路段行驶时，车辆横向力以及轮胎-路面横向附着状态会影响车辆爬坡时的运动学行为，因此，在确定纵断面指标时，还需考虑曲线行驶的影响。为此，作者运用 Carsim 和 Trucksim 软件开展弯坡组合路段行驶仿真，探究轻型车辆在三维弯坡路面上的速度衰减特性，以及平曲线半径对轻型车辆速度衰减的影响。

由于面包车和轻型货车对纵坡更敏感，将面包车和轻型货车作为仿真车型，仿真变量中，上坡路段的坡度范围设为 4% ~8%，坡度间隔设为 1%；根据不同的目标速度（设计速度）来设置平曲线半径值；道路超高率设为 4%。

1）面包车仿真结果分析

面包车在单纵坡与弯坡组合路段上的速度曲线如图 6-13 所示。可以看出对于

120km/h 的通过速度,600m 半径弯坡路段和直坡路段的行驶速度有些许差别;半径增加至 710m 时,弯坡路段的速度衰减与直坡路段相比几乎没有差别。车辆驶入速度为140km/h 时,800m 半径弯坡路段的车辆爬坡速度与直坡路段相比,差异性非常小,半径增加至 1100m 时,二者之间已经没有差别。观测图 6-13 中的速度曲线还能发现,平曲线半径只会影响轻型车辆在弯道内的速度衰减速率,驶出弯道后行驶速度衰减趋势会迅速回落,行驶速度会趋近于单纵坡路段的车速并最终相等。

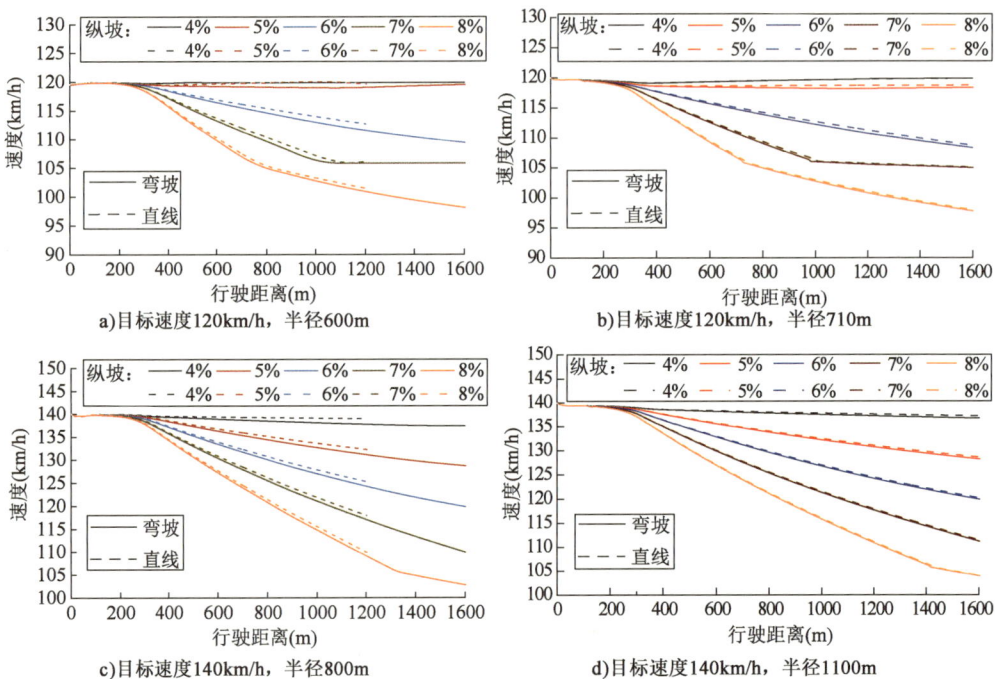

图 6-13　面包车单纵坡与弯坡组合路段的速度衰减对比

2)小货车仿真结果分析

从图 6-14 中的小货车爬坡速度曲线可以看出,与单纵坡路段的速度曲线相比,平曲线半径越小的弯坡组合路段,车辆行驶速度衰减越快,半径越大,这种影响逐渐减小。此外,目标车速增加时,曲线半径对速度衰减的影响作用变得明显,而目标车速相对较低时这种影响减弱。

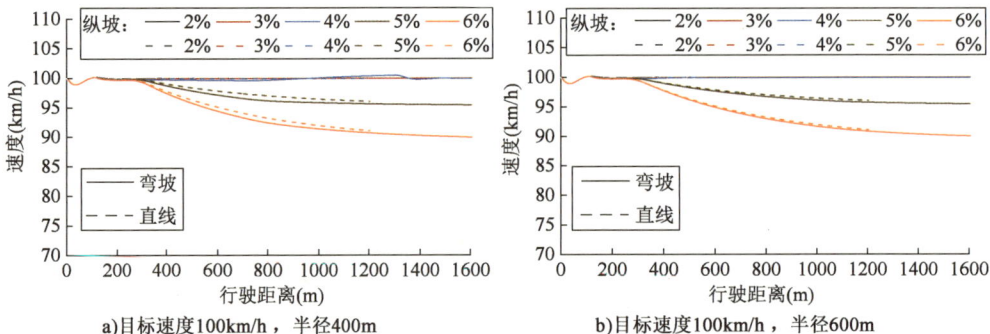

图　6-14

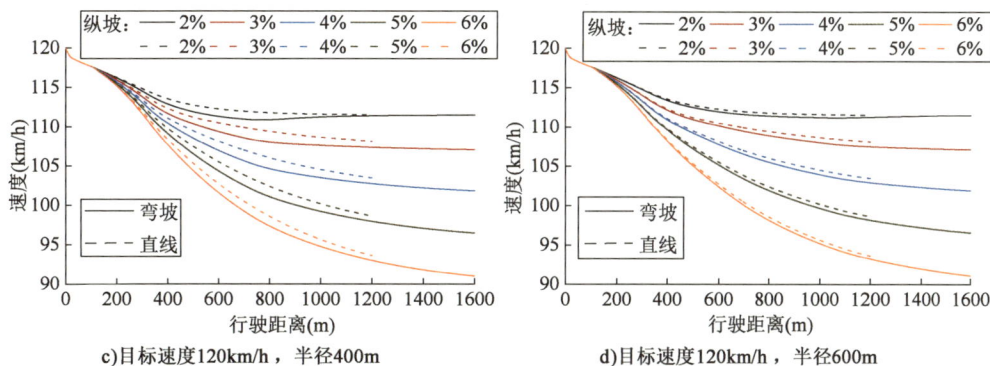

c)目标速度120km/h，半径400m　　　　d)目标速度120km/h，半径600m

图6-14　小货车单纵坡与弯坡组合路段的速度衰减对比

根据面包车和小货车的弯坡路段/直坡路段爬坡速度曲线，弯坡路段的爬坡速度曲线相较于直坡路段虽然有一定的额外衰减，即有一定的差值，但这种差值在轻型高速公路线形设计的平曲线半径范围内非常轻微，因此，在确定轻型高速公路纵断面指标时无须考虑平曲线半径对爬坡速度衰减的影响。

6.3　纵断面关键参数确定

如前所述，轻型高速公路仅通行小客车时，宜将动力性能较差的面包车作为纵断面指标设计的关键车型，轻型高速公路同时通行小客车和小货车时，纵坡指标应考虑小货车爬坡时的动力性能特性。纵坡指标的控制因素为设计车辆在上坡路段行驶时的速度折减，速度折减量超过阈值时道路通行能力会明显下降，并且速度离散性会加剧追尾事故的发生风险，交通安全水平显著降低。

6.3.1　最大纵坡

根据本章第6.1节轻型车辆上坡路段的行驶仿真结果，面包车的驶入速度为120km/h、纵坡超过6%时，行驶速度随着行驶距离的增加有较大幅度的衰减；驶入速度为140km/h，纵坡超过5%时，行驶速度衰减较快。小货车驶入速度为100km/h，坡度6%时，爬坡速度有明显的衰减；驶入速度120km/h时，不论何种坡度均出现明显的速度衰减，纵坡超过4%时速度衰减非常严重，1000m的行驶距离会出现15km/h以上的速度降幅，交通量较大时会造成通行能力下降。因此，轻型高速公路设计速度140km/h时（仅通行小客车时），最大纵坡为5%；设计速度120km/h和100km/h且仅通行小客车时，最大纵坡为6%。

轻型高速公路同时允许通行小货车和小客车时，由于小货车动力性能较弱，最大纵坡应有所降低以适应小货车的动力性能，设计速度120km/h时，最大纵坡4%，设计速度100km/h时，最大纵坡5%；由于小货车无法达到140km/h以上的行驶速度，轻型高速公路设计速度采用140km/h时，不建议通行小货车。

研究结果表明，车辆在弯坡组合路段上坡行驶时，车辆横向加速度会增加纵向行驶速度的衰减，即平曲线半径对车辆爬坡性能（速度衰减）有一定的影响，但在轻型高速公路的平曲线半径范围内,这种额外的速度衰减非常轻微,无须单独考虑。轻型高速公路的最大纵坡见表6-2。

轻型高速公路的最大纵坡 表6-2

设计速度(km/h)		140	120	100
最大纵坡(%)	小客车专用	5	6	6
	小客车和小货车共用	—	4	5

6.3.2 最大坡长

公路最大坡长的控制条件为上坡路段的车辆速度折减,避免长上坡速度衰减过大导致通行效率降低以及追尾事故风险。从本章第6.1节上坡路段行驶速度-距离曲线中提取面包车爬坡速度衰减10km/h和15km/h时的行驶距离,然后从该值中减去变坡点位置,即可得到对应的最大临界坡长,见表6-3。

速度衰减10km/h和15km/h对应坡长计算值 表6-3

期望速度(km/h)	速度衰减(km/h)	纵坡坡度(%)		
		4%	5%	6%
120	10	—	—	1465.5
	15			
140	10	—	1377.4	638.5
	15		2732.6	1011.5

注:表中"—"表示无对应参数(坡长无论多长速度都不会衰减到对应目标速度)。

轻型高速公路的本质运行特征是高效、快速、安全,车辆之间不宜出现有道路条件因素导致的过大速度差。轻型高速公路仅通行小客车时可以取比较小的容许速度折减 Δv,本书将 Δv 设置为10km/h,即将速度衰减达到10km/h时的行驶距离作为该坡度的最大坡长,然后对其进行取整得到最大坡长推荐值,见表6-4。从表6-4中可以看出,轻型高速公路(仅通行小客车)的设计速度取140km/h且坡度低于5%时,不对最大坡长进行限制;当设计速度取120km/h且坡度低于6%时,也无须对最大坡长进行限制。

轻型高速公路的最大坡长 表6-4

设计速度(km/h)		140	120		100	
			小客车/小货车混行	小客车专用	小客车/小货车混行	小客车专用
纵坡坡度(%)	3	不限	不限	不限	不限	不限
	4	不限	800	不限	不限	不限
	5	1200	—	不限	1000	不限
	6	—	—	1200	—	不限

注:"—"表示该设计速度没有这个坡度值。

小货车为货物运输车辆,动力性能要低于小客车,驾驶员对行驶速度的敏感性要低于小客车,轻型高速公路允许通行小货车时,可以取更大一些的容许速度折减,本书取15km/h。使用同样的方法,得到小货车在不同纵坡速度折减 Δv 为 15km/h 时的行驶距离,然后进行取整处理,得到不同设计速度和不同坡度下的最大坡长。

对于建设在山岭地区的轻型高速公路,当存在连续纵坡路段时,由于限制了坡长,应在相邻两段陡坡之间设置缓和坡段以恢复车辆行驶速度,缓和坡段的坡度不应超过 3.5%。

6.3.3 最小坡长

纵断面设计对最小坡长进行限制主要有三方面的考虑:一是行驶平顺性,纵断面上若变坡点过多,纵断面起伏变化频繁会影响行车舒适性和安全性;二是便于设置竖曲线,从竖曲线单元的构成来看,相邻变坡点之间的距离不宜过短,最短距离应不小于相邻两个竖曲线的切线长,以便插入适当的竖曲线;三是驾驶员视觉上的美观性,变坡点过多会导致纵断面频繁起伏,看起来非常琐碎,宛若"搓衣板",既不美观,还会导致驾驶员视错觉诱发错误操作行为。

但实际上对最小坡长有实质性控制作用的因素是上面谈到的第二个,即最短坡长应满足两个切线长的布设,以便插入竖曲线。《路线规范》对最小坡长的规定也是以此为控制条件。根据切线长与竖曲线长度的数学关系,考虑一定的余量,建议设计速度140km/h 时最小坡长取 350m;设计速度为 120km/h 和 100km/h 时,最小坡长分别取300m 和 250m,即与《路线规范》规定值相同。

对于高速公路改扩建而言,一些项目通常需要提高技术标准比如将设计速度提高20 km/h,导致在调坡时很难满足最小坡长的要求,此种情况下可对该指标进一步放宽,即取最小竖曲线长度。轻型高速公路的最小坡长见表6-5。

轻型高速公路的最小坡长　　　　　表6-5

设计速度(km/h)	140	120	100
最小坡长(m)	350	300	250

6.3.4 最大合成坡度

最大合成坡度出现在弯坡组合路段,取决于平曲线超高率和纵断面纵坡值。既有公路技术标准规定的最大合成坡度为 10%,过大的合成纵坡对大型车行驶不利,容易导致大型车溜滑、侧翻。轻型高速公路主要通行小客车,此方面的风险相对较小。本书针对轻型车辆的行驶特点,基于推荐的最大纵坡和超高率,确定了最大合成坡度的推荐值(表6-6):

1)轻型高速公路路基路段

设计速度为 120km/h 时,最大纵坡为 6%,最大超高率为 8%,最大合成坡度则为10%;设计速度为 140km/h 时,最大纵坡为 5%,最大超高率为 8%,最大合成坡度计算值为 9.43% , 取整后的推荐值为 9.5% 。

2) 轻型高速公路桥梁路段

设计速度 120km/h 时 , 最大纵坡为 6% , 最大超高率为 8% , 最大合成坡度则为 8.5% ; 设计速度 140km/h 时 , 最大纵坡为 5% , 最大超高率为 6% , 最大合成坡度计算值为 7.81% , 取整后的推荐值为 8% 。

轻型高速公路的最大合成纵坡   表 6-6

设计速度(km/h)	最大合成纵坡(%)	
	路基路段	桥梁路段
100	10	8.5
120	10	8.5
140	9.5	8

6.3.5 竖曲线最小半径和最小竖曲线长度

竖曲线最小半径的控制要素和约束条件有两方面 , 一是车辆经过竖曲线时不能因为竖向位移变化而导致不舒适 , 此问题在低等级道路上比较明显 , 尤其是凹形竖曲线 , 车辆超速行驶时有明显的不适感 ; 二是视距要求 , 在变坡点位置要保证典型车辆驾驶员的行车视距 。

1) 凸形竖曲线半径

关于竖曲线最小半径 , 《标准》给出了满足竖向舒适性要求的曲线长度计算公式和满足视距要求的计算公式 , 可以进一步求解出极限最小半径 , 经过对比两个控制条件的竖曲线半径计算值 , 凸形竖曲线半径实际控制条件是满足通视性要求的曲线长度 , 即:

$$L_{V2} = \frac{S_t^2 \Delta i}{400}$$ (6-1)

$$R = \frac{100 L_{V2}}{\Delta i}$$ (6-2)

代入轻型车辆停车视距 S_t , 设计速度为 100km/h 时 , 满足视距要求的曲线长度 L_{V2} 为 $49\Delta i$, Δi 为坡度差 , 极限最小半径 R 为 $100 \times 49\Delta i/\Delta i = 4900$m , 采用值 5000m ; 设计速度 120km/h 时 , 视距要求的曲线长度为 $85.56\Delta i$, 极限最小半径为 $100 \times 85.56\Delta i/\Delta i = 8556$m , 采用值为 8600m ; 同理 , 设计速度 140km/h 时 , 视距要求的曲线长度为 $144\Delta i$, 极限最小半径为 $100 \times 144\Delta i/\Delta i = 14400$m , 采用值 14500m 。

2) 凹形竖曲线半径

根据《标准》中的竖曲线长度计算公式 , 分别计算了满足竖向舒适性、前灯光束距离和跨线桥下视距所要求的曲线长度 , 经过对比发现 , 凹形竖曲线半径实际控制条件是满足竖向舒适性要求的竖曲线长度 , 即:

$$L_{V1} = \frac{v_d^2 \cdot \Delta i}{400}$$ (6-3)

运用式 (6-3) 求出 L_{V1} 之后 , 根据式 (6-2) 可计算出凹形竖曲线的最小极限半径 。 设

计速度 v_d 为 120km/h 时，竖曲线长度 L_{V1} 为 $40\Delta i = 480$m，极限最小半径为 $100 \times 480/\Delta i = 4000$m，采用值为 4000m；同理，设计速度 140km/h 时的凹形竖曲线最小半径计算值为 5544m，采用值为 6000m。

3）竖曲线最小长度

按照《标准》条文说明中的计算方法进行计算，竖曲线最小长度为 3s 设计速度的行程长度。

轻型高速公路竖曲线最小半径和最小竖曲线长度见表 6-7。

轻型高速公路竖曲线最小半径和最小竖曲线长度　　　　　表 6-7

设计速度（km/h）		140	120	100
凸形竖曲线半径（m）	一般值	21750	13000	7500
	极限值	14500	8600	5000
凹形竖曲线半径（m）	一般值	9000	6000	4500
	极限值	6000	4000	3000
竖曲线长度（m）	一般值	300	250	210
	极限值	120	100	85

6.4 本章小结

（1）根据普遍性和不利性原则，选取三厢轿车、SUV、面包车和轻型货车作为代表性车型，开展了轻型车辆在上坡路段的变参数仿真，根据行驶速度衰减幅度和节气门开度分析了不同车型动力性能对坡度的敏感性，得到了最不利车型即纵断面设计的控制车型；同时，以控制车型为对象进行变载仿真，分析了不同载重条件下（比功率不同）车辆上坡时的速度衰减特性。

（2）以面包车和轻型货车为对象开展弯坡路段行驶动力学仿真，得到了行驶速度-行驶距离曲线。结果表明弯坡路段的爬坡速度曲线相较于直坡路段虽然有一定的额外衰减，但这种差值非常轻微，在确定轻型高速公路纵断面指标时无须考虑平曲线半径对爬坡速度衰减的影响。

（3）分析了纵断面线形主要技术指标的控制条件和影响因素，给出了轻型高速公路圆曲线最大纵坡、最大坡长、最小坡长、最大合成坡度以及最小竖曲线半径等纵断面技术指标的推荐值。

轻型高速公路设计案例以及仿真验证

目前国内轻型高速公路的建设处于起步阶段,还未有投入运营的轻型高速公路,仅有 G15 沈海高速公路泉厦段轻型高速公路改扩建工程处于设计阶段。本章依托泉厦高速公路改扩建工程,介绍轻型高速公路的几何线形设计实例,并利用 Carsim 软件开展动力学仿真对其进行行驶安全性和舒适性检验。

7.1 泉厦轻型高速公路线形设计

7.1.1 既有泉厦高速公路概况

泉厦高速公路是 G15 沈海高速公路的重要组成部分,作为福建省的第一条高速公路一直是区域经济发展的主通道。该项目起于泉州(过坑高架桥)止于厦门(杏林互通),全长约 82km,1997 年按双向四车道高速公路标准建成通车,并于 2010 年完成"四改八"改扩建,设计速度 120km/h,整体式路基宽度 42m,分离式路基宽度 2×20.5m。泉厦高速公路布设有池店、晋江、水头、翔安、同安 5 处服务型互通(收费站互通),以及晋江、内坑、西锦、内厝、厦门 5 处枢纽互通。

随着区域社会经济的快速发展,泉厦高速公路的交通量近年来增长迅猛,2021 年交通量平均达到 11.7 万 pcu/d,全线基本处于三级及以下服务水平,西锦枢纽互通至翔安段交通量达到 14.2 万 pcu/d,为五级服务水平。通道内其他公路对既有泉厦高速公路的分流作用有限,不能替代泉厦高速公路的功能,如不及时进行改扩建,将形成严重的交通阻塞并成为通道瓶颈,影响沈海高速公路运输大通道。经综合研究,决定对泉厦高速公路(图 7-1)实施扩容建设。

图 7-1　泉厦高速公路运行现状

由于泉厦高速公路沿线高度城镇化、土地开发利用程度高,采用修建立体层方式进行扩容,上层(立体层)供轻型车辆行驶,构建小客车同质交通流运行环境,形成轻型高速公路;下层(原有地面层)维持客货混行,与上层一起构成"地面层双向八车道 + 立体层双向八车道"的综合立体走廊,在全国范围内率先探索"上客下混"的交通组织模式。与此同时,立体层的分流会显著降低地面层的小客车占比,也有助于提升地面层的行车安全性。

7.1.2　设计标准

拟议中的泉厦高速公路扩容工程起于既有沈海高速公路泉州互通以南,采用沿既有高速公路立体复合扩建为主、局部平面扩建的建设方案,经泉州丰泽区、晋江市、南安市、厦门翔安区、同安区,止于集美区既有沈海高速公路厦门枢纽互通附近,全长约70km。地面层维持原有八车道高速公路标准,同时维持原有客货混行的运行方式,全线设计速度120km/h,路基宽度42m。

立体层按照轻型高速公路设计建设,定位为服务小客车的轻型高速公路,双向八车道,设计速度为120km/h,预留140km/h的通行能力和服务水平。立体层分离式路基宽度为 2×20 m,桥梁段为 2×19.5 m。全线设置13处互通、6处转换道,关键节点如图7-2所示。桥涵设计的汽车荷载等级采用公路-Ⅰ级。主线路段的主要技术指标参照本书研究成果确定。

图7-2　泉厦高速公路扩容工程路线走向示意图

泉厦高速公路扩容工程路线沿既有沈海高速公路走廊带布设,为了满足既有高速公路保通和集约节约土地的要求,总体采用两侧高架桥建设方案,形成泉厦轻型高速公路,如图7-3所示。

图7-3　两侧高架桥布置示意图

7.1.3　线形设计原则

1)节地、绿色、集约的原则

泉厦高速公路位于闽东南沿海地区,地势总体西高东低,地貌以平原、剥蚀丘陵地貌为主。走廊带内的地类属性以建设用地为主,农用地次之,可供路用土地资源十分紧张。沿线产业布局已成规模,房屋建筑密集、工厂企业众多、建设区域高度城镇化,土地性质流转困难;同时,管线管廊纵横交错,拆迁安置成本高。由于土地资源高度集约化的客观现实,为了实现资源的高效利用,与社会环境协调发展,路线设计应遵循少占地(尤其是少占基本农田)、少拆迁、绿色集约的原则。

2)通行车辆轻型化的原则

现行标准规范在高速公路线形指标方面主要考虑大型车辆尺寸、制动和动力性能的影响。泉厦轻型高速公路服务于小客车通行,若完全遵照现有标准进行设计,会导致较大的设计冗余和工程浪费。因此,需针对小客车技术特性和行驶动力学性能进行研究,设计出满足小客车安全快速通行的、科学合理的平纵线形和横断面指标值,即应遵循通行车辆轻型化的原则。

3)对既有道路交通影响最小的原则

泉厦高速公路作为唯一一条贯通中国东南沿海地区的高速公路,是非常重要、繁忙的沿海运输大通道。根据周边路网情况,无新近建成的其他道路来分担交通流,因此在设计时应遵循施工期间占路时间最短、占路面积最小、影响交通最小的原则。

4)适应未来通行速度提升的原则

同质化的小客车交通流具有行驶速度快、车辆间冲突小、安全性高的运行特点,高速公路交通运行管理的未来发展趋势是在保证安全的前提下允许更高的通行速度和通行效率。基于此,泉厦轻型高速公路需要为未来通行速度升级至140km/h预留条件。

7.1.4 线形设计成效

泉厦轻型高速公路(扩容后的立体层)专用于小客车通行,根据轻型车辆行驶特征及制动距离数据,确定了120km/h和140km/h设计速度下的停车视距、平曲线半径等平面指标;通过轻型车辆在单纵坡及弯坡组合路段上的动力仿真分析,得到了120km/h和140km/h设计速度下的纵断面指标值,见表7-1。既有标准规范在主线横断面指标方面需要兼顾大型车辆宽度(2.6m)和轨迹摆动的影响,泉厦轻型高速公路设计车辆尺寸小(宽1.9m),通过国内外实测自然驾驶数据,深入研究车辆横向摆动特征、期望轨迹偏移和车道侧向余宽等因素,得到了120km/h和140km/h设计速度下的路缘带、行车道、硬路肩等横断面指标值,见表7-2。

泉厦轻型高速公路平纵线形技术指标　　　　表7-1

序号	指标名称	《公路工程技术标准》规定值	《小客车专用高速公路工程技术指南》规定值	本书的研究值	采用值
1	停车视距(m)	210	285(140km/h) 210(120km/h)	215(140km/h) 170(120km/h)	210

续上表

序号	指标名称	《公路工程技术标准》规定值		《小客车专用高速公路工程技术指南》规定值	本书的研究值	采用值
2	圆曲线最小半径(m)	一般值	1000	—	1500(140km/h) 1000(120km/h)	1200
		超高4%	810	1400(140km/h) 810(120km/h)	1300(140km/h) 810(120km/h)	
		超高6%	710	1200(140km/h) 710(120km/h)	1100(140km/h) 710(120km/h)	
		超高8%	650	1000(140km/h) 650(120km/h)	1000(140km/h) 650(120km/h)	
		不设超高	5500(路拱≤2%)、 7500(路拱>2%)	10000(140km/h) (120km/h)	7500(路拱≤2% 140km/h)、5500 (路拱≤2%,120km/h)	6000
					8000(路拱>2%, 140km/h)6000(路 拱>2%,120km/h)	
3	最大纵坡(%)	3		7(140km/h)、 8(120km/h)	5(140km/h) 6(120km/h)	2.9
				6(140km/h)、 6(120km/h)		

泉厦轻型高速公路横断面关键技术指标 表7-2

序号	指标名称	《公路工程技术标准》规定值	《小客车专用高速公路工程技术指南》规定值	本书的研究值	采用值
1	行车道宽度(m)	3.75(一般值)	3.75(140km/h) 3.5(120km/h)	3.5(140km/h) 3.5(120km/h)	2×3+ 2×3.75
		3.5(最小值)	3.5(140km/h) 3.5(120km/h)	3.5(140km/h) 3.25(120km/h)	
2	左侧硬路肩宽度(m)	1.25(一般值)	1.25(140km/h) 1.0(120km/h)	1.5(140km/h) 1.25(120km/h)	1.0
		1.0(最小值)	0.75(140km/h) 0.75(120km/h)	1.25(140km/h) 1.25(120km/h)	1.0
3	右侧硬路肩宽度(m)	3.0(2.5)(一般值)	2.5(140km/h) 2.5(120km/h)	3.0(140km/h) 3.0(120km/h)	3.0
		1.5(最小值)	1.5(140km/h) 1.25(120km/h)	1.5(140km/h) 1.5(120km/h)	

由表 7-1 和表 7-2 可以看出,泉厦轻型高速公路(工可阶段)的线形设计指标基本采用了本书的研究成果,内侧两条行车道宽度取 3.5m,较现行技术标准低 0.25m,双向八条车道共节约 1m 的幅宽,体现了轻型高速公路的特点。

泉厦轻型高速公路总体采用两侧高架桥方案,使用两侧小箱梁 + T 形墩组合实现扩容改建,便于施工期间的交通组织,如图 7-4a)所示。但为适应泉厦高速公路两侧征地拆迁敏感点制约,轻型高速公路部分路段将交替采用不同形式的断面组合,包括双侧分离、单侧双层和上跨全覆盖等。例如,当既有泉厦高速公路两侧条件受限时,利用既有公路分离式路基中间带,采用三柱式门架或者两柱门架实现扩容改建,如图 7-4b)所示。当既有泉厦高速公路单侧条件受限时,使用单侧桥梁 + 中央分隔带拓展利用的方式,如采用左(右)侧小箱梁 + 中间带小箱梁组合,减轻对既有公路空间的入侵占用,如图 7-4c)所示。当路线某侧存在学校、宗庙、祠堂等地物时,还可以采用另一侧叠层桥梁的方式,如图 7-4d)所示,大幅减少拆迁规模,力求与周边环境协调共存。

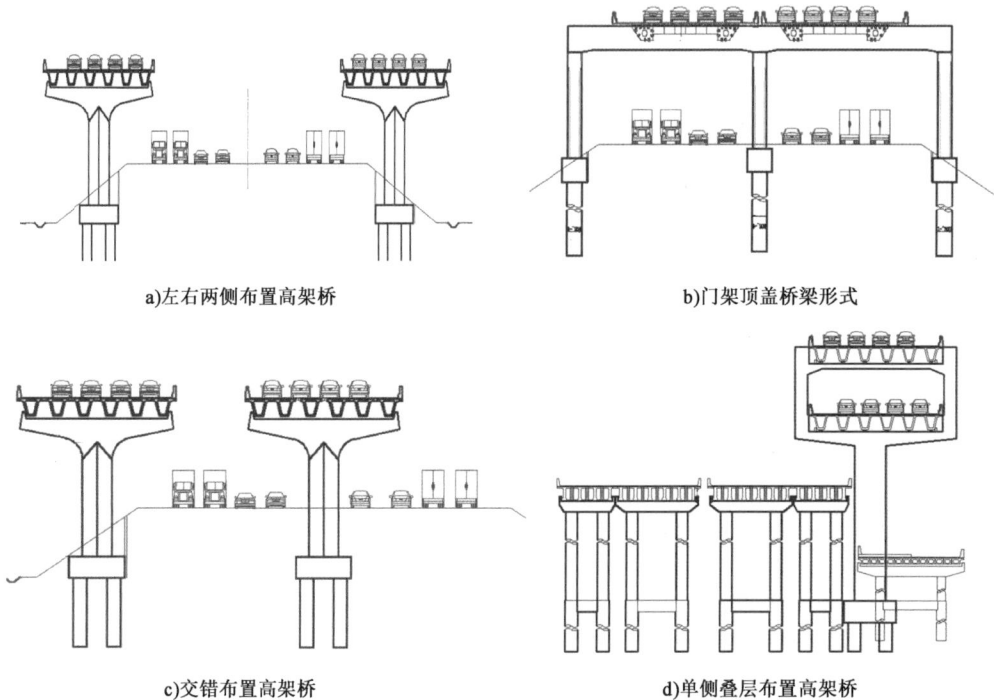

a)左右两侧布置高架桥

b)门架顶盖桥梁形式

c)交错布置高架桥

d)单侧叠层布置高架桥

图 7-4　泉厦轻型高速公路的主要横断面方案

不同横断面组合形式的转换需要立体层在一定距离内实现高程和平面位置的变化,对保证车辆高速安全行驶的立体层平纵横线形设计提出了更高的要求。本项目的控制性节点有小盈岭隧道、大坪山隧道、池店组合互通、晋江互通、西锦互通、成洲特大桥等。其中,小盈岭隧道和成洲特大桥的横断面设计如图 7-5 和图 7-6 所示。

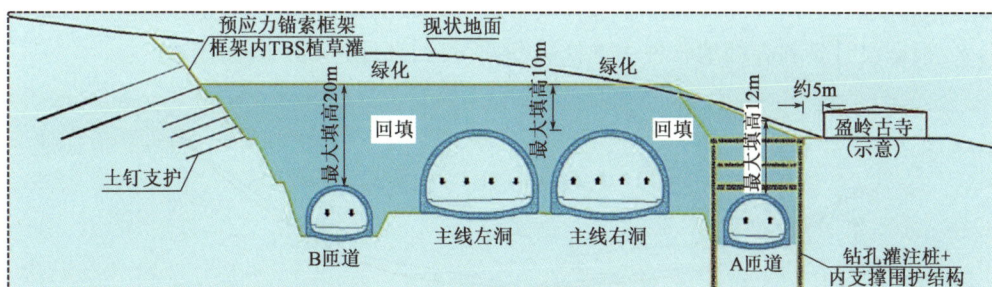

图 7-5 泉厦高速公路小盈岭隧道

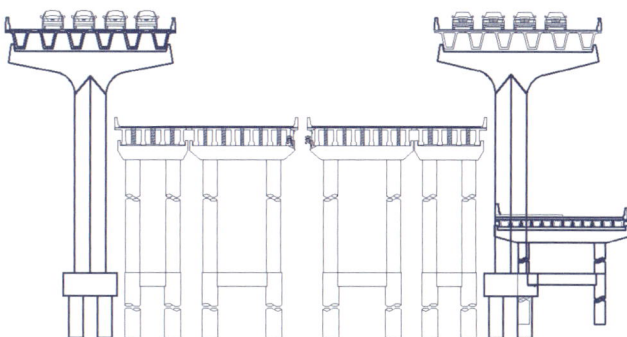

图 7-6 泉厦高速公路成洲特大桥

7.2 泉厦轻型高速公路仿真模型搭建

7.2.1 泉厦轻型高速公路的三维几何建模

在车辆动力学仿真软件 Carsim 中搭建人-车-路耦合模型,构建轻型车辆的仿真运行环境。在 Carsim 软件中进行道路三维空间线形建模时需要使用建模对象的平面坐标数据和高程数据,该软件内部提供了一种将道路的 X-Y 坐标转换为 S-L 坐标的功能,以建立准确的符合道路工程专业习惯的三维道路模型。其中,S 代表道路的里程点(里程桩号),L 表示每个里程点对应的横向偏移距离。再结合道路中心线和道路边线的高程数据,可以生成建模对象的三维道路模型。图 7-7 为 X-Y 坐标和 S-L 坐标之间的转换关系,每个平面坐标对应着一个特定的 S-L 坐标。s_i 为里程点(x_i, y_i)与前一个里程点(x_{i-1}, y_{i-1})之间的行驶距离,l_i 为里程点坐标(x_i, y_i)相对于前一个里程点(x_{i-1}, y_{i-1})的横向偏移距离。

本书采用纬地道路设计软件来反向重建道路设计参数。通过在纬地软件中进行道路模型的重建,能够获得道路的 X-Y 坐标和高程数据,这些数据随后被导入 Carsim 软件以完成道路建模。在纬地软件中复现泉厦轻型高速公路平面线形,选择“点加方位角”方式来实现平面线形的连接和绘制。完成道路主线平面设置后,还需要进行道路边线和超高的设计,在纬地软件中选择设计向导来设置道路等级、车道数量和超高。接下来,根据设计资料在纬地软件中选择纵断面设计,还原道路纵断面线形。

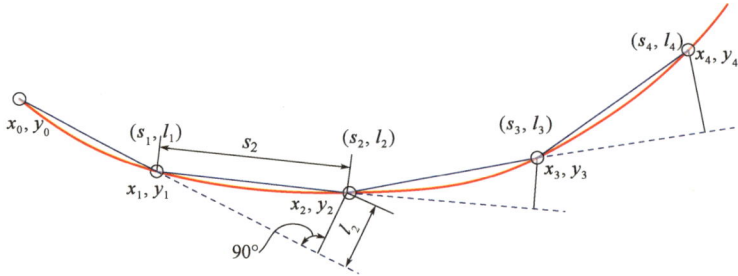

图 7-7　X-Y 坐标与 S-L 坐标换算图

使用纬地软件完成路线设计复现之后,需要对复现的道路进行数据输出。使用纬地软件输出逐桩坐标表,即道路中心线的逐桩坐标数据,以此作为 Carsim 软件的道路平面线形建模数据,如图 7-8 所示。然后,使用 Express 命令输出道路中线与边线的高程数据,导入 Carsim 软件中作为道路横断面和纵断面的建模数据,如图 7-9 所示。泉厦轻型高速公路断面形式为分离式断面,左线和右线线形设计不完全相同,需要分别完成左线和右线的道路建模。

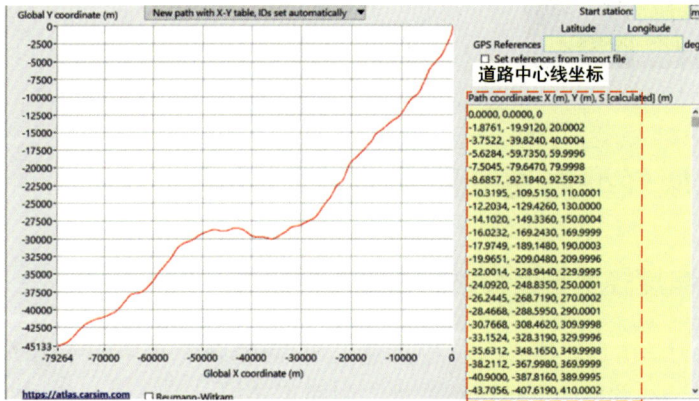

图 7-8　Carsim 软件中道路的平面线形(左线)

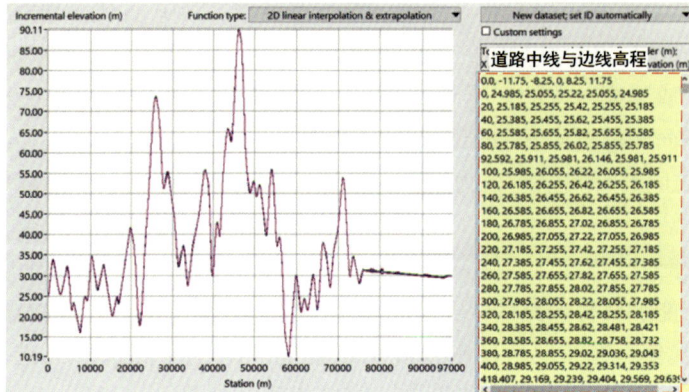

图 7-9　Carsim 软件中横断面与纵断面线形(左线)

7.2.2 路面平整度建模和摩阻系数设置

完成空间三维几何建模之后，还需进行道路表面的力学性能设置，以便与车辆轮胎发生力学作用。影响行驶安全性和舒适性的主要因素是摩阻系数和路面平整度。在Carism软件中，路面摩阻系数可通过软件内置参数进行设定，根据作者对沥青路面摩阻系数的实测值，将摩阻系数设置为0.6。

路面平整度对行驶安全性、舒适性和节能都有重要影响。泉厦轻型高速公路的服务对象为小客车，比功率高、运行速度快，对路面平整度要求更高。路面平整度需建模后导入，运用本书第3章3.4.6小节的方法来完成路面平整度建模，然后将建立的白噪声随机路面模型导入到Carsim软件中，分析轻型车辆在不同路面和不同工况组合下的仿真结果，如图7-10所示。

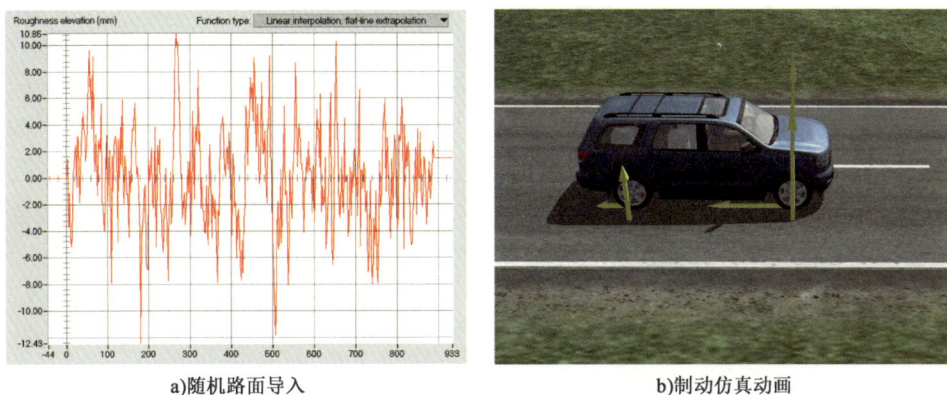

a)随机路面导入 b)制动仿真动画

图7-10 随机路面的导入与仿真

7.2.3 仿真车辆和驾驶操控模型

根据既有泉厦高速公路的交通组成，结合目前车辆电动化的发展趋势，综合普遍性、典型性和不利性的原则，选择燃油轻客和电动轿车作为仿真车辆，调用软件中的整车动力学模型，如图7-11所示，根据本书第2章的轻型车辆技术参数统计特征值进行参数设置，见表7-3。

a)燃油轻客 b)电动轿车

图7-11 Carsim中小客车的代表性车辆模型

仿真代表车型参数设置

表 7-3

参数	燃油轻客	电动轿车
车身长度（mm）	5220	3780
车身宽度（mm）	2000	1715
车身高度（mm）	2275	1540
质心高度（m）	0.87	0.51
轮距（mm）	1780	1500
轴距（mm）	3200	2500
发动机/电动机最大输出（kW）	90	55
比功率（W/kg）	35.7/30	31.7/25
最大扭矩（N·m）	285	135
前进挡位数（挡）	5	1

在实际驾驶活动中，驾驶员需对车辆转向、制动、挡位、节气门或电门等系统进行操控，以控制车辆按期望轨迹和速度行驶。Carsim 软件中的 Target speed from path preview（速度预瞄）控制模式可以模拟上述驾驶行为。速度预瞄模式采用闭环控制，对当前车速与目标车速进行求差，将差值与预设阈值进行对比，然后进行相应的加减速操作，使得下一时间的车速能够更好地跟随目标车速。在车辆目标车速的控制上，该模型会依据道路的线形情况对目标车速进行调整，且使用 PID（Proportional Integral Derivation）控制，如式（7-1）所示。

$$V_{\text{target}} = K_p V_{\text{err}}(t) + K_i \int V_{\text{err}}(t)\, \mathrm{d}t + K_d \frac{\mathrm{d}V_{\text{err}}(t)}{\mathrm{d}t} \tag{7-1}$$

式（7-1）主要依据实际车速与目标车速的差值 V_{err} 进行计算，模型参数 K_p、K_i 和 K_d 是使用系统内部自带的数值。此外，驾驶操纵模型的参数设置还包括对最高车速、各向加速度极值、预瞄路径、闭环速度控制器增益等参数的设置。其中，最高车速是对仿真车辆的最大速度进行限制，各向加速度的设置值是对车辆的加、减速和左、右转向加速度进行限制，从而能够实现曲线路段和纵坡路段的速度控制。预瞄路径设置主要是对车辆行驶路径进行设置，包括预瞄路径的起点、预瞄路径的总长度、预瞄路径曲率弧长、预览间隔，本章是使用软件自带的参数。闭环速度控制器增益参数设置主要是对制动系统性能的估计值、最大主缸压力，通过对这些参数的试验与调整，将仿真车速控制更加优化。

车辆的换挡与加减速都会引起速度的变化，在这种速度控制模型下，软件内部会自动进行换挡与加速、制动设置，因此，省略车辆换挡与制动的设置。

7.2.4 仿真工况与车辆运行参数导出

为分析轻型高速公路的行驶安全性和舒适性，以比功率 30kW/t 的燃油轻客和比功率 25kW/t 的电动轿车作为平纵面线形仿真检验的控制车型，在搭建的人-车-路耦合环境中进行以下工况仿真：

泉厦轻型高速公路右线的行驶里程范围为 0～76km,分别以定速和速度预瞄方式对仿真车辆进行速度控制,设置 3 种目标车速,分别为 100km/h、120km/h 和 140km/h。路面摩阻系数设为 0.6,路面等级为 A 级。泉厦高速公路左线的行驶里程范围为 0～76km,速度控制方式、目标车速和路面摩阻系数与右线相同,仿真运行效果如图 7-12 所示。

图 7-12 轻型高速公路仿真运行效果图

车辆动力学模型完成整条路段的行驶仿真之后,提取以下车辆运行参数进行分析,包括:车辆速度 V_x;横向加速度 a_y、纵向加速度 a_x 和竖向加速度 a_z;四轮侧向力 F_{yl1}、F_{yl2}、F_{yr1}、F_{yr2};四轮垂向力 F_{zl1}、F_{zl2}、F_{zr1}、F_{zr2};运行时间;行驶里程。

7.3 轻型高速公路仿真检验指标

运行安全和效率是高速公路的核心内涵,对于公路路线设计而言,安全性、舒适性和通行时间是衡量路线设计质量的主要指标。从道路使用者角度出发,这三类指标都与行驶体验密切相关。其中,通行时间指标主要用于不同运输方式或者不同路线方案的比选,泉厦轻型高速公路是对既有泉厦高速公路进行原位立体扩容得到,走廊带已经既定,因此本章主要对行驶安全性和舒适性进行检验。

7.3.1 车辆速度控制方式

1)定速行驶

我国公路设计是采用设计速度体系,即假定驾驶员操控车辆以恒定的速度(设计速度)沿路线行驶,因此定速行驶是评估道路线形行驶质量的一种基本方法,通过模拟车辆以设计速度定速行驶来检验道路线形是否符合设计要求的。定速行驶可以检验道路线形对车辆行驶稳定性的影响,核验曲线半径、超高、坡度等指标取值的合理性,减少因线形设计不当而引起的侧翻、侧滑等问题。此外,还可以根据车辆的颠簸和摇晃程度来分析乘坐舒适度。根据检验结果对线形指标进行必要的调整和改进,提高道路行驶的安全性、稳定性和舒适性,为驾乘人员提供更好的行驶体验。

2)变速行驶

在实际驾驶过程中,驾驶员根据前方道路线形、路侧条件和交通情况来调节行驶速度,因此行驶速度是随道路条件变化的,即变速行驶。与定速行驶不同的是,变速行驶是驾驶员为保证行驶安全和舒适性主动进行的速度调节。在仿真软件的驾驶员模型中,可自定义行驶过程中的最大横向加速度、纵向加速度、最高速度、预瞄路径等参数,驾驶员模型会结合前方道路线形情况进行加/减速操作。车速如果在相邻线形单元之间发生显著变化,说明相邻路段单元的线形指标不协调导致车辆剧烈加减速,线形连续性和一致性较差。

7.3.2 行驶安全性检验指标

道路线形的行驶安全性检验主要包括设计符合性检验、运行速度连续性/一致性分析和横向稳定性检验。运行速度的连续性和一致性可以评价道路线形设计是否符合驾驶员的心理预期,可通过变速行驶进行检验。良好的横向稳定性是车辆安全过弯的保障,车辆入弯如果发生横向失稳,会造成车辆侧翻、侧滑、撞击护栏等失控事故,车辆的横向稳定性可由荷载转移率、峰值附着系数和横向加速度来评价。

1)设计符合性检验

设计速度是确定道路几何线形指标参数值的主要控制依据,同时也是道路建成通车之后限速值的确定依据,需检验车辆是否能够以设计速度安全通过检验对象。同时,考虑到实际车速会高于设计速度,还需检查车辆以高于设计速度行驶时的安全性。

2)运行速度连续性

若道路线形指标沿行驶里程剧烈变化,驾驶员会在不同线形单元之间频繁加减速,影响车辆运行稳定性,严重时会引起追尾和驶离路面事故。可以用线形单元之间的速度降幅(速度差)来评价线形设计的一致性。经过多年的实践和改进,运行速度评价方法已经非常成熟,一直是线形安全性检验的主要手段。

3)车轮荷载横向转移率

车轮荷载横向转移是指车辆在转弯过程中,外侧轮胎承受较大的垂向荷载,而内侧轮胎承受较小的垂向荷载,即一部分的车辆轴载从内侧轮横向转移到外侧轮。该指标描述了车辆内外侧车轮之间荷载分配的变化程度,是衡量车辆侧翻可能性的重要指标。轻型车辆中的轻客和面包车都具有相对较高的重心,属于容易侧翻的车型。车轮荷载横向转移率使用式(7-2)计算:

$$LTR = \frac{\sum_{i=1}^{n}(F_{ri} - F_{li})}{\sum_{i=1}^{n}(F_{ri} + F_{li})} \tag{7-2}$$

式中,F_{ri} 为右侧车轮垂直荷载;F_{li} 为左侧车轮垂直载荷;n 为车轴总数,小客车取2。

车辆轮胎荷载转移率绝对值 $|LTR|$ 的取值在 $[0,1]$ 之间,其幅值大小反映了车辆侧翻风险,见表7-4。

轮胎荷载转移率的取值与车辆状态判断　　　　　　　　　　　　　　表7-4

$\|LTR\|$	车辆状态
≤0.2	安全状态
0.2 < $\|LTR\|$ ≤0.6	轻微侧翻倾向状态
>0.6	严重侧翻危险状态

4）峰值附着系数

路面附着系数所描述的是轮胎与路面之间的附着能力大小，其值取决于路面材料、轮胎材料、胎面花纹等因素。附着系数越大车辆发生侧滑的可能性就越小，弯道行驶时若附着力低于车辆向心力，车辆就会发生侧滑，因此，从理论上来说，附着力等于车辆所需的向心力，是车辆发生侧滑的临界条件。在计算中可将附着系数看作轮胎与地面之间的静摩擦系数。

道路峰值附着系数是指各轴车轮法线侧向力与垂直力的比值绝对值中的最大值，其幅值受车轮轴数与车轮个数影响。选用峰值附着系数作为侧滑风险分析指标是考虑速度、车辆转弯半径对侧滑风险的影响。当峰值附着系数大于路面附着系数时车辆会发生侧滑，小于路面附着系数时车辆比较安全。道路峰值附着系数可使用式（7-3）计算：

$$\mu(z) = \max\left[\,\left|\,F_{yij}(z)/F_{zij}(z)\,\right|\,\right] \tag{7-3}$$

式中，$\mu(z)$ 为峰值附着系数；$F_{yij}(z)$ 为轮胎侧向力，kN；$F_{zij}(z)$ 为轮胎垂直力，kN；i 为车轴的轴数；j 为车轴上的轮数。

5）横向加速度

横向加速度是垂直于车身中轴线水平方向的加速度分量，是由车辆在转向或曲线行驶时的离心力产生，可以衡量车辆在行驶过程中的横向稳定性。根据作者的研究成果，车辆行驶过程中横向加速度小于 2.85m/s² 时，车身能够保持较稳定的状态，当横向加速度大于 2.85m/s² 时，车身有横向失控风险。

7.3.3 行驶舒适性检验指标

行驶舒适性一般用横向、纵向和竖向加速度或急动度（加速度变化率）指标或者加权指标进行检验。考虑到公路为三维空间，本章以加权加速度均方根值对轻型高速公路的舒适性进行分析和检验。

驾乘人员坐在行驶车辆中会感受到各个方向的震动冲击，这些震动主要源于车身的运动以及路面不平整。研究表明，人体以坐姿在车内会受到座椅靠背、座椅支撑面和脚支撑面共计 12 个轴向的震动，其中，人体对于座椅支撑面的竖向、水平和纵向震动最为敏感。因此，评价汽车行驶舒适性主要考虑上述 3 个轴向的震动。根据现有研究成果，可用加速度均方根值来评价震动对人体舒适性的影响，该方法对各类汽车在正常行驶工况下均适用。加速度均方根值 a_w 可由式（7-4）计算，式中 T 为震动时间；$a_w(t)$ 为加速度的时间历程。

$$a_w = \left[\frac{1}{T}\int_0^T a_w^2(t)\,\mathrm{d}t\right]^{\frac{1}{2}} \tag{7-4}$$

人体对各方向震动频率的敏感度不同，对横向和纵向的震动比竖向震动更为敏感，因此，可用加权均方根值 a_v 来综合评价行驶舒适性，对敏感度高的震动方向赋以更高的权重系数，加权均方根可由式（7-5）计算。

$$a_v = \left[(1.4a_{xw})^2 + (1.4a_{yw})^2 + (a_{zw})^2 \right]^{\frac{1}{2}} \tag{7-5}$$

式中，a_{xw} 为纵向加速均方根值，m/s^2；a_{yw} 为横向加速均方根值，m/s^2；a_{zw} 为竖向加速均方根值，m/s^2；其中，1.4 为横向和纵向加速度的权重系数，竖向加速的权重系数为 1。使用加权加速度均方根值评价驾乘人员舒适性时，评价标准见表7-5。

加权加速度均方根值与人体主观感觉的关系 表7-5

加权加速度均方根值 a_v（m/s^2）	主观感受	对应等级
<0.315	舒适	A
0.315~0.63	有些不舒适	B
0.5~1.0	比较不舒适	C
0.8~1.6	不舒适	D
1.25~2.5	很不舒适	E
大于2.0	极不舒适	F

7.4 泉厦轻型高速公路的舒适性与安全性评价

7.4.1 行驶安全性评价（以右线为例）

1）设计符合性检验

按照仿真工况开展燃油轻客和电动轿车的定速行驶仿真，分析轻型车辆对道路平纵线形的适应性，仿真结果如图 7-13 所示。燃油轻客以 100km/h、120km/h 和 140km/h 为目标速度定速运行时，行驶速度曲线的幅值能够保持稳定，未发生速度波动，表明燃油轻客能够以设计速度以及更高的速度（140km/h）安全行驶至终点。电动轿车以 100km/h 和 120km/h 为目标车速行进时，能够以目标车速非常平稳地行驶至终点，但目标速度为 140km/h 时，行驶速度曲线有多处小幅度衰减和波动。结合图 7-13 中的纵断面高程曲线一起分析，能发现行驶速度下降都是发生在坡度接近 3% 的路段上，这说明速度 140km/h 时，纯电动轿车对于 3% 纵坡的适应性较差。但总体而言，泉厦轻型高速公路平纵线形的安全性较好。

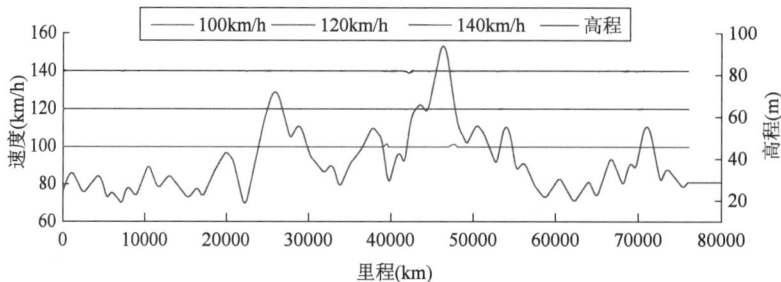

图 7-13

b)电动轿车

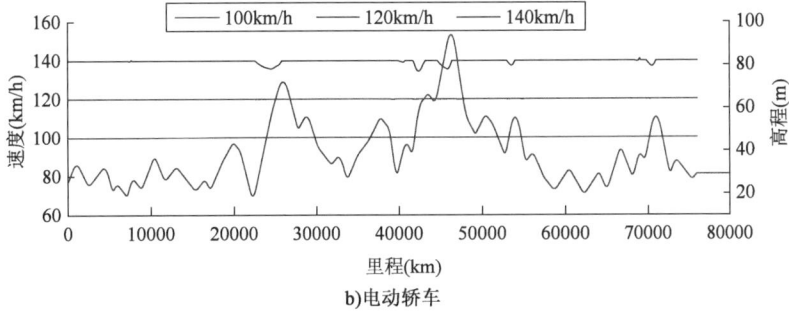

图7-13　泉厦轻型高速公路右线车辆定速行驶

2）运行速度连续性检验

变速行驶时驾驶员模型会根据前方道路曲率自适应地调节行驶速度,通过仿真输出的速度曲线可以分析减速和加速行为,进而评估车辆和驾驶员对平曲线的适应性。结合轻型高速公路的行驶特点和驾驶舒适性需求,驾驶员模型参数中的最大允许横向加速度设置为0.1g,最大允许纵向加速度设置为0.15g,期望速度（也是仿真的初速度）设为100km/h、120km/h 和140km/h,仿真结果如图7-14 所示。图7-14 中同时给出了泉厦高速公路右线平面线形的曲率值。

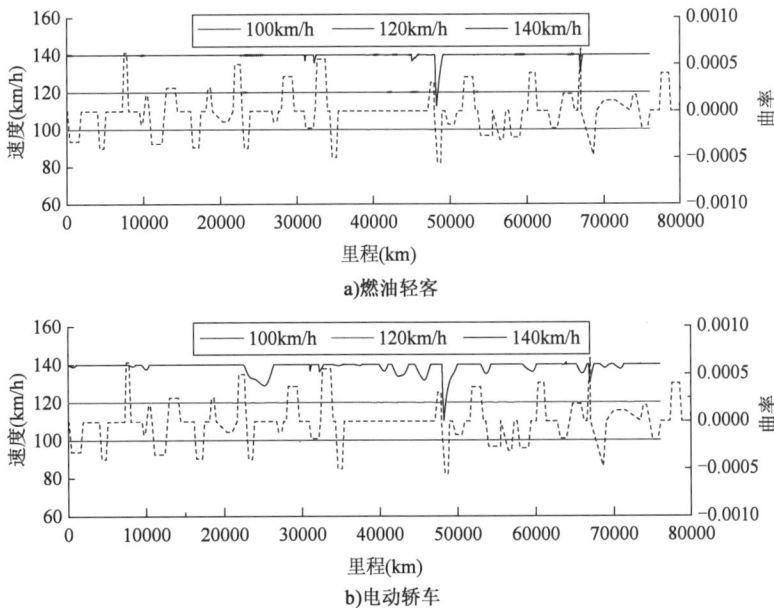

a)燃油轻客

b)电动轿车

图7-14　泉厦轻型高速公路右线车辆变速行驶

从图7-14 中可以看出,燃油轻客以速度140km/h 行驶时,在驶入较小半径的平曲线时会降低行驶速度来减小过弯时的横向力,以保证横向加速度不超过预先设置的阈值。幅值最大的减速行为是发生在 K48 +270m 位置,减速幅度为27km/h,该处是平曲线 +上坡的线形组合,其中平曲线半径为1800m,坡度为2.75%,表明高速行驶情况下坡度会增加驶入曲线路段的减速幅度。而电动轿车以速度140km/h 行驶时,主动性减速和非主动性速度衰减都有发生,主动性减速发生在小半径平曲线位置,而非主动性的速度衰减则是由道路纵坡引起,出现在3%纵坡的上坡路段。

3)车轮荷载转移率(LTR)

车轮荷载转移率是评价曲线路段车辆侧翻风险的参数,根据LTR的正负能够区别出荷载的转移方向,$|LTR|$小于0.2时车辆无侧翻风险。泉厦高速公路右线典型车型的LTR仿真结果如图7-15所示。可以看出LTR会随着行驶速度的提高而增大,说明速度越快车辆侧翻风险越高。根据图7-15中的LTR幅值,即便是行驶速度达到140km/h,曲线路段的$|LTR|$值也远低于0.2,车辆无侧翻风险。此外,电动轿车的$|LTR|$值小于燃油轻客,这是因为电动轿车的宽高比低于燃油轻客,重心相对较低,过弯时的车轮荷载转移量较少。

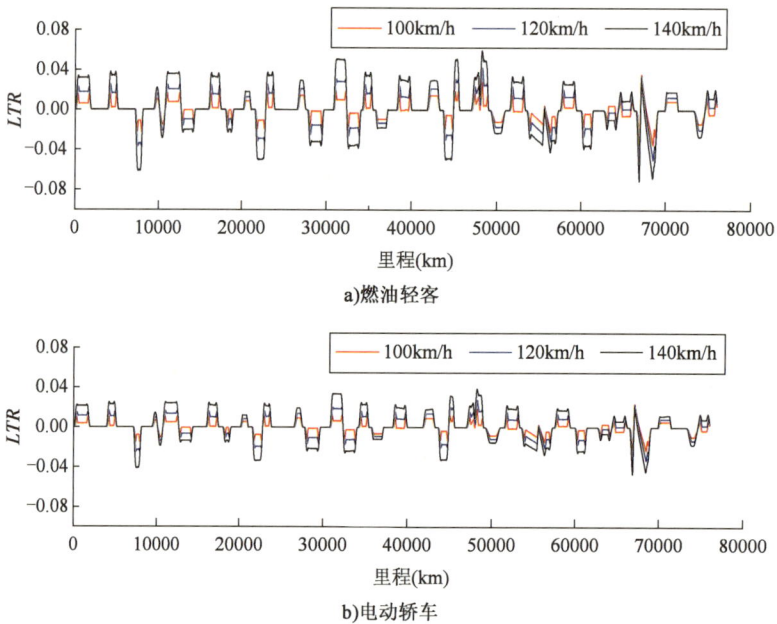

a)燃油轻客

b)电动轿车

图7-15 泉厦轻型高速公路右线的车辆横向荷载转移率

4)峰值附着系数(μ_{max})

峰值附着系数是评价车辆侧滑风险的重要参数。当峰值附着系数大于路面摩阻系数时,车辆会发生侧滑。典型车辆在泉厦轻型高速公路右线行驶时的峰值附着系数仿真结果如图7-16所示。可以看出行驶速度越快,峰值附着系数越大。但从幅值来看,仿真车辆的峰值附着系数最大值仅为0.08左右,远小于规范所要求的最低摩阻系数值0.4。因此,车辆以不超过140km/h的速度行驶在泉厦轻型高速公路时,无侧滑风险。

5)横向加速度a_y

仿真车辆以不同的目标速度通过泉厦轻型高速公路右线时的横向加速度(a_y)曲线如图7-17所示。图7-17中a_y的正负不表示幅值大小,只表示弯道偏转方向,本次仿真a_y正值表示右转弯行驶,负值表示左转弯行驶。弯道通过速度越高,a_y越大,车辆横向稳定性变差。但总的看来,即使以 140km/h 的速度行驶完右线,a_y 最大值也不超过 $1.2m/s^2$,低于 $1.65m/s^2$ 的行驶舒适性阈值,处于行驶舒适的状态,说明轻型高速公路的横向稳定性较好。

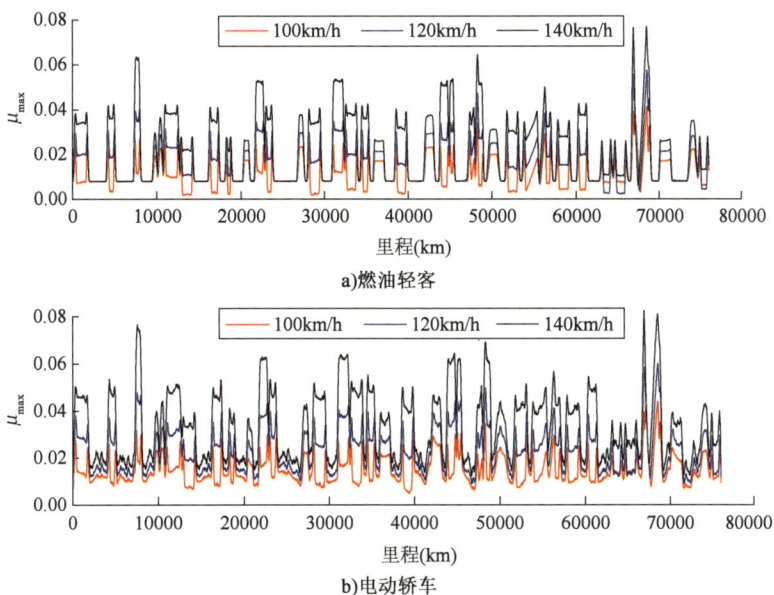

a)燃油轻客

b)电动轿车

图 7-16　泉厦轻型高速公路右线的车辆峰值附着系数

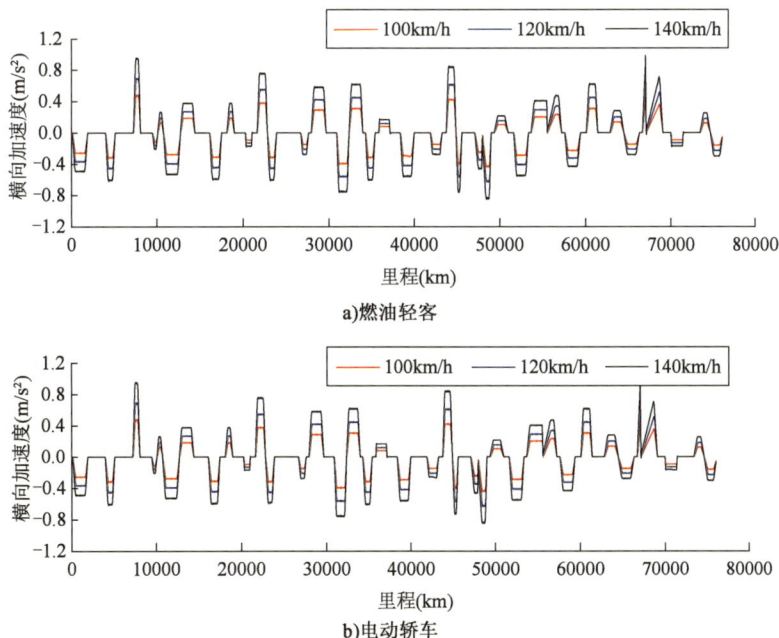

a)燃油轻客

b)电动轿车

图 7-17　泉厦轻型高速公路右线的车辆横向加速度

就车型而言,燃油轻客和电动轿车的横向加速度未见显著差异性,说明车型和动力来源形式对曲线路段的横向加速度影响较小。

7.4.2 行驶舒适性评价(以左线为例)

加权加速度均方根可以综合反映各轴向加速度对行驶舒适性的影响,从舒适性层面评价公路平纵线形的设计质量。对泉厦轻型高速公路左线仿真车辆的行驶仿真结果中提取各轴向的加速度数据,计算加速度均方根值和总加权加速度均方根值,如图7-18所示。从图中能观察到,横向加速度均方根值 a_{yw} 占比最大,竖向加速度均方根值 a_{zw} 次之,纵向加速度均方根 a_{xw} 占比最小。随着行驶速度的提高,a_{xw}、a_{yw} 和 a_{zw} 都会增加,但 a_{yw} 对速度变化最为敏感,增幅最明显。这是由于仿真采用定速行驶,速度较为稳定,纵向加速和减速行为少,因此 a_{xw} 占比最小。而横向和竖向加速过程会伴随道路平面线形变化和路面激励存在于整个路段,所以 a_{yw} 和 a_{zw} 占比较大。

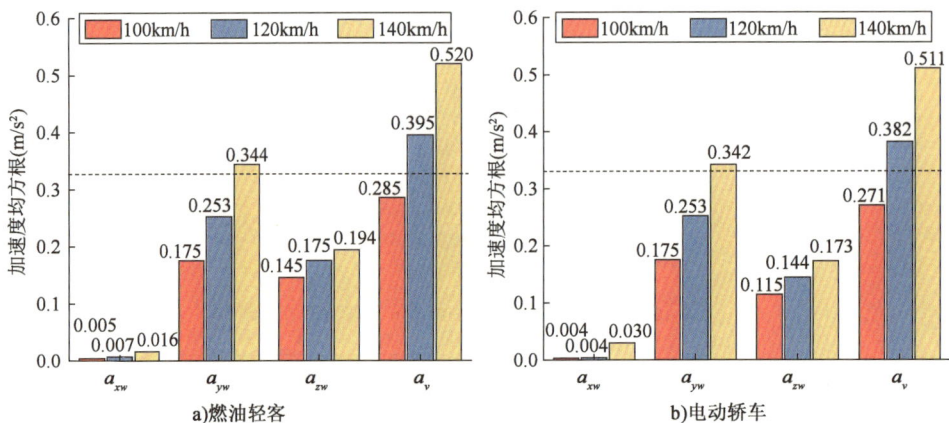

图 7-18 左线控制车辆加速度均方根值

由总加权加速度均方根值 a_v 可以看出,当行驶速度为 100km/h 时,a_v 小于 0.315m/s²,车辆总体运行舒适性为 A 级,驾乘人员感受舒适。当行驶速度增加至 120km/h 和 140km/h 时,a_v 小于 0.63m/s²,车辆总体运行舒适性为 B 级,驾乘人员主观感受有些不舒适。此外,电动轿车和燃油轻客的行驶舒适性差距不大。

7.5 本章小结

本章以泉厦轻型高速公路为例,针对轻型高速公路平纵线形设计开展行驶安全性和舒适性检验。选择燃油客车和电动轿车作为典型车型开展了定速和自由变速行驶仿真,对泉厦轻型高速公路进行了安全性和舒适性评价,分析检验结果见表7-6。

分析和评价结果表明:

(1)小客车能够以 100km/h、120km/h 和 140km/h 的目标速度安全通过泉厦轻型高速公路,没有侧滑、侧翻的事故风险,行驶安全性较高;但电动轿车以 140km/h 速度行驶在 3% 纵坡的上坡路段时会有一定的速度衰减(7~8km/h 左右)。

(2)当小客车以 140km/h 的目标速度变速行驶在轻型高速公路时,为保证曲线路段的横向舒适性,驶入较小半径的曲线路段时会主动降速,对于弯坡组合的上坡路段,3%左右的纵坡会增加减速效果。

（3）泉厦轻型高速公路的线形设计指标能够适应小客车以140km/h速度行驶时的动力学特性。

泉厦轻型高速公路安全性与舒适评价结果　　　　　　　　　　表 7-6

评价内容	评价指标	仿真检验结果
安全性	定速行驶 v_x	纵断面适应性良好
	变速行驶 v_x	平面线形适应性良好
	荷载转移率 LTR	无侧翻风险
	峰值附着系数 μ_{max}	无侧滑风险
	横向加速度 a_y	无失控风险
舒适性	总加权加速度均方根 a_v	较为舒适

参 考 文 献

[1] 中华人民共和国交通运输部.公路路线设计规范:JTG D20—2017[S].北京:人民交通出版社股份有限公司,2017.

[2] 中华人民共和国交通运输部.公路工程技术标准:JTG B01—2014[S].北京:人民交通出版社,2014.

[3] 中交公路规划设计院有限公司.小客车专用高速公路工程技术指南:T/CHTS 10042—2021[S].北京:中国标准出版社,2021.

[4] 周海涛.轻型高速公路理论与探索[M].北京:人民交通出版社,2013.

[5] 中华人民共和国交通运输部.城镇化地区公路工程技术标准:JTG 2112—2021[S].北京:人民交通出版社股份有限公司,2021.

[6] 吴玉涛,柳俊杰,熊辉,等.轻型高速公路基本通行能力研究[J].公路,2008(8):192-196.

[7] 张寿然.轻型高速公路纵断面设计关键技术指标研究[D].北京:北京工业大学,2012.

[8] 高健强.客货分离高速公路互通式立交小客车专用匝道几何设计指标研究[D].西安:长安大学,2018.

[9] 吴林,唐云.浅谈轻型高速公路路线纵断面主要指标的采用[J].公路,2010(6):119-124.

[10] 周骊巍,段绪斌.轻型高速公路设计要点分析[J].城市道桥与防洪,2012(8):96-99.

[11] 林国涛,李健华.轻型高速公路互通立交匝道横断面技术指标研究[J].公路,2010(12):102-106.

[12] 潘兵宏,周锡浈,田秋玥.小客车专用匝道超高设计研究[J].重庆交通大学学报(自然科学版),2022,41(3):120-129.

[13] SUN Q,ZHANG W,WAN L Y,et al. Analysis of Vehicle Dimension Definition and Proportion of Coordination in Chinese Market[C]. Detroit:SAE Technical Paper,2015.

[14] HOLDER D. Systematic Analysis of Changing Vehicle Exterior Dimensions and Relevant Vehicle Proportions[J]. Proceedings of the Design Society,2021,1:2921-2930.

[15] NIROOMAND N, BACH C, ELSER M. Vehicle Dimensions Based Passenger Car Classification using Fuzzy and Non-Fuzzy Clustering Methods[J]. Transportation Research Record,2021,2675(10):184-194.

[16] NIROOMAND N, BACH C, ELSER M. Robust vehicle classification based on deep features learning[J]. IEEE Access,2021,9:95675-95685.

［17］程淑红,高许,周斌.基于多特征提取和 SVM 参数优化的车型识别［J］.计量学报,2018,39(3):348-352.

［18］柴华,周荣贵,谢军.基于公路运行速度设计的标准车型分类标准［J］.中国公路学报,2010,23(S):13-18.

［19］庄稼丰,李正军,丁瑞,等.高速公路车辆轨迹摆动特征与小客车道宽度研究［J］.交通运输系统工程与信息,2023,23(1):324-336.

［20］徐进,张玉,戴振华,等.人类自然驾驶状态下车辆轨迹摆动特性与车道宽度［J］.汽车安全与节能学报,2022,13(4):718-728.

［21］张国斌.道路限高门架结构及设置研究［J］.公路,2018,63(2):259-262.

［22］AASHTO. Highway Safety Design and Operations Guide［M］. Washington, D. C. : AASHTO,2011.

［23］TRB-Transportation Research Board. Highway Capacity Manual［M］. Washington, D. C. :TRB-Transportation Research Board,2010.

［24］日本道路公团.日本高速公路设计要领［M］.西安:陕西旅游出版社,1991.

［25］日本道路协会.日本公路技术标准的解说与运用［M］.王治中,张文魁,冯理堂,译.北京:人民交通出版社,1979.

［26］Transportation Association of Canada. Geometric Design Guide for Canadian Roads［M］. Ottawa:Transportation Association of Canada,1999.

［27］Forschungsgesellschaft für Strassen-und Verkehrswesen. Richtlinien für die Anlage von Autobahnen (RAA)［M］Köln:［s. n. ］,2008.

［28］KONDYLI A, HALE D K,ASGHARZADEH M,et al. Evaluating the operational effect of narrow lanes and shoulders for the highway capacity manual［J］. Transportation research record,2019,2673(10):558-570.

［29］DIXON K, FITZPATRICK K, AVELAR R. Operational and Safety Trade-Offs: Reducing Freeway Lane and Shoulder Width to Permit an Additional Lane［J］. Transportation Research Record,2016,2588(1):89-97.

［30］ZHENG J, SUN J, YANG J. Relationship of lane width to capacity for urban expressways［J］. Transportation Research Record,2015,2483(1):10-19.

［31］WANG Q,YAN Y,WANG K. Research on optimized design of road space in mixed sections of historical district:a case study of Xi'an,China［J］. Canadian Journal of Civil Engineering,2021,48(9):1105-1114.

［32］CHANG X,LI H, RONG J, et al. Determining the appropriate lane width at urban signalised intersections-a case study in Beijing［J］. IET Intelligent Transport Systems, 2019,13(12):1785-1791.

［33］WU L,SUN J, LI T. Relationship between Lane Width and Safety along Urban Expressways in Shanghai［J］. Journal of Transportation Engineering,Part A:Systems, 2019,145(3):05018004.

[34] SHIRKE C,SUMANTH N, ARKATKAR S,et al. Modeling expressway lane utilization and lane choice behaviour：a case study on Delhi—Gurgaon Expressway[J]. Transportation letters,2019,11(5)：250-263.

[35] YOUSIF S, AL-OBAEDI J,HENSON R. Drivers' lane utilization for United Kingdom motorways[J]. Journal of transportation engineering,2013,139(5)：441-447.

[36] LIU S,WANG J, FU T. Effects of lane width,lane position and edge shoulder width on driving behavior in underground urban expressways：a driving simulator study[J]. International journal of environmental research and public health, 2016, 13 (10)：1010.

[37] 王雪松,王婷,陈亦新.基于驾驶模拟技术的公路隧道车道宽度运行影响分析 [J].中国安全科学学报,2016,26(6)：36-41.

[38] HU H,GAO Z,YU Z,et al. An experimental driving simulator study of unintentional lane departure[J]. Advances in Mechanical Engineering,2017,9(10)：1687814017726290.

[39] Ministry of Land and Transport of Japan. Road construction order：decree No. 321 [S]. Tokyo：Ministry of Land and Transport of Japan,2003.

[40] 徐婷,李敏,杨新新,等.重载车爬坡下的公路临界坡长确定[J].交通信息与安全,2016,34(3)：88-95.

[41] 张大伟.140 km/h 高速公路几何设计指标研究[J].上海公路,2019(2)：1-3.

[42] ARASAN V T,ARKATKAR S S. Modelling heterogeneous traffic flow on upgrades of intercity roads[J]. Transport,2010,25(2)：129-137.

[43] CHARLY A,MATHEW T V. Evaluation of driving performance in relation to safety on an expressway using field driving data[J]. Transportation letters,2020,12(5)：340-348.

[44] CHEN X,LI Z,WANG Y, et al. Evaluating the impacts of grades on vehicular speeds on interstate highways[J]. PLoS one,2017,12(9)：e0184142.

[45] LIU B,FREY H C. Quantification and application of real-world light duty vehicle performance envelope for speed and acceleration[J]. Transportation Research Record, 2015,2503：128-136.

[46] 徐进,罗松,陈礼彪,等.高速公路应急车道开放工况车辆运行特性[J].交通运输系统工程与信息,2025,25(03)：372-382.

[47] 孟祥海,关志强,郑来.基于几何线形指标的山区高速公路安全性评价[J].中国公路学报,2011,24(2)：103-108.

[48] 蒋隆建,程建川.基于车辆动力学分析的道路平曲线处横向力系数研究[J].交通信息与安全,2012,30(5)：65-68.

[49] 冷慧康,黄兵,程起光,等.高速公路平曲线半径设置合理性数值仿真[J].中外公路,2020,40(6)：7-12.

[50] 胡昌亮,刘舟,王贵山.不设超高圆曲线路段道路几何设计探讨[J].中外公路,

2021,41(5):1-5.

[51] 徐进,刘俊,潘存书,等.环形立交匝道的小客车运行特征[J].吉林大学学报(工学版),2020,50(6):2101-2112.

[52] 张晓波.三岔型枢纽互通事故高发匝道的形成机制与安全提升研究[J].中国安全生产科学技术,2022,18(2):198-205.

[53] 徐进,杨奎,鲁工圆,等.基于自然驾驶的山区公路行驶舒适性研究[J].西南交通大学学报,2017,52(2):309-318.

[54] 徐进,杨子邈,陈钦,等.基于电子不停车收费数据的山区高速公路车速分布与车型分类研究[J].交通运输系统工程与信息,2022,22(5):75-84.

[55] 张诗,刘涛,王雯,等.中国市场乘用车质量和动力性能参数特征[J].中国科技论文,2024,19(6):703-714.

[56] 张诗,杨子邈,黄杰.基于 ETC 数据的山区高速公路连续下坡车速特征与车型分类[J].科学技术与工程,2023,23(35):15269-10.

[57] DAI Z H,PAN C S,XIONG W L,et al. Research on Vehicle Trajectory Deviation Characteristics on Freeways Using Natural Driving Trajectory Data[J]. International Journal of Environmental Research and Public Health,2022,19(22):14695.

[58] DING R,PAN C S,DAI Z H,et al. Lateral Oscillation Characteristics of Vehicle Trajectories on the Straight Sections of Freeways[J]. Applied Sciences-Basel,2022,12(22):11498.

[59] 吴少峰,陈智威,张高峰,等.基于实车数据的高速公路行驶轨迹偏移和车道侧向余宽[J].中国公路学报,2023,36(5):197-209.

[60] CHEN Z W,WU S F,DAI Z H,et al. A study of vehicle lateral position characteristics and passenger cars' special lane width on expressways[J]. Engineering Reports,2023,2:e12753.

[61] 中华人民共和国交通运输部.公路养护计算标准:JTG 5110—2023[S].北京:人民交通出版社股份有限公司,2023.

[62] 中华人民共和国交通运输部.公路技术状况评定标准:JTG 5210—2018[S].北京:人民交通出版社股份有限公司,2018.

[63] 陈洪兴,何兆益.基于国际平整度指数 IRI 的路面不平度仿真研究[J].公路 2008(11):155-160.

[64] DEWAR R E, OLSON P L. Human factors in Traffic Accident Litigation. In:Human Factors in Traffic Safety[M]. Tucson:Lawyera & Judges Publishing Company,2002.

[65] URBANIK T. Factors affecting selection of lane width and shoulder width on urban Freeways[J]. Transportation Research Record,1994,1445:125-129.

[66] 李星,王科,林宣财,等.高速公路内侧车道采用紧急制动停车视距安全风险分析[J].公路交通科技,2021,38(9):78-84.

[67] 林宣财,王科,李涛,等.高速公路内侧车道小客车停车视距合理取值的研究[J].

公路交通科技,2021,38(9):68-77.

[68] 王佐,王贵山,李星,等.基于车辆悬挂系统的高速路圆曲线极限最小半径路段车辆稳定性仿真[J].公路交通科技,2021,38(9):9-14.

[69] 陈智威,吴少峰,陈正委,等.基于三维线形的轻型高速公路纵断面指标研究[J].中国科技论文,2024,19(3):353-360.

[70] 陈正委,熊文磊,高升,等.轻型高速公路代表性车型与纵断面设计指标研究[J].公路,2023,68(9):1-11.

[71] 郭腾峰,张志伟,刘冰,等.适应6轴铰接列车动力性的高速公路最大纵坡坡度和坡长[J].交通运输工程学报,2018,18(3):43-43.

[72] 郭腾峰,刘建蓓,汪双杰.基于运行速度特征的公路平曲线设计半径推荐取值研究[J].中国公路学报,2010,23(S):8-12.